ACCESO GRATIS *a la Lectura en la Nube*

Para visualizar el libro electrónico en la nube de lectura envíe junto a su nombre y apellidos una fotografía del código de barras situado en la contraportada del libro y otra del ticket de compra a la dirección:

ebooktirant@tirant.com

En un máximo de 72 horas laborales le enviaremos el código de acceso con sus instrucciones.

ADMINISTRACIÓN PÚBLICA Y RECURSO DE AMPARO

Procedimiento de selección de originales, ver página web:
www.tirant.net/index.php/editorial/procedimiento-de-seleccion-de-originales

ADMINISTRACIÓN PÚBLICA Y RECURSO DE AMPARO

Miguel Casino Rubio
Universidad Carlos III de Madrid

tirant lo blanch
Valencia, 2025

EDITA: TIRANT LO BLANCH
C/ Artes Gráficas, 14 - 46010 - Valencia
TELFS.: 96/361 00 48 - 50
FAX: 96/369 41 51
Email: tlb@tirant.com
www.tirant.com
Librería virtual: www.tirant.es
DEPÓSITO LEGAL: V-1626-2025
ISBN: 978-84-1095-472-4

Si tiene alguna queja o sugerencia, envíenos un mail a: *atencioncliente@tirant.com*. En caso de no ser atendida su sugerencia, por favor, lea en *www.tirant.net/index.php/empresa/politicas-de-empresa* nuestro procedimiento de quejas.

Responsabilidad Social Corporativa: http://www.tirant.net/Docs/RSCTirant.pdf

A Marina

Índice

CAPÍTULO PRIMERO.
INTRODUCCIÓN *11*

1. La avalancha de recursos de amparo y sus complicaciones 11
2. La inadmisión de los amparos: un trabajo en negativo y, además, inútil 22
3. El fracaso de alguna de las soluciones a la mano. En particular, la imposición de multas y costas. 27
4. La indulgencia del Tribunal con los defectos en el modo de proponer la demanda 38

CAPÍTULO SEGUNDO.
LAS VÍAS DE ACCESO AL AMPARO. LA DISTINICÓN ENTRE AMPAROS ADMINISTRATIVOS Y JUDICIALES *51*

1. Planteamiento 51
2. Los números de los amparos administrativos del art. 43 LOTC. 61
3. La confusión entre amparos administrativos y judiciales y su disculpa. La primera época constitucional (1981-2009). 72
4. Los errores se pagan con la inadmisión. La segunda época de la doctrina constitucional: desde la ley Orgánica 6/2007, de 26 de mayo, a la actualidad 80
   4.1. La existencia de dos plazos de interposición distintos y sus complicaciones. 81
   4.2. El dilema del nuevo incidente de nulidad de actuaciones del art. 241.1 LOPJ: quedarse corto o pasarse 96
   4.3. El incidente de nulidad y los amparos administrativos 115
5. Observaciones finales sobre los amparos administrativos 124
   5.1. La lesión del art. 43 LOTC no «guadianea» por la vía judicial precedente en función de los distintos y sucesivos fallos judiciales 124
   5.2. La sentencia judicial confirmatoria del acto administrativo y los argumentos de su propia cosecha. 136

CAPÍTULO TERCERO.
LOS AMPAROS MIXTOS *159*

1. Del prudente reconocimiento inicial a su extensión desmedida 159

2. El carácter mixto del recurso, el comportamiento generoso del Tribunal y sus debilidades 171
3. Los amparos mixtos y sus consecuencias procesales 182
3.1. El óbice de extemporaneidad simple 184
3.3. Sobre los excesos calificadores del Tribunal 193
4. La cuestión del orden de enjuiciamiento de las impugnaciones acumuladas........ 226
5. Sobre la compatibilidad de pretensiones. Entre el dogma y la realidad........ 246

CAPÍTULO CUARTO. CONCLUSIONES FINALES *275*

BIBLIOGRAFÍA CITADA........ *289*

CAPÍTULO PRIMERO.
INTRODUCCIÓN

1. LA AVALANCHA DE RECURSOS DE AMPARO Y SUS COMPLICACIONES

El número de demandas de amparo que ingresan anualmente en el Tribunal Constitucional es conocidamente muy elevado. De acuerdo con los datos que figuran en sus propias Memorias anuales, en sus primeros veinticinco años de funcionamiento ese número no paró además de crecer y pasó de las 386 demandas de amparo formuladas en 1981 a las 11471 presentadas en 2006, momento en el que alcanzó su cifra más alta. Lo que significa que durante ese periodo el número de demandas de amparo se multiplicó por treinta.

Después, con la Ley orgánica 6/2007, de 24 de mayo, que reformó parcialmente la Ley 2/1979, de 3 de octubre, del Tribunal Constitucional (LOTC), para modificar el régimen de admisión e imponer nuevos requisitos de admisibilidad, y cuyo interés notaremos más adelante, esa cifra descendió algo, aunque con algunos altibajos, hasta reducirse prácticamente a la mitad en 2017 con 6286 demandas, para a partir de entonces subir nuevamente y alcanzar en el año 2023 la cifra de 8059 recursos de amparo, que es la última que conocemos.

Pero naturalmente hay bastante más. Por lo pronto, estas cifras demuestran el aplastante predominio de las demandas de amparo sobre el resto de asuntos de nuevo ingreso atribuidos a la competencia del Tribunal Constitucional. En su primera época, la que va desde 1981 hasta junio de 1986, ingresaron en el Tribunal un total de 4975 asuntos, de los que 4245 (algo más de un 85%) fueron recursos de amparo. Y desde 1999, año en el que sus Memorias incorporan por primera vez datos precisos al respecto, el porcentaje de demandas de amparo sobre el total anual de asuntos nuevos es superior al 97%. Este porcentaje es todavía mayor si atendemos únicamente a las estadísticas de los últimos cinco años (2019-2023), en los que las demandas de amparo suman más del 99% de los asuntos de nuevo ingreso en el Tribunal. Sin ir más lejos, en el año 2023, que es el último sobre el que existen datos publicados, los recursos de amparo supusieron el 99,25 % de los asuntos de nuevo ingreso.

De todas formas, si sumamos ahora todas las cifras anuales de nuevos asuntos el saldo impresiona todavía más. De los 201148 asuntos ingresados en el Tribunal en los últimos veinticinco años (1999-2023), 198147 fueron recursos de amparo. Lo que, expresado en porcentaje, significa un 98, 5% del total de asuntos registrados en ese periodo.

Con estos números en la mano, no puede extrañar que el Tribunal haya dedicado desde el primer momento una parte muy considerable de su actividad a atender los recursos de amparo. Este esfuerzo y dedicación son desde luego comprensibles, si el Tribunal quiere ser congruente con ese ritmo acelerado de demandas de amparo de nuevo ingreso y evitar su colapso[1], pero tiene también algún inconveniente. El principal es que le obliga a abandonar el estudio y la resolución del resto de asuntos atribuidos a la competencia del Pleno, desde luego tanto o más decisivos para la interpretación de la Constitu-

---

1 Un riesgo sobre el que certera y tempranamente llamó la atención su presidente por entonces TOMAS Y VALIENTE, F. (1990), cuando notó que "quizá la forma más eficaz y silenciosa de anular una institución consista en bloquearla por exceso de trabajo", en "Tribunal Constitucional. Un intérprete demasiado solicitado", publicado originalmente en el diario *El Sol,* de 27 de mayo de 1990, y luego recogido en *Obras Completas,* Tomo VI, Centro de Estudios Políticos y Constitucionales, Madrid, 1997, p. 5337,

ción (recursos y cuestiones de inconstitucionalidad y conflictos constitucionales, principalmente de competencia), pero que, sin embargo, deben esperar pacientemente a ser resueltos, a veces por mucho tiempo, como conoce bien cualquiera que esté familiarizado con el funcionamiento del Tribunal.

Las estadísticas al respecto son nuevamente demoledoras. Por atender también ahora únicamente a los últimos cinco años de la actividad del Tribunal sobre los que hay datos publicados (2019-2023), más del 98% de las resoluciones que dicta anualmente (distribuidas en sentencias, autos y providencias de admisión e inadmisión y autos y providencias de terminación de asuntos) lo son en materia de amparo. Con razón se ha dicho que el Tribunal Constitucional es "antes que otra cosa un tribunal de amparo"[2].

Si del número de resoluciones dictadas en materia de amparo pasamos ahora a los derechos fundamentales más veces invocados en los miles de demandas que cada año ingresan en el Tribunal, las estadísticas contienen también algunos datos muy llamativos, que igualmente interesa recordar.

En torno al 75%, y, por tanto, tres cuartas partes de esas de demandas de amparo de todas las épocas denuncian la vulneración del derecho fundamental a la tutela judicial efectiva, sin indefensión del art. 24.1 CE, aisladamente en cualquiera de sus vertientes o dimensiones, o bien junto a otro derecho fundamental, comúnmente alguna de las garantías procesales

---

2 FERNÁNDEZ FARRERES, G. (2005), *El recurso de amparo constitucional: una propuesta de reforma. Debate de expertos*, Fundación Alternativas, Seminarios y Jornadas, núm. 11/2005, Madrid, p. 8. En parecido sentido, y ya antes, RUBIO LLORENTE, F. (1992), "Seis tesis sobre la jurisdicción constitucional en Europa", *Revista Española de Derecho Constitucional*, núm. 35, p. 37; y TOMÁS Y VALIENTE, F. (1994), Prólogo al libro de FERNÁNDEZ FARRERES, G., *El recurso de amparo según la jurisprudencia constitucional*, Marcial Pons, Madrid, p. 6.

del art. 24.2 CE o también, aunque en mucha menor medida, el derecho a la igualdad en la aplicación judicial de la ley del art. 14 CE. Este predominio de los motivos de amparo que denuncian la lesión de alguna de las garantías procesales del art. 24.1 CE es realmente abrumador y, en los últimos tres años, demuestra además una tendencia creciente, según confirman los datos que figuran en las respectivas Memorias anuales del Tribunal.

Concretamente, durante el año 2021, 6136 de las demandas de amparo de nuevo ingreso, lo que equivale a 73,98% de todos los recursos registrados, invocaron la vulneración del derecho a la tutela judicial efectiva sin indefensión del art. 24.1 CE, en alguna de sus vertientes o dimensiones. Ese porcentaje aumenta en el año 2022 al 77,31%; y sube al 80% en el año 2023, en el que de un total de 8059 nuevas demandas registradas, 6448 de ellas invocaron el derecho a la tutela judicial efectiva sin indefensión del art. 24.1 CE.

Importa subrayar estos datos porque testimonian que el Tribunal Constitucional es también ante todo un tribunal de control de la actividad de los jueces y no tanto, en consecuencia, del legislador, como, sin embargo, cabría en principio suponer, puesto que, de acuerdo con el esquema kelseniano que inspira la jurisdicción constitucional en Europa, la función del control de la constitucionalidad de las leyes constituye "su propia razón de ser"[3].

Esta desviación del Tribunal de su función principal hacia el control de los jueces seguramente fue un acierto en sus primeros años de actividad, en la medida que el recurso de amparo sirvió decisivamente para asegurar la vigencia de la Constitu-

---

[3] RUBIO LLORENTE, F. (1992), "Seis tesis sobre la jurisdicción constitucional en Europa", *Revista Española de Derecho Constitucional,* núm. 35, pp. 36-37.

ción y depurar, cuando hubo ocasión, la legislación preconstitucional, persuadiendo definitivamente a los titulares de los órganos judiciales de la condición de aquélla de verdadera norma superior del ordenamiento de aplicación directa[4].

Hoy la pregunta es, no obstante, si, una vez cumplida esa función, realmente admirable y de la que sería tremendamente injusto regatear elogios[5], conviene mantenerla intacta o, por el contrario, es hora de descargar al Tribunal Constitucional de una tarea que le abruma con miles de asuntos y que le impide cumplir satisfactoriamente con su función de control de la constitucionalidad de las leyes y de resolución de los conflictos constitucionales[6].

---

4 Cfr., al respecto, entre otros, SÁNCHEZ MORÓN, M (1987), *El recurso de amparo constitucional. Características actuales y crisis,* CEPC, Madrid, pp.13-15; RUBIO LLORENTE, F. (1992: 37); FERNÁNDEZ FARRERES, G. (1994), *El recurso de amparo según la jurisprudencia del Tribunal Constitucional,* Marcial Pons, Madrid, p.18. Por su parte, el presidente TOMAS y VALIENTE, F. (1990 b), ya subrayó que, "tras casi diez años de funcionamiento de este Tribunal las cosas han cambiado. No conozco ahora jueces que nieguen el valor normativo de la Constitución", en "Tribunal Constitucional, Poder Judicial y Derechos Humanos", artículo publicado en *Le Monde diplomatique* (edición especial para habla hispana), y más tarde recogido en *Obras Completas,* Tomo VI, p. 5335, (1994). Una idea sobre la que el autor volverá a insistir años más tarde, en "Juzgar, arbitrar, legislar", Tribuna publicada en el diario *El País,* de 11 de febrero de 1994.

5 Esta opinión es unánime y ha sido subrayada muchas veces por todos los comentaristas. Entre otros muchos, lo hizo también, su propio presidente TOMÁS y VALIENTE, F., aun reconociendo su "falta de imparcialidad y distanciamiento para enjuiciar la labor del Tribunal constitucional", en *Obras Completas,* cit., Tomo VI, las p. 5336.

6 REQUEJO PAGÉS, J. L. (1995), opina que "el amparo ha cumplido ya un ciclo histórico [...de manera que] el Tribunal Constitucional tiene que centrarse en aquello que sólo él puede hacer, es decir, el control de la ley, la resolución de los conflictos competenciales y también en tratar en construir un modelo de control de constitucionalidad que dé cierta cabida a la dimensión del Derecho comunitario", en *El recurso de*

Esta es una cuestión largamente discutida, que desde el principio aparece de forma recurrente en todos los debates sobre la justicia constitucional y que, de hecho, se ha plasmado en algunas propuestas de reforma de la LOTC que, sin perjuicio de sus distintas formulaciones, tienen en común la pretensión de frenar el ritmo de entrada en el Tribunal de demandas de amparo y la idea de entregar a la jurisdicción ordinaria el protagonismo principal en la protección de los derechos fundamentales[7].

---

amparo constitucional: una propuesta de reforma. Debate de expertos, cit., pp. 33-34. Esta misma idea, pero mucho más recientemente, expresa también FERNÁNDEZ RODRÍGUEZ, T.R. (2024), "El recurso de amparo constitucional y el recurso de casación contencioso-administrativo: la atracción fatal del *certiorari* americano", *Revista de Administración Pública,* núm. 223, pp. 141-168. Y figura también expuesta en buena parte de las opiniones expresadas por destacados constitucionalistas en respuesta a la *Encuesta sobre el Tribunal Constitucional* publicada en la revista *Teoría y Realidad Constitucional,* núm. 53, 2024, pp. 15 y ss.; en especial, pp. 71 y ss.

7 TOMAS Y VALIENTE, F. (1994), insistía ya por entonces en la necesidad urgente de "la regulación legislativa del procedimiento previsto en el art. 53 CE para dar cauce adecuado (la ley 62/1978 no lo es) al amparo judicial de los derechos fundamentales ante los tribunales ordinarios como primeros defensores que son de aquello derechos y libertades", al tiempo que proponía también "una reforma ponderada de la LOTC", con el objetivo, entre otros, "pero de modo muy especial, de procurar una mayor intervención de los órganos del poder judicial en defensa de los derechos y garantías procesales del artículo 24 de la, Constitución, y un descargo cuantitativo de la avalancha de recursos de amparo que se presentan ante el Tribunal Constitucional", en "Juzgar, arbitrar, legislar", cit.

Probablemente la más penetrante y debatida, y que enlaza con esa misma preocupación, ha sido la defendida por FERNÁNDEZ FARRERES, G. (2005) y recogida en *El recurso de amparo constitucional: una propuesta de reforma. Documento de trabajo 58/2004,* Fundación Alternativas, Madrid. Ya antes, de todas formas, F. RUBIO LLORENTE (1995) defendió el carácter alternativo de los recursos de amparo judicial y constitucional, y la exclusión de las decisiones judiciales por la vía del art. 24.1 CE ante el Tribunal Constitucional; en "El recurso de amparo constitucional", *La jurisdicción constitucional en*

Aunque, como luego veremos, algunas de estas propuestas e ideas han sido parcialmente asumidas por el legislador y lucen hoy en la LOTC después de su última reforma de 2007, el Tribunal sigue hoy prácticamente donde estaba[8] y su actividad jurisdiccional continúa, por consiguiente, centrada en atender las demandas de amparo constitucional formuladas con fundamento en la vulneración del art. 24.1 CE que, como antes se recordaba, es el derecho fundamental que aparece denunciado en más de tres de cada cuatro demandas de amparo que se presentan ante el Tribunal.

En estas condiciones, el riesgo, sobre el que la jurisprudencia constitucional ha alertado desde el primer momento[9], de que el recurso de amparo se conciba como un recurso de apelación y el Tribunal termine por convertirse en una tercera ins-

---

España. La Ley Orgánica del Tribunal Constitucional, 1979-1994, (Coord. M. Rodríguez-Piñero), CEPC, Madrid, págs. 125 y ss.

8 FERNÁNDEZ RODRÍGUEZ, T.R (2024), p. 150

9 En uno de sus primeros Autos de inadmisión el Tribunal ya dejó claro que el art. 24.1 CE "por su estricto contenido, no autoriza a hacer del recurso del amparo una tercera instancia, ni a analizar el contenido intrínseco de la decisión judicial". Una advertencia que renueva inmediatamente entre otros en los AATC 30/1981, de 11 de marzo; 98/1981, de 30 septiembre; y 127/1981, de 25 de noviembre; y SSTC 2/1982, de 19 de enero, y 11/1982, de 29 de marzo, y que llega a la actualidad según lo confirma, entre otros, el ATC 1/2023, de 4 de enero, cuando advierte que "no corresponde al Tribunal Constitucional convertirse en un órgano de tercera instancia, de casación o de apelación universal pues, de hacerlo, quedaría desvirtuada la naturaleza propia del proceso constitucional de amparo". Entre medias, por ejemplo, el ATC 245/2007, de 22 de mayo, insiste una vez más en que "el recurso de amparo no es un recurso de apelación, ni el Tribunal Constitucional una tercera instancia". Esta observación está presente también en la doctrina científica, desde sus primeros comentaristas. Al respecto, vid., CASCAJO CASTRO, J.L., y GIMENO SENDRA, V. (1984), *El recurso de amparo,* Tecnos, Madrid, pp. 88-89; y RUBIO LLORENTE, F. (1992: 32)

tancia judicial o de super casación a la que corresponde revisar las decisiones judiciales definitivas es realmente muy difícil de esquivar, con todas sus complicaciones[10].

Con razón, se ha advertido que, si al principio lo importante fue asegurar la vigencia de la Constitución, ahora el riesgo que conviene evitar es la deslegalización del ordenamiento y, en consecuencia, la tentación de ver en cualquier asunto judicial una dimensión constitucional en donde solo hay, en cambio,

---

[10] Entre esas complicaciones sobresale la de utilizar el recurso de amparo, y a sabiendas de su fracaso, como mecanismo impugnatorio para alargar simplemente la vida del pleito y paralizar la ejecución de las correspondientes resoluciones judiciales. Cfr., FERNÁNDEZ FARRERES, G. (2005 b), *El recurso de amparo constitucional; una propuesta de reforma. Debate de expertos,* cit. p. 8.; y también más tarde (2007 b), "Reflexiones sobre el futuro de la justicia constitucional española", en *El futuro de la justicia constitucional. Actas de las XII Jornadas de la Asociación de letrados del Tribunal Constitucional,* CEPC, Madrid, 2007, p. 38. Sobre este riesgo han alertado prácticamente todos los especialistas en la materia. La misma advertencia y en el mismo *Debate de Expertos* subraya CAAMAÑO, F., p. 27. Sobre este riesgo han alertado prácticamente todos los especialistas en la materia. Por todos, véase, por ejemplo, RODRÍGUEZ BEREIJO, A. (1999), en su respuesta al *Cuestionario sobre la reforma de la Ley Orgánica del Tribunal Constitucional,* publicado en la revista *Teoría y Realidad Constitucional,* núm. 4, ya advirtió entonces que "el recurso de amparo corre también el riesgo cierto de desnaturalizarse, desviándose de su verdadera función de fijación y defensa de los derechos fundamentales, para convertirse en un recurso más dentro de la cadena de recursos frente a las sentencias y resoluciones judiciales en las que muy a menudo no se plantea problema alguno de índole o relevancia constitucional, sino simplemente meras discrepancias de los recurrentes [...] con la interpretación y aplicación de las leyes que realiza la jurisdicción ordinaria, prolongando ante el Tribunal la controversia de legalidad librada, sin éxito, ante los jueces y tribunales o, lo que es peor, para alargar en lo posible la ejecución de una sentencia desfavorable", p. 66.

un problema de simple legalidad ordinaria o, si prefiere, una simple discrepancia con las decisiones judiciales[11].

A este riesgo contribuyen también otros factores y seguramente también hasta el propio Tribunal con su jurisprudencia, que siempre se ha mostrado especialmente sensible con los derechos fundamentales y ha facilitado la incorporación sin demasiados matices del derecho a la motivación de las decisiones judiciales al derecho a la tutela judicial efectiva del art. 24.1 CE[12].

---

11 REQUEJO PAGÉS, J. L. (2005), *El recurso de amparo constitucional; una propuesta de reforma. Debate de expertos,* cit., p. 33. En parecido sentido, M. SÁNCHEZ MORÓN también llama la atención sobre el riesgo de reducir todo el ordenamiento al desarrollo de los derechos fundamentales, en *El recurso de amparo constitucional...*, cit., p. 15. Por su parte, PADRÓS REIG, C. (2019: 327), en "La exigua tasa de admisión del recurso de amparo constitucional", *Revista de Administración Pública,* núm. 209, afirma que, "con una tasa de alegación [del art. 24.1 CE] cercana al 75%, puede sostenerse que cuando en amparo se alega la vulneración de la tutela judicial efectiva se esconde en realidad una manifestación de la disconformidad del resultado de la revisión jurisdiccional de su caso. Formalmente los argumentos de las demandas refieren a supuestos típicos de arbitrariedad, falta de motivación, razonamiento erróneo, incongruencia, etc. Materialmente, sin embargo, no existe más que una discrepancia sobre el fondo, y un falso derecho a que a uno le den la razón en un juicio".

12 Comentando esta interpretación generosa del art. 24.1 CE, RUBIO LLORENTE, F., (1992), advierte que el Tribunal "ha cometido un pecado de juventud", en "Seis tesis sobre la jurisdicción constitucional en Europa", *Revista Española de Derecho Constitucional,* p. 36. En parecido sentido, RODRÍGUEZ BEREIJO, A. (1999:67) advierte que pronto el Tribunal asumió una postura "más activista, al entender el derecho a la tutela judicial efectiva como un derecho a *obtener una sentencia de fondo fundada en Derecho,* con lo que se abría el paso a que, al amparo del art. 24.1 CE, el Tribunal fiscalizase la *fundamentación jurídica* de las sentencias o resoluciones judiciales: primero, exigiendo que las decisiones no resultaran arbitrarias o carentes de racionalidad; luego, examinando si, existiendo motivación, ésta es suficiente; y, por último, exigiendo que

Al respecto, no hay que olvidar además que, dado el carácter procesal de las garantías del art. 24 CE, cuando el Tribunal declara la existencia de la vulneración denunciada, el fallo de la correspondiente sentencia constitucional ordena comúnmente la retroacción de las actuaciones para que el órgano judicial se pronuncie de nuevo, solo que ahora con respeto al derecho fundamental vulnerado[13]. De este modo, esa declaración constitucional abre un diálogo entre el Tribunal Constitucional y la jurisdicción ordinaria que contribuye también a crear esa impresión equivocada de que el recurso de amparo es uno más, aunque el último, de los remedios procesales disponibles para combatir las resoluciones de los órganos judiciales [14], y al que además, para complicar aún más las cosas, "tienen acceso todos

---

la motivación sea correcta; o examinado la congruencia de lo resuelto por el juez con lo solicitado por las parte", en respuesta al "Cuestionario sobre la reforma de la Ley orgánica del Tribunal Constitucional, *Teoría y Realidad, Constitucional,* núm. 4., .

13 Comúnmente las sentencias de amparo que estiman la vulneración del art. 24.1 CE denunciada en la demanda anulan la correspondiente resolución judicial y ordenan la retroacción de las actuaciones al momento procesal oportuno para que el órgano judicial se pronuncie de nuevo. Por atender únicamente a las sentencias más recientes, este es el caso, por ejemplo, de la las SSTC 123/2023, de 29 de septiembre; y 138/2023, de 23 de octubre, 1/2024; 2/2024 y 3/2024, todas ellas de 15 de enero, 38/2024, de 11 de marzo; 55/2024, de 8 de abril;104/2024, de 9 de septiembre; y 117/2024, de 23 de septiembre. Sobre esta cuestión, vid., PÉREZ TREMPS, P. "Artículo 55 LOTC", en *Comentarios a la Ley Orgánica del Tribunal Constitucional* (Coord. J.L. Requejo Pagés), Tribunal Constitucional-Boletín Oficial del Estado, Madrid, pp. 858 y ss.; y también del propio autor, *El recurso de amparo,* Tirant lo Blanch, Valencia, 2004, pp. 311-312; y GUTIÉRREZ GIL, A. (2020: 628-630), "Artículo 55", en *Comentarios a la Ley Orgánica 2/1979, de 3 de octubre, del Tribunal Constitucional* (Dir. J. J. González Rivas; Coord. A. Gutiérrez Gil), Fundación Wolters Kluwer/BOE/Tribunal, Constitucional, Madrid.

14 CAAMAÑO, F., *El recurso de amparo constitucional; una propuesta de reforma. Debate de expertos,* cit., p. 27. También, SÁNCHEZ MORÓN, M. (1987: 15).

los litigantes, sea cual sea la cuantía del objeto litigioso o la gravedad de la condena" y, por tanto, respecto de asuntos en los que la intervención del Tribunal Constitucional se produce sin que antes se haya pronunciado el Tribunal Supremo[15].

Como tampoco, sin abandonar esta misma perspectiva, quepa despreciar del todo la creciente extracción profesional de los magistrados del Tribunal con origen judicial como causa que favorece la citada judicialización del amparo y de sus métodos[16]. Si en sus primeras composiciones, el Tribunal estaba formado por magistrados de condición universitaria, hoy esa composición está claramente vencida del lado de los magistrados de origen judicial[17] .

---

15 RUBIO LLORENTE, F. (1992:36).

16 RUBIO LLORENTE, F. (1982), señala, por ejemplo, que "el objeto de la impugnación en el recurso constitucional de amparo es siempre [...] una decisión judicial previa que o bien no ha remediado la lesión de un derecho fundamental cometido por otro poder público o lo ha lesionado directamente con su propia actuación". Apurando este planteamiento, según a continuación reconoce el propio autor, "se desdibujan las diferencias entre el amparo frente a actos de la Administración (art. 43 LOTC) y el amparo frente a actos u omisiones de los órganos del Poder Judicial (art. 44)"; en "La relación entre Tribunal Constitucional y Poder Judicial en el ejercicio de la jurisdicción constitucional", *Revista Española de Derecho Constitucional*, núm. 4, p. 66.

17 El primer Tribunal Constitucional, por ejemplo, estuvo formado por nueve catedráticos universitarios y tres jueces procedentes de la carrera judicial. Esa composición fue progresivamente corrigiéndose en favor de los magistrados de extracción judicial y hoy la composición es justo la inversa. Lo forman tres catedráticos y nueve jueces. Al respecto, críticamente cfr., RUBIO LLORRENTE, F. (2004), "El Tribunal Constitucional", *Revista Española de Derecho Constitucional*, núm. 71, pp. 16-17. Sobre el sistema de elección de los Magistrados puede consultarse la reciente opinión al respecto de varios constitucionalistas y recogidas en *Encuesta sobre el Tribunal Constitucional* y publicada en la revista *Teoría y Realidad Constitucional*, núm. 53, 2024, pp. 15 y ss.

2. LA INADMISIÓN DE LOS AMPAROS: UN TRABAJO EN NEGATIVO Y, ADEMÁS, INÚTIL

Sea como fuere, y si volvemos a las estadísticas que recogen la actividad jurisdiccional del Tribunal en materia de amparo, hay todavía algunos datos más que importa anotar. Si nos fijamos ahora en las demandas de amparo que superan el filtro de admisión y son finalmente resueltas por sentencia que se pronuncia sobre el fondo de la vulneración constitucional en cada caso denunciada, los datos son realmente inquietantes y confirman la existencia de algún cabo suelto en todo este asunto del recurso de amparo constitucional.

El porcentaje anual de admisión de las demandas de amparo es, en efecto, bajísimo y, con la excepción de los primeros años de su funcionamiento (1981-1986), en los que el Tribunal resolvió por sentencia el 13,33% de los recursos de amparo presentados, la tasa de admisión se redujo progresivamente hasta el 3% ya en los primeros años del presente siglo XXI, para continuar bajando desde entonces y situarse a partir de 2008, coincidiendo con la entrada en vigor de la citada Ley orgánica 6/2007, y hasta 2018, en torno al 1.5%, aunque hay algunos años entremedias en los que el porcentaje de admisiones no alcanzó ni siquiera el 1%, como sucedió en 2009 y 2016, en los que las demandas de amparo inadmitidas superaron el 99%. Desde 2020, la tasa de admisión se ha recuperado ligeramente para colocarse hoy de nuevo en torno al 3%, para caer nuevamente en el último año 2023 al 1,07 %[18].

Para calibrar algo mejor el significado de estas cifras, conviene recordar, por ejemplo, que cuando el Tribunal Consti-

---

[18] Sobre esta cuestión, últimamente por todos, PADRÓS REIG, C (2019), "La exigua tasa de admisión del recurso de amparo constitucional", cit. pp. 307 y ss.

tucional, después de su solemne constitución el 12 de julio de 1980, dictó su primera sentencia, la STC 1/1981, de 26 de enero, resolviendo precisamente un recurso de amparo, había dictado ya para entonces 104 autos de inadmisión de otros tantos recursos de amparo. En ese mismo periodo, sin embargo, solo dictó cinco autos de admisión. De modo que, del total de autos dictados en fase de admisión durante los primeros seis meses de actividad del Tribunal, solo un 4,6% de todos ellos fue favorable a la admisión, y el 95,4% restante determinó el archivo de la correspondiente demanda de amparo.

Estos mismos porcentajes resumen igualmente, según antes se ha adelantado, la actividad jurisdiccional del Tribunal en materia de amparo durante los años posteriores y hasta el final del pasado siglo XX, solo que ahora respecto de números de demandas de amparo que literalmente se han multiplicado.

Durante 1999, año que inaugura la publicación anual de sus Memorias, el Tribunal inadmitió 4485 amparos, 4369 mediante providencia de las Secciones y 116 mediante auto de sus Salas; y admitió a trámite 224. Lo que significa que, del total de decisiones de admisión en materia de amparo dictadas por el Tribunal a lo largo de ese año, solo el 4,75 % de ellas dieron lugar a la tramitación del recurso de amparo para su posterior resolución por sentencia; mientras que el 95,24 % restante motivaron la inadmisión del recurso.

Nada cambia tampoco si avanzamos unos pocos años para entrar en el presente siglo XXI y nos fijamos, por ejemplo, en 2006, que es el año inmediatamente anterior a la reforma de la LOTC de 2007, que efectivamente luego veremos. Durante ese año, el Tribunal inadmitió, en efecto, la gran mayoría los recursos de amparo sobre los que se pronunció; concretamente, inadmitió 7.370 mediante providencia y 84 por auto, y admitió únicamente a trámite 316 asuntos. En consecuencia, del total de 7770 decisiones de admisión solo un 4,07% dieron lugar a la tramitación del recurso de amparo para resolver mediante sentencia; y 95,93% determinaron la inadmisión del recurso.

Con la citada reforma de la LOTC de 2007, las cosas tampoco cambian, aunque crece considerablemente el ritmo de entrada de recursos de amparo y, por consiguiente, el Tribunal acelera también el ritmo de salida de sus decisiones de inadmisión. En números absolutos, durante el año 2008, el Tribunal inadmitió 12507 recursos, 12396 de ellos por providencia y 111 mediante auto, y admitió 204, esto es, apenas un 2,6% del total. Y durante 2009 dictó nada menos que 13042 providencias (que en términos periódicos supone algo más de 35 al día) y 61 autos de inadmisión, y admitió únicamente 49 demandas de amparo, esto es, solo el 0,37% de las decisiones dictadas en la fase de admisión dieron lugar a la tramitación del correspondiente recurso.

Y con este ritmo, con mínimas variaciones, llegamos al último año 2023, en el que el Tribunal dictó en materia de amparo 11768 decisiones (distribuidas en autos y providencias), de las que únicamente 126 de ellas (112 providencias y 14 autos de admisión), es decir el 1.07%, dieron lugar a la tramitación del correspondiente recurso de amparo para su posterior resolución por sentencias, de manera que el 98,93% restante determinó el archivo del asunto.

Los números son desde luego demoledores y certifican, en efecto, que la inmensa mayoría de las demandas de amparo no supera el filtro de la admisión. De manera que no es solo que el recurso de amparo absorba, como ya se ha advertido, el grueso de la actividad del Tribunal en detrimento de los otros asuntos de su competencia. Es también que ese trabajo se traduce, con la reforma de la LOTC de 1998[19] y especialmente

---

19 Al respecto, por todos, vid., RUBIO LLORENTE, F. (1998), "El trámite de admisión del recurso de amparo (Comentario a la Ley Orgánica 6/1998),

a partir de la citada Ley orgánica 6/2007, y de las decisiones de racionalización en materia de organización y ordenación del trabajo interno adoptadas por el propio Tribunal, en miles de decisiones de inadmisión acordadas usualmente mediante simple providencia de sus Salas o Secciones y, por tanto, en resoluciones que no exigen una especial motivación y sin trámite de alegaciones previas[20].

Con razón también ahora se ha dicho que "no es razonable el esfuerzo y tiempo dedicados a un trabajo en negativo"[21]. Y que, en esas condiciones, ciertamente rebajadas en motivación, porque la providencia de inadmisión se reduce a indicar el requisito legal en cada caso incumplido, es además un "trabajo que en este punto hay que calificar de inútil, ya que no sirve ni para interpretar la Constitución, ni para defender derechos fundamentales de nadie"[22].

Revista Española de Derecho Administrativo, núm. 60, pp. 507 y ss.; y GÓMEZ MONTORO, A. J. (2001), "Comentario al art. 50", en *Comentarios a la Ley Orgánica del Tribunal Constitucional* (coord. J. L. Requejo Pagés), Boletín Oficial del Estado/Tribunal constitucional, Madrid, pp. 796 y ss.

20 Al respecto, por ejemplo, BILBAO UBILLOS, J. M.ª (2024), ha notado que "cuesta admitir que el Tribunal pueda desentenderse a las primeras de cambio de un asunto por considerarlo irrelevante. Y hacerlo además mediante una simple providencia no motivada, sin trámite de alegaciones previas, en *Encuesta sobre el Tribunal Constitucional* publicada en la revista *Teoría y Realidad Constitucional,* núm. 53, 2024, p. 77.

21 CASA BAAMONDE, M.ª (2005). E., Discurso de la presidenta del Tribunal Constitucional en la sesión conmemorativa del XXV aniversario del Tribunal (12 de julio de 2005), recogido en *El Tribunal Constitucional. Discursos de sus presidentes (1980-2005),* Tribunal Constitucional, Madrid, p. 151

22 TOMAS Y VALIENTE, F. (1990), "El Tribunal Constitucional. Un intérprete demasiado solicitado", artículo publicado originalmente en *El Sol,* de 27 de mayo de 1990, y luego recogido en las *Obras Completas* del autor, Tomo VI, Centro de Estudios Políticos y Constitucionales, Madrid, 1997, p. 5338.

Estos reproches son conocidos porque se repiten desde el primer día de vida del Tribunal[23] y se han lanzado además desde todas las tribunas. Por descontado, desde la academia, con los profesores de Derecho constitucional y administrativo al frente[24], que se han preocupado de airear la avalancha de recursos de amparo, con todas sus consecuencias en el funcionamiento del Tribunal, y de formular algunas propuestas de reforma[25]. Pero también, desde el propio Tribunal, por boca

---

23 El primer presidente del Tribunal, el profesor Manuel GARCÍA PELAYO ya advirtió con carácter premonitorio en el solemne acto de constitución pública del Tribunal Constitucional celebrado el 12 de julio de 1980, que "una sobrecarga de asuntos, tanto cuantitativa como cualitativa, podría perturbar [la tarea del Tribunal]". En parecido sentido, poco después, el profesor Francisco RUBIO LLORENTE, que sería luego vicepresidente del Tribunal, ya advirtió que, aunque las cifras del recurso de amparo no eran todavía abrumadoras, había ya, sin embargo, razones para preocuparse; en "La relación entre Tribunal Constitucional y Poder Judicial en el ejercicio de la jurisdicción constitucional", *Revista Española de Derecho Constitucional,* núm. 4 (1982), en especial, pp. 59 y ss., y 65 y ss.

24 Entre los primeros, por todos, PÉREZ TREMPS, P (2004)., *El recurso de amparo,* Tirant lo Blanch, Valencia, pp. 22-23. Y entre los administrativistas, SÁNCHEZ MORÓN, M. (1987:15 y 75 y ss.); FERNÉNDEZ FARRERES, G., *El recurso de amparo según la jurisprudencia constitucional,* Marcial Pons, Madrid, 1994, pp. 18-20.

25 Aparte de la propuesta de reforma defendida por FERNÁNDEZ FARRERES, G. (2005), ya antes, bajo la presidencia de A. Rodríguez Bereijo, el propio Tribunal elaboró en 1998 un "Borrador" de reforma de la LOTC, luego publicado en la revista *Teoría y Realidad Constitucional,* núm. 4, 1999, pp. 395-435, que defendía la necesidad de reformar el trámite de admisión del amparo notando que "ninguna ley, desde luego, podrá poner coto a la litigiosidad desprovista de base, pero lo que sí puede, y quizá deba, hacer el legislador es configurar las condiciones y el trámite de admisión de este recurso en términos tales que hagan bien patente ante los ciudadanos y sus Letrados lo que el recurso de amparo constitucional en modo alguno es un cauce abierto para buscar remedio frente a cualesquiera infracciones del ordenamiento —reales o supuestas— en las que hayan podido incurrir los poderes públicos". Véanse también al respecto, las ponencias y conclu-

de sus presidentes, que han aprovechado todas las ocasiones propicias para denunciar esa situación y reclamar una intervención del legislador que devuelva las aguas del recurso amparo a su cauce natural[26].

3. EL FRACASO DE ALGUNA DE LAS SOLUCIONES A LA MANO. EN PARTICULAR, LA IMPOSICIÓN DE MULTAS Y COSTAS.

Recogiendo ese guante, y en lo que ahora exclusivamente más nos interesa, el legislador ha intervenido y modificado la LOTC por dos veces. Primero en 1988, mediante la Ley orgánica 6/1988, de 9 de junio, que reformó el art. 50 LOTC para permitir a las Secciones del Tribunal inadmitir por unanimidad de sus miembros las demandas de amparo por simple providencia, en lugar de por Auto motivado de las Salas, como era hasta entonces[27]. Y la segunda en 2007, con bastante más

---

siones del V Congreso de la Asociación de Constitucionalistas de España celebrado en Valencia en 2006 y recogidas luego en *La reforma del Tribunal Constitucional* (Coord. P. Pérez Tremps), Tirant lo Blanch, Valencia, 2007.

26 Cfr., *Tribunal Constitucional. Discursos de sus presidentes*, BOE, Madrid, 2006, que recoge los discursos pronunciados por sus presidentes con motivo de las sucesivas renovaciones de la institución y de las diferentes celebraciones de sus aniversarios.

27 Cfr., RUBIO LLORENTE, F. (1998) "El trámite de admisión del recurso de amparo. (Comentario a la Ley orgánica 6/1988)", *Revista Española de Derecho Administrativo*, núm. 60, pp. 507 y ss. No obstante, el Tribunal siguió por muchos años y hasta al menos 2007 motivando sus providencias para explicar, aunque fuera en forma algo más breve y sumaria, la razón de la causa de inadmisión advertida en cada caso. A partir de esa fecha el Tribunal fue abandonando progresivamente esa práctica para desembocar en la situación actual, en la que la providencia de inadmisión se limita de forma escrupulosa con el art. 50.3 LOTC a "especificar el requisito incumplido", sin ninguna explicación añadida.

decisión, con la citada Ley orgánica 6/2007, de 24 de mayo, que modificó el régimen de admisión del recurso de amparo y añadió nuevos requisitos de admisibilidad, además de modificar también la Ley Orgánica 6/1985, de 1 de julio, del Poder Judicial (LOPJ), en los términos que más adelante veremos[28].

La exposición de motivos de esta última Ley orgánica de 2007 resume muy bien la necesidad de corregir las distorsiones advertidas en el correcto funcionamiento del Tribunal por culpa principalmente de la comentada avalancha de recursos de amparo cuando en su apartado II declara que

> "la experiencia acumulada tras más de 25 años de actividad del Tribunal Constitucional desde su creación ha puesto de manifiesto la existencia de una serie de situaciones y circunstancias en la realidad práctica que con el transcurso del tiempo han llegado a convertirse en problemas para el mejor resultado del trabajo del Tribunal. Entre ellas destaca, por un lado, el crecimiento del número de recursos de amparo hasta el punto de ocupar casi todo el tiempo y los medios materiales y personales del Tribunal. Por otro lado, la realidad de los hechos ha permitido también constatar la lentitud de los procedimientos que se desarrollan ante este Alto Tribunal, cuestiones todas ellas respecto de las que es el momento de dar respuesta legislativa".

---

28 Entre medias de estas dos leyes orgánicas de modificación de la LOTC, están las Leyes orgánicas 5/1997, de 4 de diciembre; 13/1999, de 14 de mayo, y 19/2003, de 23 de diciembre, que respectiva y sucesivamente, en lo que ahora nos importa, modificaron los arts. 240 y 241 LOPJ para, con pequeñas variantes, configurar el incidente de nulidad de actuaciones como mecanismo impugnatorio ideado para remediar los defectos de forma que hubieran causado indefensión o en la incongruencia del fallo de las resoluciones judiciales, siempre que los primeros no haya sido posible denunciarlos antes de recaer sentencia o resolución que ponga fin al proceso y que, en uno u otro caso, la sentencia o resolución no sea susceptible de recurso en el que quepa reparar la indefensión sufrida.

Aunque enseguida habrá ocasión de ver con más razón cuál ha sido la solución ideada por el legislador, conviene adelantar desde ahora que los números cantan y que, por tanto, ninguna de estas dos modificaciones de la LOTC ha servido, sin embargo, ni asilada ni conjuntamente, para reducir significativamente el ritmo anual de interposición de recursos de amparo que como ya nos consta, con algunos paréntesis y, en todo caso, a partir 2018, ha vuelto a incrementarse de nuevo hasta alcanzar los 8059 recursos registrados en 2023, según ya sabemos. De modo que lo único que han logrado es aliviar la carga de motivación de las decisiones de inadmisión y reducir el tiempo de respuesta del Tribunal, pero ciertamente poco más[29].

De todas formas, nada de extraño hay en ese fracaso. Sencillamente porque, mientras exista el recurso de amparo[30], no

---

29 TOMÁS Y VALIENTE, F. (1994), premonitoriamente ya advirtió entonces que ese tipo de soluciones solo conseguirían "dila[tar] el momento en que se interpondría cada recurso de amparo, sin reducir con ello su número, y, todo ello, corriendo el riesgo (no insalvable, pero real) de incumplir el mandato constitucional de la sumariedad, que, entre otras cosas, significa, rapidez", en *Prólogo* al libro de FERNÁNDEZ FARRERES, G., *El recuro de amparo según la jurisprudencia constitucional,* cit.., p. 7. En el mismo sentido, RUBIO LLORENTE, F. (1992: 34 y 37) notó igualmente que las modificaciones en el trámite de admisión de las demandas de amparo permiten reducir el tiempo de respuesta del Tribunal, pero no sirven en cambio para frenar el número de recursos de nuevo ingreso ni para aligerar la carga de trabajo del Tribunal.
Sobre la última reforma vid., entre otros, FERNÁNDEZ FARRERES, G. (2007), "La reforma de la Ley Orgánica del Tribunal Constitucional (Comentario a la Ley orgánica 6/2007, de 24 de mayo)", *Revista Española de Derecho Constitucional,* núm. 81, pp. 11 y ss. FERNÁNDEZ RODRÍGUEZ, T.R. (2024), "El recurso de amparo constitucional y el recurso de casación contencioso-administrativo: la atracción fatal del *certiorari* americano", *Revista de Administración Pública,* núm. 223, pp. 141-168.

30 PARADA VAZQUEZ, R. (1999), en respuesta al *Cuestionario sobre la reforma de la Ley orgánica del Tribunal Constitucional* recogido en el número 4 que la revista *Teoría y Realidad Constitucional,* dedicó a "El Tribunal

Constitucional", defendió la supresión del recurso de amparo a la vista de sus pobres resultados advirtiendo que "¡Seamos, pues, realistas! Reconozcamos el fracaso y eliminemos el recurso de amparo, poniéndonos a la altura de la sensatez de franceses, italianos e ingleses, entre otros vecinos de nuestro mismo ámbito cultural y cuya felicidad jurídica no es menor sino mayor que la nuestra" (p. 64). En ese mismo volumen y en respuesta al citado cuestionario, LÓPEZ GUERRA, L., manifestó su opinión contraria a "reducir, como a veces se ha propuesto, el ámbito del amparo, bien excluyendo de él las resoluciones judiciales, bien restringiendo el número de derechos susceptibles de amparo" (p. 63). Sobre esta misma cuestión y, en particular, sobre el reducido margen de maniobra del legislador en la configuración del amparo constitucional, vid. FERNÁNDEZ FARRERES, G. (1994: 9-20).

El presidente CRUZ VILLALÓN, P. (2000) lo notó igualmente al advertir por entonces que "ninguna ley puede impedir que un determinado escrito atraviese el umbral del Tribunal Constitucional y que, salvo casos extremos, sea registrado, al menos, como posible futuro recurso de amparo", en "Las tareas del Tribunal Constitucional", presentación de la *Memoria 1999* del Tribunal Constitucional, Tribunal Constitucional, Madrid, p. 15.

Al respecto, CARRASCO DURÁN, M. (2012), ha notado por su parte que "la experiencia muestra que, cuando existe un recurso, o instrumento que funcione de modo análogo, las partes en el proceso tienden a utilizarlo, sean cuales sean su naturaleza, sus requisitos, los obstáculos a la admisión de las demandas o las posibilidades de éxito de aquéllas. En definitiva, mientras exista el recurso de amparo, las partes en los procesos previos lo utilizarán, con independencia del número de recursos o instrumentos procesales que deban agotar previamente", en "La tutela de los derechos fundamentales a través del incidente de nulidad de actuaciones", *Revista Española de Derecho Constitucional,* núm. 95, p. 85; la misma idea repite más adelante en p. 87.

También al respecto, ARAGÓN REYES, M. (1999), notó que "mientras la Constitución no se reformase eliminándose o restringiéndose el recurso de amparo [...] la avalancha de recursos de amparo que se presentan al Tribunal constitucional no decrecerá sustancialmente", en *Cuestionario sobre la reforma de la Ley Orgánica del Tribunal Constitucional,* publicado en la revista *Teoría y Realidad Constitucional,* núm. 4, p. 56

Como se sabe, porque ha sido muchas veces glosado, L. MARTÍN-RETORTILLO, senador constituyente y catedrático de Derecho Administrativo, formuló una enmienda para defender la desaparición del recurso de es fácil disuadir a los ciudadanos (y a sus abogados) de su utilización, por más que el legislador añada nuevos requisitos de admisibilidad o facilite al Tribunal Constitucional su inadmisión mediante providencia y la simple indicación del requisito incumplido. Y por más también que los recurrentes sepan de antemano que las posibilidades de superar el filtro de la admisión son muy escasas, por no decir prácticamente nulas, según también ya nos consta y luego se insistirá.

Como tampoco, de otra parte, quepa olvidar, como motivo añadido que contribuye al elevado número de recursos de amparo, el hecho de que según establece el art. 95.1 LOTC, "el procedimiento ante el Tribunal Constitucional es gratuito".

No se ignora, por supuesto, que los siguientes apartados 2 y 3 del propio art. 95 LOTC matizan esta regla y establecen respectivamente que "el Tribunal podrá imponer las costas que se derivaren de la tramitación del proceso a la parte o partes que hayan mantenido posiciones infundadas, si apreciare temeridad o mala fe"; y que podrá igualmente "imponer a quien formulase recursos [...] de amparo, con temeridad o abuso de derecho, una sanción pecuniaria de 600 a 3.000 euros"[31].

---

amparo ante el Tribunal Constitucional por los riesgos de sobrecargar sus funciones, apostando en su lugar por encomendar la protección de los derechos fundamentales a los jueces ordinarios; en "Contra el recurso de amparo", recogido en su libro, M*ateriales para una Constitución (Los trabajos de un profesor en la Comisión Constitucional del Senado)* Akal, Madrid, 1984, pp.193 y ss. Sobre el periplo del recurso de amparo y sus vicisitudes en el proceso constituyente, cfr., por todos, OLIVER ARAUJO, J., "El recurso de amparo en el último proceso constituyente español", *Revista de las Cortes Generales,* núm. 43 (1998), pp. 165 y ss.

31 En redacción original de 1979, antes de su modificación por la Ley orgánica 6/2007, el citado art. 95.3 LOTC contemplaba "una sanción pecuniaria de cinco a cien mil pesetas". Sobre estas potestades sancionadoras, por todos, PÉREZ TREMPS, P (2004), *El recurso de amparo,* Tirant lo Blanch,

Sucede, no obstante, que, aunque no ha faltado quien ha visto en la aplicación resuelta de estas previsiones legales un mecanismo idóneo para reducir la avalancha de recursos de amparo[32], el Tribunal nunca se ha mostrado muy dispuesto a su utilización. De hecho, son rigurosamente contadas las resoluciones que deciden apurar el comportamiento temerario del recurrente e imponerle las costas y, menos aún, una sanción por ese motivo.

En un primer momento, el Tribunal justificó esta actitud complaciente con el comportamiento descuidado de los recurrentes en la propia novedad de la jurisdicción constitucional y del recurso de amparo como instrumento de protección jurisdiccional de los derechos fundamentales. El ATC 25/1980, de 30 de septiembre (TOL242.835), lo explica muy bien cuando advierte

> "El carácter todavía relativamente novedoso de la jurisdicción constitucional entre nosotros puede excusar en alguna medida la temeridad del presente recurso y aconseja no hacer uso de las facultades sancionadoras que al respecto concede a este Tribunal el art. 95 LOTC" (FJ 7).

Poco después, el ATC 91/1982, de 10 de febrero, insiste también en esta misma explicación notando que

> "el Tribunal no considera necesario imponer las costas ni sanción pecuniaria alguna al recurrente, porque aunque es cier-

---

Valencia, pp. 327-329. También al respecto, FERNÁNDEZ FARRERES (2004: 27-28).

32 DESDENTADO BONETE, A (2007), "La reforma del recurso de amparo y el Tribunal Supremo", en *El futuro de la justicia constitucional. Actas de las XII Jornadas de la Asociación de Letrados del Tribunal Constitucional,* Tribunal Constitucional-Centro de Estudios Políticos y Constitucionales, Madrid, p. 28; ORTÍZ ÚRCULO, J. C. (2006), en *La reforma de la justicia constitucional* (Espín Templado, E.; Fernández Farreres, G.; y Cruz Villalón P.), Centro de Estudios Jurídicos-Thomson/Aranzadi, Cizur Menor (Navarra), p. 141.

> to que el recurso es infundado a pesar de que, como indica acertadamente el Ministerio Fiscal, existe una abundante jurisprudencia de este Tribunal en forma de Autos de inadmisión que matiza las condiciones necesarias para acceder al mismo y cuyo somero conocimiento podría haber llevado a la parte a no haber formulado su pretensión, sin embargo también es cierto que estas resoluciones no han recibido todavía una difusión suficiente como para poder de momento afirmar que las pretensiones que se formulen sin adaptarse al contenido doctrinal de las mismas además de infundadas sean también temerarias o formuladas con una mala fe o abuso de derecho, que son los requisitos a los que liga el art. 95.2 de la LOTC la imposición de las costas o de una sanción pecuniaria" (FJ 6).

A partir de esas primeras resoluciones, y una vez hecha la advertencia que acaba de recordarse, el Tribunal comienza, no obstante, a hacer uso de las facultades que le otorgan los citados arts. 95.2 y 3 LOTC, aunque ciertamente con bastante prudencia y solo, además, según recuerda el reciente ATC 598/2023, de 20 de noviembre, "sobre quien recurre en amparo, no sobre la parte compareciente que formula alegaciones"[33].

---

[33] Desde el primer momento, salpicados por la doctrina constitucional, hay también un par de docenas de pronunciamientos del Tribunal, todos ellos desestimatorios de la correspondiente pretensión de condena en costas solicitada por alguna de las partes personadas en el proceso, comúnmente por la parte demandada en el proceso judicial, y que el Tribunal acostumbra a despachar sumariamente advirtiendo que "no advirtiendo temeridad o mala fe en el demandante de amparo no procede la imposición de las costas ni la multa interesada" (STC 27/2009, de 26 de febrero, FJ 9). En el mismo sentido, entre otras, pueden verse las SSTC 136/1985, de 8 de marzo, FJ 6; 6/1986, de 21 de enero, FJ 4; 109/1987, de 29 de junio, FJ 5; 168/1988, de 28 de septiembre, FJ 4; 190/1996, de 25 de noviembre, FJ 6; FJ 5; 37/2001, de 12 de febrero, FJ 9; FJ 5; 206/2001, de 29 de octubre, 69/2006, de 13 de marzo, FJ 5; 37/2007, de 9 de febrero; FJ 6; y 187 a 194/2007, todas ellas de 10 de septiembre, FJ 8. Y los AATC 30/2004, de 9 de febrero, Fj2; 159/2011, de 21 de noviembre; y 6/2013, 14 de enero, FJ, 3).

Según mis cuentas, el ATC 305/1982, de 13 de octubre, es la primera resolución en la que el Tribunal, con inadmisión de la demanda, impone al recurrente en amparo el pago de las costas derivadas de la tramitación del procedimiento y una sanción pecuniaria, entonces en su importe mínimo de 5.000 pesetas (30,05 €). Una conclusión que el Tribunal razona del siguiente modo:

> "Es posible que el demandante de amparo no haya actuado al sostener este recurso con dolo o mala fe, que es uno de los fundamentos de la condena en costas, según lo prevenido en el art. 95.2 de la LOTC; [pero] lo que no ofrece duda es que, al menos, el planteamiento es temerario, entendiendo por tal el ejercer una pretensión de amparo que una elemental indagación sobre los fundamentos de tal pretensión hubiera llevado, sin dificultad, a saber que carece de toda fundamentación. El actor se ha comportado temerariamente, y esto, en ejercicio indeclinable de un deber para preservar la Autoridad del Tribunal Constitucional, y el respeto que al mismo se debe, que no puede impunemente ser perturbado con planteamientos tan fuera de lugar, obliga no sólo a condenar en costas al recurrente, sino, además, a sancionarle, en la mínima de la cuantía que permite el art. 95.3 de la LOTC, levedad que no entraña minimizar la temeridad, sino la de optar por una solución que sin quebranto económico grave sancione esa temeridad" (FJ 2).

A este Auto le siguieron luego otros en los que el Tribunal impone al recurrente únicamente la condena en costas prevista en el art. 95.2 LOTC, pero sin llegar a hacer uso de la facultad sancionadora del art. 95.3 LOTC. Probablemente porque como advierte por esa misma época el ATC 161/1984, de 14 de marzo, "el uso de una institución constitucional como es el proceso de amparo no es, en principio, un ejercicio que deba comportar una sanción" (FJ 2).

Los AATC 237/1983, de 25 de mayo, FJ Único; 42/1984, de 25 de enero, FJ 2; 111/1984, de 22 de febrero, FJ 1; 602/1984, de 17 de octubre, FJ Único; 204/1985, de 20 de marzo, FJ 6, y 400/1985, de 19 de junio, FJ 3, son otros tantos ejemplos de este ejercicio moderado de las facultades condenatorias del Tribunal. Por entonces, el ATC 560/1983, de 16 de noviembre, en un supuesto de demanda temeraria, lo justifica del siguiente modo:

> "Los recurrentes han tenido acceso a los Tribunales competentes, ante los cuales han podido exponer lo que pretendían, y han obtenido sendas resoluciones fundadas en derecho. Los recurrentes están evidentemente disconformes con ellas, pero este Tribunal, que no constituye una ulterior instancia, ha reiterado una y otra vez que el derecho a una tutela jurisdiccional efectiva no implica en modo alguno el derecho a obtener una resolución favorable. Se infiere de lo expuesto que la formulación del amparo debe comportar al menos la más benigna de las previsiones condenatorias a que se refiere el art. 95.2 de la LOTC por apreciarse temeridad en aquélla" (FFJ 3 y 4).

De todas formas, para decir toda la verdad, conviene advertir que, durante esos primeros años de funcionamiento del Tribunal, este tipo de resoluciones que únicamente imponen el pago de las costas conviven con otras que también castigan al recurrente con el pago de la correspondiente multa en aplicación del art. 95.3 LOTC, una vez advertida, como dice por ejemplo el ATC 190/1986, de 5 de marzo, la "lamentable temeridad" del recurrente. Los AATC 504/1983, de 26 de octubre, FJ 2; 161/1984, de 14 de marzo, FJ 2; 653/1984, de 7 de noviembre, FJ 3; 392/1985, de 12 de junio, FJ 3; y 497/1985, de 17 de julio, FJ 4; 978/1986, de 19 de noviembre, FJ único; y 1342/1987, de 9 de diciembre, dan cuenta ahora de otros tantos ejemplos de este doble fallo condenatorio.

Aunque, como se ha observado, este tipo de condenas figuran comúnmente en los Autos de inadmisión de la correspondiente demanda de amparo, en ocasiones se contienen también en las sentencias del Tribunal y, por tanto, después de haber admitido el correspondiente recurso. Las SSTC 31/1983, de 27 de abril; 15/1984, de 6 de febrero; 45/1985, de 26 de marzo, 131/1986, de 29 de octubre y 159/1988, de 19 de septiembre, son buena muestra del uso en sentencia de las facultades que los arts. 95.2 y 3 LOTC atribuyen al Tribunal.

En cualquier caso, después de estos fallos condenatorios de los primeros años de funcionamiento del Tribunal, y que, según mis cuentas, suman algo más de dos docenas, distribuidas entre autos y sentencias[34], y que llegan hasta lo último de los años ochenta del siglo pasado, las resoluciones condenatorias que aplican el art. 95 LOTC aparecen ya en la doctrina constitucional salpicadas con cuenta gotas hasta desaparecer literalmente de la práctica del Tribunal. Salvo error por mi parte, la STC 114/1999, de 14 de junio (TOL81.173), es la última de las sentencias que utiliza las facultades del art. 95 LOTC. En esa ocasión, después de admitido el recurso, el Tribunal descubrió, sin embargo, que el recurrente le había ocultado de forma deliberada que contra el mismo acto recurrido en amparo había interpuesto paralelamente un recurso contencioso, que demostraba el incumplimiento de la exigencia de agotamiento de la vía judicial previa. En estas condiciones, el Tribunal declara que

> "por todo ello, advertida la mala fe procesal del recurrente y con arreglo a lo dispuesto en el art. 95.2 y 3 LOTC, este Tribunal acuerda imponerle las costas derivadas de la tramitación del presente recurso de amparo y una multa de 50.000 pesetas" (FJ 3).

Hay que esperar algunos años más para que certificar que los Autos de inadmisión de recursos de amparo que aplican el art. 95.2 y 3 LOTC han desparecido igualmente de la moderna doctrina constitucional. Si mis cuentas son correctas, el ATC 322/2004, de 29 de julio, y que tiene, conviene notarlo, más

---

[34] Cfr., entre otras resoluciones, las SSTC 91/1989, de 16 de mayo, FJ 6; 40/1990, de 12 de marzo, FJ 2; 52/1991, de 11 de marzo, FJ 4; y 290/1993, de 4 de octubre, FJ 5; y los AATC 1304/1987, de 23 de noviembre, FJ 2; y 1342/1987, de 9 de diciembre, FJ 2.

de veinte años, es el último que lo hace. Lo que significa, por decirlo en términos deliberadamente tajantes, que el Tribunal ha decidido sencillamente no volver a utilizar nunca más sus facultades condenatorias[35].

Salvo error por mi parte, el citado ATC 598/2023, de 20 de noviembre, que antes ha salido, es por ahora el último pronunciamiento constitucional[36] que he podido encontrar sobre el art. 95 LOTC y en el que Tribunal deja claro, siguiendo al ATC 283/2023, de 5 de junio, que la condena en costas y, con mayor razón aún, la imposición de una sanción pecuniaria es

> "una facultad de la que puede hacer uso este tribunal cuando aprecie temeridad o mala fe y, cuando no habiéndolo hecho así, ha de entenderse denegada tal pretensión de la parte (AATC 65/1994, de 28 de febrero, FJ único; 211/2003, de 30 de junio, FJ único; 177/2006, de 5 de junio, FJ único; 122/2017, de 18 de septiembre, FJ único; 57/2018, de 4 de junio, FJ único, y 102/2021, de 13 diciembre, FJ 2)" (ATC 283/2023, de 5 de junio, FJ único).

Esta es seguramente una práctica constitucional razonable, supuesta la posición institucional de los derechos fundamentales en nuestro ordenamiento y el objetivo de no desalentar su protección jurisdiccional. Pero que se entiende algo peor si

---

35 HUERTA TOLCIDO, S. (2000), "Comentario al art. 95", en *Comentarios a la Ley Orgánica del Tribunal Constitucional* (Coord. J.L. Requejo Pagés), Tribunal Constitucional-Boletín Oficial del Estado, Madrid, pp. 1398 y ss.

36 En fecha reciente los medios de comunicación se han hecho eco del Acuerdo adoptado por la Sala Primera del Tribunal, recogida en la nota informativa 90/2024 de la oficina de prensa del propio Tribunal, de 19 de septiembre de 2024, que ha decidido por unanimidad de sus miembros sancionar con el apercibimiento previsto en el art. 554.1 LOPJ a un abogado que redactó el escrito de demanda de amparo sirviéndose de un buen número de citas falsas entrecomilladas de la propia doctrina constitucional; pero Acuerdo que, sin embargo, no he podido encontrar.

tenemos en cuanta la avalancha de demandas de amparo que literalmente inundan al Tribunal, muchas de ellas formuladas sin ningún cuento, como sabe bien cualquiera que esté mínimamente familiarizado con el funcionamiento del Tribunal y ha sido, además, muchas veces denunciado por la doctrina más atenta.

Sea como fuere y si atamos todos los datos y observaciones que han ido saliendo hasta ahora, el riesgo de que nuestro amparo constitucional se haya transformado finalmente también en un recurso "*sin coste, sin esfuerzo y sin esperanza*", conforme tempranamente advirtiera RUBIO LLORRENTE sirviéndose de la crítica que humorísticamente por esas mismas fechas se formulaba contra el equivalente a nuestro recurso de amparo en Alemania *(Verfassungsbeschwerde)*[37], se convierte en verosímil.

Precisamente, pero sin abandonar esta última advertencia, importa parar un momento en el comentado fracaso procesal de los recursos de amparo para comprobar cuáles son los principales defectos en que incurren las demandas de amparo y que es también uno de los principales argumentos más veces utilizados para defender la reforma del recurso de amparo.

4. LA INDULGENCIA DEL TRIBUNAL CON LOS DEFECTOS EN EL MODO DE PROPONER LA DEMANDA

Antes de ver esos defectos más comunes y la opinión del Tribunal al respecto, conviene notar que la citada tasa de inadmisión, que como ya nos consta ronda actualmente el 99% de los amparos presentados, tiene desde luego una apariencia

---

37 RUBIO LLORENTE, F. (1982: 59), "Sobre la relación entre el tribunal constitucional y el Poder Judicial en el ejercicio de la jurisdicción constitucional", *Revista Española de Derecho Constitucional,* núm. 4.

preocupante en la medida que sugiere la existencia de un régimen de admisión muy severo y difícil de cumplir o, visto desde el otro lado, la falta de pericia de los recurrentes o, peor aún, la desmedida ambición de los ciudadanos (y de sus abogados) que deciden acudir en amparo ante el Tribunal Constitucional aun a sabiendas de que su intento será en vano y, en ocasiones también, con el único propósito de alargar la vida del pelito y de impedir o cuando menos entorpecer la ejecución de la correspondiente resolución judicial definitiva[38]. Naturalmente son posibles también otras interpretaciones, pues no hay descartar que no haya lugar a ningún reproche y que ése sea simplemente el precio a pagar por la atribución a la jurisdicción constitucional de la protección de los derechos y libertades fundamentales[39]. Y sin que tampoco quepa excluir que todo se deba finalmente a una suma de esos mismos factores, en combinación variable.

En cualquier caso, y como éste no es lugar para especulaciones, conviene anotar cuáles son los principales defectos formales que el Tribunal aprecia en el modo de proponer las demandas de amparo y su opinión al respecto.

---

38 Sobre este efecto indeseado ha alertado la doctrina más atenta, según se ha dejado anotado más arriba en nota 10. Al respecto, PADRÓS REIG, C. (2019: 234) subraya el hecho de que los recurrentes actúen comúnmente en el orden jurisdiccional penal representados y asistidos por profesionales designados de oficio como causa que explica el tradicional predominio de los recursos de amparo procedentes de ese orden jurisdiccional, supuesto que "el abogado de oficio tiene un incentivo para presentar recurso ante el Tribunal más que de rechazar la designación por la falta de visos de prosperabilidad del recurso".

39 RUBIO LLORENTE, F. (1992:36) ha destacado la amplitud con la que se ha diseñado el recurso de amparo, al que, a diferencia de la casación ordinaria, "sí tienen acceso todos los litigantes, sea cual sea la cuantía del pleito o la gravedad de la condena".

Sobre el modo de redactar la demanda, el art. 49.1 LOTC establece que "el recurso de amparo constitucional se iniciará mediante demanda en la que se expondrán con claridad y concisión los hechos que la fundamenten, se citarán los preceptos constitucionales que se estimen infringidos y se fijará con precisión el amparo que se solicita para preservar o restablecer el derecho o libertad que se considere vulnerado". Lo que, con arreglo a la propia doctrina del Tribunal Constitucional, que arranca de sus primeras decisiones[40], obliga a que en el escrito inicial de demanda el recurrente debe *i)* determinar el acto o disposición del poder público que recurre; *ii)* exponer los hechos o la *causa petendi* en que funda su recurso; *iii)* identificar los preceptos constitucionales que considera vulnerados; y *iv)* concretar el amparo que solicita, esto es, el *petitum*[41]. Y debe hacerlo todo ello, además, en forma clara y precisa.

La importancia de estas exigencias formales ha sido muchas veces subrayada por el Tribunal que ha advertido repetidamente en expresión normalizada que, conforme al citado art. 49.1 LOTC, "es carga procesal de los recurrentes no solo abrir la vía para que el Tribunal pueda pronunciarse, sino también la de proporcionar la fundamentación fáctica y jurídica que razona-

---

40 Sirva de ejemplo el ATC 25/1980, de 30 de septiembre, de inadmisión, dictado en un supuesto de demanda de amparo manifiestamente imprecisa, y en el que el Tribunal advierte que la citada exigencia, "cuya racionalidad es patente", obliga efectivamente a que "la demanda con la que se inicia el recurso de amparo constitucional, además de exponer con claridad y precisión los hechos que la fundamentan y citar los preceptos constitucionales que se estiman infringidos, ha de fijar con precisión, dice el art. 49.1 de la LOTC, el amparo que se solicita para preservar el derecho o libertad que se considere vulnerado" (FJ 1).

41 Cfr., DÍEZ-PICAZO GIMÉNEZ, I. (1996), "Reflexiones sobre el contenido y efectos de las sentencias dictadas por el Tribunal Constitucional en recursos de amparo", en *La sentencia de amparo constitucional, Actas de las I Jornadas de la Asociación de Letrados del Tribunal Constitucional,* Centro de Estudios Constitucionales, Madrid, pp. 17 y ss.; en especial, pp. 38 y ss.,

blemente es de esperar y que se integra en el deber de colaborar con la justicia del Tribunal Constitucional", so pena en otro caso de incurrir en "falta de la diligencia procesalmente exigible" y arriesgar por este motivo la inadmisión del recurso[42].

Aunque este tipo de declaraciones aparecen desde el primer momento en la doctrina constitucional, se repiten luego muchas veces y pueden leerse también en la doctrina constitucional más moderna[43], el Tribunal de todas formas nunca se ha mostrado especialmente severo en la exigencia de la citada carga procesal y ha disculpado con normalidad los defectos formales en el modo de proponer la demanda que, por otra parte, desde el primer momento (SSTC 52/1982, de 22 de julio, FJ 1; y 79/1982, de 20 de diciembre, FJ 1) calificó además de subsanables aprovechando la concesión del trámite que por entonces habilitaba el art. 85.2 LOTC en su redacción originaria de 1979[44].

---

42 Cfr., entre otras resoluciones, cfr., la STC 133/2013, de 5 de junio, FJ 8; y los AATC 290/2004, de 19 de julio, FJ 1; 39/2005, de 31 de enero, FJ 3, o 146/2005 de 18 de abril, FJ 2).

43 De la primera época, son buena muestra la STC 11/1981, de 8 de abril, FJ 3; y el ATC 103/1981 bis, de 23 de octubre, FJ 2; y, de la más reciente, por todas, las SSTC 155/2019, de 28 de noviembre, FJ 7 c); y 25/2022, de 23 de febrero, FJ 2. Entre medias hay efectivamente una larga lista de sentencias constitucionales. Cfr., entre otras muchas, las SSTC 1/1996, de 15 de enero, FJ 3; 7/1998, de 13 de enero, FJ 3; 52/1999, de 12 de abril, FJ 5; 93/2002, de 22 de abril, FJ 3); 23/2005, de 14 de febrero, FJ 25; 42/2006, de 13 de febrero, FJ 2; 141/2009, de 15 de junio, FJ 3; 80/2011, de 6 de junio, FJ 3; y 140/2014, de 11 de septiembre, FJ 3.

44 El citado art. 85.2 LOTC establecía en su redacción originaria de 1979 que, "en los supuestos subsanables a que se refiere el artículo cincuenta de la presente Ley, el Tribunal deberá notificar al recurrente los motivos de inadmisión que hubiere, con objeto de que, dentro del plazo de diez días, pueda subsanar los defectos advertidos". Esta indicación despareció con la nueva redacción del precepto introducida por la Ley orgánica 6/2007, de 24 de mayo.

Al parecer, según ha explicado FERNÁNDEZ FARRERES[45], el Tribunal rara vez, sin embargo, mientras fue posible, decidió abrir el citado trámite de subsanación que permitía el art. 85.2 LOTC hasta su desaparición con la Ley orgánica 6/2007, de 24 de mayo. En su lugar y desde el primer momento, prefirió adoptar un enfoque antiformalista y suplir de oficio las posibles deficiencias técnicas de las demandas cuando de su contenido y *petitum* pudiera deducirse con la suficiente precisión el objeto del recurso.

Este comportamiento flexible del Tribunal arranca de su primera sentencia en la que, a pesar de observar que "la demanda incurre en alguna falta de orden y hasta en confusiones", afirma no obstante la necesidad de evitar "caer en rigorismos formales que no sirven al fin del proceso constitucional" (STC 1/1981, de 26 de enero, FJ 4), de manera que, como precisará en la siguiente STC 2/1981, de 30 de enero (TOL109.334), el art. 49.1 LOTC "ha de entenderse cumplido cuando de la redacción del escrito es posible deducir cuáles son los hechos y los fundamentos de derecho en que se funda la demanda de amparo" (FJ 2). En consecuencia, apurando este planteamiento, no es tanto que el Tribunal haya decidido suplir los defectos que detecta en el modo de proponer la demanda. Es más bien que no hay en rigor defectos que subsanar.

Desde entonces, las declaraciones constitucionales que sin necesidad de habilitar el trámite de subsanación del art. 85.2 LOTC se ajustan a este planteamiento y que, huyendo de rigores formales, rebuscan efectivamente en el escrito de demanda para lograr superar sus deficiencias formales son muy abundantes y alcanzan a cualquiera de las exigencias que antes se han dejado anotadas.

---

45 FERNÁNDEZ FARRERES, G. (1994), *El recurso de amparo según la jurisprudencia constitucional,* cit., p. 257

La STC 2/2006, de 16 de enero, (TOL817.400) que es una de las últimas sentencias anteriores a la Ley orgánica 6/2007, resume muy bien este planteamiento del Tribunal cuando, con cita de otras resoluciones constitucionales, declara que

> "La exigencia del art. 49.1 LOTC, cuya racionalidad es patente, implica, sobre todo, la necesidad de determinar con precisión cuál es el acto del poder que se considera lesivo, y cuáles las vulneraciones constitucionales que se han producido por el acto o resolución que se impugna [...], de modo que, desde nuestra más temprana jurisprudencia, hemos mantenido que se trata de un requisito subsanable, de conformidad con lo dispuesto en el art. 85.2 LOTC, que no concurre cuando se puede determinar lo que de nosotros se pide así como la causa de la petición, es decir, cuando se pueden situar con claridad los elementos fácticos y los datos normativos de la queja de amparo [...]. Otra conclusión implicaría pervertir la función de la norma como garantía, para convertirse en un puro formalismo" (FJ 2).

Naturalmente, este mismo planteamiento flexible con el cumplimiento de las exigencias formales de la demanda se mantiene después de la citada Ley orgánica 6/2007 y figura en la doctrina constitucional más reciente. Además de las sentencias que luego irán saliendo, la más moderna STC 133/2018, de 13 de diciembre (TOL6.977.385), es una buena muestra de este tradicional comportamiento antiformalista del Tribunal cuando advierte que,

> "el error en el que el demandante ha incurrido en la determinación del objeto del recurso no puede tener como consecuencia su inadmisión [...] de acuerdo con la interpretación flexible que viene propugnando la jurisprudencia constitucional de la normativa reguladora del recurso de amparo, a fin de facilitar la plena eficacia y salvaguarda de los derechos fundamentales [...]. En efecto, pese a aquel error, la mera lectura de la demanda hace evidente, a la luz de las argumentaciones que en ella se efectúan, qué es lo que se está planteando ante este Tribunal [...]. En otras palabras, el error en la identificación del acto [impugnado] no impide determinar ni qué es lo que de nosotros se pide, ni cuál es la causa de la petición" (FJ 2).

Importa notar en cualquier caso que la comentada exigencia de claridad y precisión en la redacción de la demanda no consiente cualquier operación y que la interpretación constitucional del art. 49.1 LOTC, con ser flexible, tiene también lógicamente sus límites, según el propio Tribunal se ha encargado de advertir repetidamente.

De un lado, para dejar claro que, una vez que ha presentado su demanda, el recurrente no puede ya ampliarla o modificarla con posterioridad, de modo que no puede aprovechar el trámite de alegaciones del art. 52 LOTC para formular nuevas pretensiones o vulneraciones de derechos no incluidas en su escrito inicial de demanda. Y, de otra, para rechazar asimismo que corresponda al propio Tribunal reconstruir de oficio las demandas de amparo cuando el recurrente, ignorando la carga de argumentación que pesa sobre él, no ha razonado sobre los hechos o motivos que justifican su recurso.

Las declaraciones del Tribunal que subrayan este doble límite son igualmente muy abundantes y figuran en expresión asimismo normalizada en la doctrina constitucional de todas las épocas.

Sobre la imposibilidad de admitir nuevas pretensiones o la denuncia de vulneraciones de derechos fundamentales que no figuran en el escrito inicial de demanda, la opinión del Tribunal es tajante, en efecto. Según tiene dicho en una unánime y reiterada jurisprudencia, que comienza precisamente por subrayar que la demanda de amparo es "el escrito rector del proceso constitucional" y el que "fija definitivamente el objeto del amparo y determina los límites del deber de congruencia" del propio Tribunal, y de la que son buena muestra, entre otras, las SSTC 209/2000, de 24 de julio, FJ 1; y 73/2003, de 23 de abril, FJ 1; o las más recientes SSTC 52/2021, de 15 de marzo, FJ 2; y 104/2022, de 12 de septiembre, FJ 1 b):

> "es en la demanda de amparo donde queda fijado el objeto procesal, definiendo y delimitando la pretensión, pues en ella

> ha de individualizarse la *causa petendi*, sin que sean viables las alteraciones introducidas con ulteriores alegaciones, cuya *ratio* es completar y, en su caso, reforzar la fundamentación del recurso, mas no ampliarlo o variarlo sustancialmente".

Igual de enérgico se muestra el Tribunal respecto de la imposibilidad de que, por flexible que pueda llegar a ser en su apreciación sobre el cumplimiento de las exigencias formales del art. 49.1 LOTC, esa operación no consiente, sin embargo, en expresión asimismo normalizada y que últimamente puede leerse entre otras muchas en las SSTC 45/2022, de 23 de marzo, y 136/2023, de 23 de octubre,

> "la reconstrucción de oficio de las demandas, ni tampoco suplir las razones de la parte cuando éstas no se aportan de modo comprensible con el recurso"

Por esta razón, siempre que el recurrente se limita en su demanda a indicar simplemente el derecho fundamental que considera vulnerado, pero sin razonar ni siquiera mínimamente las razones en que fundamentan esa pretendida vulneración constitucional, el Tribunal la rechaza *a limine*, sin más explicaciones, limitándose poco más que notar sumariamente ese defecto[46].

A salvo de estos dos límites, la jurisprudencia constitucional es bastante flexible y alcanza efectivamente, según antes se ha adelantado, a la comprobación del cumplimiento de cualquie-

---

46 Las sentencias que, siguiendo este criterio, rechazan analizar las tachas de constitucionalidad meramente formularias porque carecen del imprescindible desarrollo argumental en la demanda son efectivamente muy abundantes y figuran en la jurisprudencia constitucional de todas las épocas. Por atender únicamente a alguna de las más modernas, sirvan de ejemplo, por todas, las SSTC 23/2005, de 14 de febrero, FJ 2; 42/2006, de 13 de febrero, FJ 2; 141/2009, de 15 de junio, FJ 3; 212/2009, de 26 de septiembre, FJ 1; 46/2014, de 14 de abril, FJ 3; 140/2014, de 11 de septiembre, FJ 3; y 21/2023, de 27 de marzo FJ 2.

ra de las exigencias formales del art. 49.1 LOTC, dado que la obligación de redactar la demanda con claridad y precisión es de "alcance instrumental, en cuanto se dirige a proporcionar al Tribunal elementos de juicio para decidir sobre la admisibilidad de la demanda" (SSTC 107/2012, de 21 de mayo, FJ 2; y 212/2013, de 16 de diciembre, FJ 2).

De modo que la simple falta o el error en la identificación del acto o disposición recurrido en amparo; la imprecisión, el desorden y hasta la confusión en la exposición de la *causa petendi* o, en fin, del propio *petitum*, no determinan la inadmisión de la correspondiente demanda, siempre que de su lectura pueda deducirse el objeto del proceso y la petición que se formula.

Al respecto, la STC 53/2000, de 28 de febrero (TOL2.085), es también otra muestra de este comportamiento antiformalista del Tribunal cuando declara que

> "pese a que en los razonamientos del recurrente se mezclan las cuestiones de hecho con las de derecho, tal defecto no puede, en el presente caso, dar lugar a la inadmisión, puesto que [de la lectura de la demanda] resulta claro el objeto de la pretensión y la causa en la que éste se basa" (FJ 2).

O también el ATC 290/2004, de 19 de julio, en el que el Tribunal a pesar de comenzar notando que

> "la demanda incumple las exigencias de claridad y concisión de los hechos que la fundamentan, así como la de fijar con precisión el amparo que se solicita para preservar o restablecer el derecho o libertad que se considera vulnerado, al presentar de modo asistemático las lesiones de derechos fundamentales, entrecruzando hechos acaecidos y la valoración jurídico constitucional que le merecen al demandante, sin existir una separación numerada o conceptual de los derechos fundamentales que se estiman lesionados. Ello, no obstante, y habida cuenta del principio *pro actione* que preside la demanda de amparo cuando de la misma se pueden deducir en términos generales el contenido y las vulneraciones aducidas, el hecho de que del recurso puedan deducirse dos alegaciones fundamentales, [...] aboca a que este Tribunal aborde las mismas" (FJ 1).

En este ambiente antiformalista y flexible se inscribe también con normalidad la consolidada doctrina constitucional de la que son buena muestra, entre otras muchas, las más recientes SSTC 3/2002, de 24 de enero, FJ 1; 90/2023, de 11 de septiembre, FJ 1; y 130/2023, de 23 de octubre, FJ único; y 172/2023, de 11 de diciembre, FJ 1; y según la cual,

> "cuando se impugnan en amparo resoluciones judiciales confirmatorias de otras, que han sido lógica y cronológicamente presupuesto de aquéllas, han de considerarse también recurridas las precedentes decisiones confirmadas, aunque no lo hayan sido expresamente".

O, en fin, la reiterada doctrina constitucional que, según mis cuentas, inaugura la STC 99/1983, de 16 de noviembre, FJ 5, y según la cual ahora,

> "El art. 55 LOTC faculta al Tribunal para realizar algún o algunos de los pronunciamientos que contempla, confiriendo a la sentencia en la que otorgue el amparo demandado una flexibilidad que resulta especialmente intensa en lo que se refiere a la determinación del instrumento adecuado para el restablecimiento del recurrente en la integridad de su derecho. Pero si esta flexibilidad permite al Tribunal subsanar de oficio una eventual imprecisión en la solicitud de amparo, para adoptar medidas acordes con la vulneración realmente producida, no alcanza hasta el extremo de poder sustituir el *petitum* de la parte y con ello el objeto del proceso".

A esta sentencia le han seguido luego entre otras las SSTC 186/2001, de 17 de septiembre, FJ 9; 2/2006, de 16 de enero, FJ 2; 77/2015, de 27 de abril, FJ 5; o la más moderna 40/2022, de 21 de marzo, FJ 8. En particular, la citada STC 2/2006 declara que el Tribunal

> "no está vinculado por las peticiones de las partes a la hora de determinar el alcance y efectos de su fallo y que goza de una amplia libertad en la precisión del mismo de conformidad con lo dispuesto en el art. 55 LOTC".

Para añadir inmediatamente a continuación que, en estas condiciones, y teniendo en cuenta la citada flexibilidad del Tribunal en la determinación del fallo,

> "resultaría extremadamente rigorista, y contrario a nuestra doctrina tendente a la evitación de formalismos enervantes en la interpretación de los requisitos procesales para acceder al amparo, la inadmisión de un recurso de amparo porque el recurrente no haya precisado cuáles son las medidas que este Tribunal ha de adoptar para el reconocimiento y restablecimiento de la integridad del derecho fundamental cuya vulneración se denuncia, en caso de que el amparo sea otorgado".

Pero es seguramente en la identificación del acto o disposición recurrido en amparo y, por tanto, en la selección del recurrente de la vía procesal utilizada formular su demanda de amparo, en donde la flexibilidad y el criterio antiformalista que utiliza el Tribunal es más visible.

Al respecto y desde sus primeras decisiones el Tribunal dejó claro, al hilo precisamente de precisar el significado del art. 49.1 LOTC que ya conocemos, que

> "La demanda con la que se inicia el recurso de amparo constitucional, además de exponer con claridad y precisión los hechos que la fundamentan y citar los preceptos constitucionales que se estiman infringidos, ha de fijar con precisión, dice el art. 49.1 de la LOTC, el amparo que se solicita para preservar el derecho o libertad que se considere vulnerado. Esta exigencia, cuya racionalidad es patente, implica, sobre todo, la necesidad de determinar con precisión cuál es el acto del poder que se considera lesivo, pues sin ello mal podría, en su caso, declararse «la nulidad de la decisión, acto o resolución que hayan impedido el pleno ejercicio de los derechos o libertades protegidos» (art. 55.1 a) de la LOTC) o comprobar el cumplimiento de los requisitos previos al amparo constitucional, que son diferentes según la diversa naturaleza de los actos u omisiones considerados lesivos (arts. 42 a 45 de la LOTC)" (ATC 25/1980, de 30 de septiembre FJ 1).

Para comprender mejor esta exigencia y su significado en la práctica constitucional conviene recordar ahora cuáles son las vías de acceso al recurso de amparo y, en consecuencia, los distintos tipos de recursos de amparo que contempla la LOTC.

CAPÍTULO SEGUNDO.

LAS VÍAS DE ACCESO AL AMPARO. LA DISTINICÓN ENTRE AMPAROS ADMINISTRATIVOS Y JUDICIALES

1. PLANTEAMIENTO

De conformidad con el art. 41.2 LOTC el recurso de amparo protege "frente a las violaciones de los derechos y libertades fundamentales [...] originadas por las disposiciones, actos jurídicos, omisiones o simple vía de hecho de los poderes públicos del Estado, las Comunidades Autónomas y demás entes públicos de carácter territorial, corporativo o institucional, así como de sus funcionarios o agentes".

Con arreglo a esta declaración de principio y prescindiendo en este momento del recurso de amparo que en su redacción original preveía el art. 45 LOTC contra las resoluciones ejecutivas del Consejo Nacional de Objeción de Conciencia denegatorias de la correspondiente solicitud, hasta su derogación por la Ley orgánica 8/1984, de 26 de diciembre[1], la LOTC regula

1 El art. 1 de la Ley orgánica 8/1984, de 26 de diciembre, por la que se regula el régimen de recursos en caso de objeción de conciencia, su régimen penal, y se deroga el art. 45 LOTC, dispone que "contra las resoluciones del Consejo Nacional de Objeción de Conciencia que denieguen la solicitud de declaración de objeción de conciencia o que tengan un efecto equivalente, podrá interponerse, de conformidad con las normas que regulan la protección jurisdiccional de los derechos fundamentales, el correspondiente recurso". Para añadir en el siguiente

a continuación tres vías de acceso a la jurisdicción constitucional de amparo, en función de cuál sea el concreto poder público (legislativo, ejecutivo o judicial) causante de la eventual vulneración constitucional.

El art. 42 LOTC prevé la impugnación en vía de amparo constitucional de "las decisiones o actos sin valor de Ley, emanados de las Cortes o de cualquiera de sus órganos, o de las Asambleas legislativas de las Comunidades Autónomas, o de sus órganos". El siguiente art. 43 LOTC, por su parte, regula el acceso del recurso de amparo contra las "disposiciones, actos jurídicos, omisiones o simples vías de hecho del Gobierno o de sus autoridades o funcionarios o de los órganos ejecutivos colegiados de las Comunidades Autónomas o de sus autoridades o funcionarios o agentes". Y, por último, el art. 44 es la vía de recurso de amparo prevista en la LOTC para denunciar las eventuales vulneraciones constitucionales "que tuvieran su origen inmediato y directo en un acto u omisión de un órgano judicial"[2].

Con la citada salvedad del art. 45 LOTC, que tuvo además una vida corta, y dejando también ahora de un lado los denominados recursos de amparo parlamentarios del art. 42 LOTC[3], que tienen por su parte escaso peso en los números

---

apartado 2 que "contra las resoluciones judiciales recaídas en los procedimientos señalados en el apartado anterior podrá interponerse recurso de amparo ante el Tribunal Constitucional".

2 Esta triple vía de acceso al recurso de amparo ha sido varias veces subrayada por el propio Tribunal, según testimonian, entre otras resoluciones, la STC 47/2011, de 12 de abril, FJ 3; y más modernamente, el ATC 131/2022, de 11 de octubre, FJ 2.

3 Según mis cuentas, el Tribunal utiliza por primera vez esta calificación en la STC 168/2012, de 1 de octubre, FJ 4, y ya a partir de entonces con normalidad en otras muchas resoluciones. Últimamente, por todas, SSTC 46/2023, de 10 de mayo, FJ 5; y 65/2023, de 6 de junio, FJ 3; y 18/2024, de 31 de enero, FJ 1; y ATC 47/2024, de 14 de mayo, FJ 2.

de la actividad jurisdiccional del Tribunal, y que ahora en cualquier caso no me interesan tanto, la LOTC distingue efectivamente entre los recursos de amparo que nacen directamente de una actuación *grosso modo* de la Administración pública y los que tienen, en cambio, su origen inmediato y directo en una actuación de un órgano judicial.

Apurando esta distinción, se habla comúnmente en la práctica forense, aunque ahora sin reflejo formal en la doctrina constitucional, de *amparos administrativos*, en el primer caso, y de *amparos judiciales* en el otro, y que de modo congruente tienen señaladas en la ley sus propias y respectivas reglas procesales (arts. 43 y 44 LOTC), que luego veremos.

Habida cuenta de esta doble vía de acceso a la jurisdicción constitucional de amparo, y como ya nos consta, el Tribunal subrayó efectivamente desde sus primeras decisiones la exigencia de que el recurrente identificara en su demanda cuál es el acto y, en consecuencia, el poder público, administrativo o judicial, al que reprocha la correspondiente vulneración constitucional.

Aunque esta exigencia es elemental, porque de ella depende efectivamente la comprobación del cumplimiento de los respectivos requisitos procesales de los arts. 43 y 44 LOTC, sucede, sin embargo, que los recurrentes en amparo nunca se han mostrado especialmente escrupulosos con su cumplimiento, como enseguida podrá comprobarse.

Esta despreocupación es particularmente visible, además, en los casos en los que el previo proceso judicial se ha ventilado ante los órganos de la jurisdicción contencioso-administrativa, que aquí nos interesan. En este tipo de asuntos, son frecuentes las demandas de amparo en las que la identificación del acto impugnado se hace en forma bastante imprecisa sin que el recurrente aclare muy bien a qué concreto poder público (administrativo o judicial) imputa la correspondiente lesión constitucional ni, por lo mismo, cuál es en rigor la vía procesal de la

LOTC utilizada para formular el correspondiente recurso. Los ejemplos de este defecto en el modo de proponer la demanda son efectivamente muy abundantes y están salpicados por la doctrina constitucional de todas las épocas.

Además de las declaraciones constitucionales que luego irán saliendo, el ATC 168/1983, de 20 de abril, al que sigue fielmente el ATC 303/1983, de 22 de junio, es un primer ejemplo de este comportamiento descuidado de los recurrentes y que el Tribunal nota enseguida advirtiendo

> "la confusión e imprecisión de la demanda en punto al acto realmente impugnado -el [acto administrativo] de aprobación definitiva del Plan General Metropolitano de Ordenación Urbana [...] o la Sentencia del Tribunal Supremo- contraviniendo con ello lo dispuesto en el art. 49.1 de la LOTC" (FJ 1).

La misma advertencia figura en el ATC 219/1985, de 8 de mayo, cuando advierte por su parte que la demanda

> "no termina por definir con la debida precisión los actos impugnados, refiriendo la violación de los [derechos fundamentales] indistintamente a las resoluciones administrativas y a la Sentencia [de la Sala Tercera] del Tribunal Supremo" (FJ 2).

O, en fin, también, en el ATC 522/1987, de 6 de mayo, en el que el Tribunal comienza notando igualmente

> "la equivocidad del planteamiento de este recurso en cuanto a los actos que se estiman como origen de la vulneración denunciada y a los poderes públicos causantes de la violación constitucional. Así, a lo largo de la exposición hecha por la recurrente en su escrito inicial y en el de alegaciones, se alude indistintamente a supuestas vulneraciones producidas en el Auto de [la Sala Tercera] del Tribunal Supremo y en el expediente administrativo instruido y resuelto por [la Administración], a tenor de lo cual solicita «la tutela frente a la violación de sus derechos constitucionales en su contra por parte de las autoridades judiciales y administrativas»" (FJ 1).

Naturalmente, como se ha observado, este planteamiento impreciso de los recurrentes complica la identificación de la vía procesal seleccionada para formular el correspondiente recurso de amparo. El ATC 78/1984, de 8 de febrero, al que luego siguen simplemente los AATC 123 a 130/1984, todos ellos de 29 de febrero, testimonia muy bien esta complicación cuando nota que la imprecisión de la demanda induce

> "a una confusión respecto al acto que se reputa lesivo para el derecho [fundamental entonces denunciado], y al origen de indicada lesión, dando lugar a dudas respecto a la subsunción del supuesto en el art. 43.1 de la LOTC, que recoge los casos de lesiones con origen en disposiciones o actos de la Administración, o en el art. 44.1 también de la LOTC, que se contrae a los que tienen su origen inmediato y directo en actos u omisiones de los órganos judiciales" (FJ 1).

Más modernamente, la misma confusión advierte el ATC 12/2003, de 20 de enero, en el que el Tribunal censura que

> "la actora plantea la demanda con escasa precisión en lo que se refiere a su objeto, pues si bien en el encabezamiento recurre en amparo la sentencia, en el suplico, recurre expresamente el decreto del Ayuntamiento [...], y solo subsidiariamente la sentencia. Con ello deduce de forma contradictoria su pretensión, pues, de un lado, parece emplear la vía del art. 43 LOTC, y de otro, la del art. 44 LOTC" (FJ 2).

Pero si frecuentes son, como se ha observado, las demandas de amparo que no precisan muy bien el acto impugnado, mezclando la actuación de la Administración con las resoluciones judiciales dictadas en el previo proceso judicial, abundantes son también las demandas que sencillamente equivocan el tiro de la impugnación imputando la lesión constitucional que denuncian a un acto de un poder público equivocado. Para ver con algo más de razón esta equivocación y sus consecuencias de régimen jurídico, importa recordar las reglas procesales que establece la LOTC.

En concreto, el art. 43 LOTC establecía en su redacción original y anterior a la reforma de 2007, y que es la que ahora nos importa tener a la vista, que:

> "1. Las violaciones de los derechos y libertades antes referidos originadas por disposiciones, actos jurídicos o simple vía de hecho del Gobierno o de sus autoridades o funcionarios, o de los órganos ejecutivos colegiados de las Comunidades Autónomas o de sus autoridades o funcionarios o agentes, podrán dar lugar al recurso de amparo una vez que se haya agotado la vía judicial procedente, de acuerdo con el art. 53.2 CE.
>
> 2. El plazo para interponer el recurso de amparo constitucional será el de los veinte días siguientes a la notificación de la resolución recaída en el previo proceso judicial.
>
> 3. El recurso sólo podrá fundarse en la infracción por una resolución firme de los preceptos constitucionales que reconocen los derechos o libertades susceptibles de amparo".

Por su parte, el art. 44 LOTC, también su versión anterior a la citada reforma, disponía que

> 1. Las violaciones de los derechos y libertades susceptibles de amparo constitucional que tuvieran su origen inmediato y directo en un acto u omisión de un órgano judicial podrán dar lugar a este recurso siempre que se cumplan los requisitos siguientes:
>
> a) Que se hayan agotado todos los recursos utilizables dentro de la vía judicial.
>
> b) Que la violación del derecho o libertad sea imputable de modo inmediato y directo a una acción u omisión del órgano judicial con independencia de los hechos que dieron lugar al proceso en que aquellas se produjeron acerca de los que, en ningún caso, entrará a conocer el Tribunal Constitucional.
>
> c) Que se haya invocado formalmente en el proceso el derecho constitucional vulnerado, tan pronto como, una vez conocida la violación, hubiere lugar para ello.

> 2. El plazo para interponer el recurso de amparo será de veinte días a partir de la notificación de la resolución recaída en el proceso judicial.

A poco que se observe, podrá verse que estas reglas, aparte lógicamente de las relativas al carácter administrativo o judicial, según sea, del acto u omisión causante de la lesión constitucional denunciada en cada tipo de recurso, se parecen desde luego mucho entre sí y que, por tanto, los amparos administrativos y los judiciales deben cumplir los mismos requisitos. La única distinción visible, que fue inmediatamente notada por la doctrina y que no es por otra parte fácil de entender[4], está en que el art. 43.1, a diferencia del art. 44. 1.c) LOTC, no exige expresamente para los amparos administrativos que el derecho constitucional que se denuncia violado en amparo haya sido invocado en la vía judicial previa. Esta diferencia es, sin embargo, simplemente formal[5], pues, como el propio Tribunal se encargó muy pronto de precisar,

> "para que el requisito [del art. 43.1 LOTC] se considere cumplido realmente es necesario que ante los órganos [judiciales] se haya sometido la cuestión bajo perspectiva constitucional, esto es, que se les haya planteado y expuesto la posible violación de derechos fundamentales contenida, a juicio de los interesados, en la resolución administrativa de que en cada caso se trate. De no ser así, no se puede considerar satisfecha la exigencia constitucional (art. 53.2 de la C. E.) relativa a la tutela de los derechos fundamentales y libertades públicas por los Tribunales ordinarios, entendida como previa a la defensa de los mismos ante este Tribunal, exigencia con la que enlaza el inciso final del art. 43.1 de la LOTC" (ATC 365/1984, de 13 de junio, FJ Único).

---

4 SÁNCHEZ MORÓN, M. (1987), *El recurso de amparo constitucional. Características actuales y crisis,* Centro de Estudios Constitucionales, Madrid, p. 46, califica este silencio del art. 43 LOTC de "incomprensible".

5 PÉREZ TREMPS, P. (2004: 223).

La misma exigencia de invocación previa renovaría poco después la STC 79/1984, de 12 de julio (TOL79.368), cuando declara que efectivamente

> "para cumplir con el requisito del art. 43.1 de la LOTC no basta con recorrer toda la cadena de fases procesales subsiguientes a la resolución administrativa, sino que es necesario plantear en aquéllas como tema central la violación de los derechos fundamentales" (FJ 1).

Pero es ya, por si alguna falta hacía, la STC 71/1989, de 20 de abril (TOL81.530), la que deja claro que en los recursos de amparo formulados por la vía del art. 43 LOTC,

> "[la] exigencia de agotamiento de la vía judicial previa requiere, para considerarse cumplida, que en ella se haya invocado el derecho constitucional que se estima vulnerado, pues la razón legal de aquella exigencia es la misma que justifica el requisito establecido en el art. 44.1 c) de la misma Ley, en relación con recursos de amparo interpuestos contra resoluciones judiciales, por cuanto que en ambos casos se trata de dar ocasión a los Tribunales ordinarios para que enjuicien y se pronuncien sobre la vulneración del derecho fundamental, preservándose de esa forma el carácter subsidiario que el art. 53.2 de la Constitución atribuye a esta vía de amparo constitucional" (FJ 2).

De modo que desde el primer momento siempre estuvo claro que las demandas de amparo, además de fundarse lógicamente en la vulneración de un derecho fundamental imputable a la Administración o a un órgano judicial, según fuera, debían cumplir en ambos casos los tres siguientes requisitos:

En primer lugar, la misma lesión denunciada en amparo ante el Tribunal debe haber sido invocada oportunamente por el recurrente en el previo proceso judicial para dar oportunidad a los órganos judiciales de repararla en su caso y, de ese modo, asegurar el carácter subsidiario del amparo, verdadera piedra de toque de su diseño, conforme luego se insistirá. También, en segundo lugar, antes de acudir en amparo, el recurrente debe haber agotado la previa vía judicial ordinaria mediante la utilización de todos los medios de impugnación previstos en la correspondiente legislación procesal. Y finalmente el recurso debe interponerse en el plazo de veinte días a contar desde la notificación de la última resolución recaída en el previo proceso judicial.

Pese a que estas reglas son claras y su aplicación no ofrece a primera vista especiales dificultades, la práctica constitucional está repleta sin embargo de ejemplos de recursos que yerran al identificar la actuación recurrida en amparo y, por tanto, de recursos formulados por un cauce procesal equivocado.

Esta desviación es singularmente visible en el caso de los amparos administrativos que aquí particularmente nos interesan, de modo que, como podrá comprobarse a lo largo de este libro, en la doctrina del Tribunal abundan efectivamente los recursos de amparo constitucional que, debiendo encauzarse por la vía del art. 43 LOTC, se califican no obstante de amparos judiciales y acaban, en consecuencia, formulados por la vía del siguiente art. 44 LOTC[6]. La desviación es, de hecho, tan notable y está tan extendida en la práctica constitucional que en la jurisprudencia del Tribunal apenas hay rastros de amparos formulados por la vía procesal específica del art. 43 LOTC.

Si se repasa la doctrina constitucional de los últimos algo más de quince años, los que van desde 2008, que es el año que sigue a la modificación de la LOTC por la Ley Orgánica 6/2007, de 24 de mayo, y cuyo interés notaremos más adelante, hasta la actualidad, podrá comprobarse que efectivamente los recursos de amparo contra actos de la Administración formu-

---

6 Para decir toda la verdad, habría que añadir que, aunque desde luego mucho menos frecuentes en la práctica, no faltan tampoco los recursos que debiendo seguir la vía procesal del art. 44 LOTC, se formulan equivocadamente por el cauce del art. 43. Este es el caso, por ejemplo, de la STC 159/1994, de 23 de mayo.

lados por el cauce procesal específico del art. 43 LOTC son rigurosamente excepcionales. Abundan, por el contrario, y son muchos más los recursos de amparo que, impugnando una actuación de la Administración, se formulan equivocadamente no obstante por la vía del art. 44 LOTC para imputar de ese modo a los órganos judiciales una lesión constitucional que, si producida, tendría su origen inmediato y directo en aquella actuación administrativa y no, por tanto, en la correspondiente resolución judicial que se limitó a confirmar su legalidad.

Para acabar por enredar aún más las cosas, sucede que siempre cabe la posibilidad de que, con ocasión de enjuiciar la constitucionalidad del acto administrativo en el previo proceso, comúnmente contencioso ("*la vía judicial procedente*" que exige el art. 43.1 LOTC), el órgano judicial pueda a su vez causar una nueva y autónoma lesión constitucional, que se añade a la que habrá de formularse por la vía del art. 43 LOTC y a ventilar ahora por su cauce habitual del art. 44 LOTC.

Para calificar estos supuestos de concurrencia de pretensiones encuadrables respectivamente en las vías procesales de los arts. 43 y 44 LOTC, el Tribunal acuñó a mediados de la década de los ochenta del siglo pasado la denominación de amparos "mixtos", y que desde entonces menudean salpicados y en buen número, además, por la jurisprudencia constitucional de todas las épocas, conforme luego comprobaremos en detalle en el capítulo III[7].

---

7 Aunque el Tribunal conoce de este tipo de recursos con normalidad, prácticamente desde el inicio de su actividad, según testimonia la STC 1/1981, y confirma la 68/1983, de 26 de junio, es la STC 68/1985, de 27 de mayo (FJ 2), la que, según mis cuentas, usa de modo expreso por primera vez esa denominación de recurso mixtos. El ATC 687/1984, de 14 de noviembre, lo utiliza, 121/1985, de 20 de febrero; y 291/1985, de 8 de mayo. REQUEJO PAGÉS, J. L (2002), "La lógica de la subsidiariedad y sus perversiones", *Revista española de Derecho Constitucional,* núm. 66, p. 192, "la aparición de los amparos mixtos es relativamente tardía, pues

De modo que, al final, junto con los amparos administrativos del art. 43 LOTC y los amparos judiciales del siguiente art. 44, están también los amparos "mixtos", que combinan la impugnación de un acto administrativo con la impugnación de un acto del poder judicial, y que presentan por su parte nuevas y serias complicaciones, como luego podrá comprobarse en detalle. Por el momento, interesa que nos paremos en la doctrina constitucional para comprobar únicamente cuál es la solución del Tribunal en los casos de confusión entre amparos administrativos y judiciales. Pero antes veamos cuáles son los números de los amparos administrativos.

2. LOS NÚMEROS DE LOS AMPAROS ADMINISTRATIVOS DEL ART. 43 LOTC.

Curiosamente, esta comprobación no es posible o, al menos, no es sencilla con solo mirar a las estadísticas del Tribunal. Desafortunadamente porque sus Memorias anuales siguen en este punto un método de ordenación que sorprendentemente no se atiene a las vías de acceso al amparo constitucional de los arts. 43 y 44 LOTC que ya conocemos, y que por eso mismo no resulta fácil de comprender, al menos a primera vista. Si se repasan esas Memorias podrá comprobarse enseguida que, en efecto, aún hoy, después de casi cuarenta y cinco años de actividad, el Tribunal continúa sin separar debidamente las demandas de amparo que se formulan por una y otra vía procesal, insistiendo, en cambio, en ordenarlas no según el origen administrativo o judicial de la lesión que se denuncia, como pareciera lo lógico, sino en función de la naturaleza del orden jurisdiccional que ha intervenido en el previo proceso judicial.

---

en un primer momento se sospechaba que la concurrencia de pretensiones sólo podía explicarse como una anomalía, corregible a poco que se afinara en la identificación del verdadero objeto de la controversia".

De este modo, todas las Memorias, cuando se ocupan de resumir la actividad jurisdiccional anual del Tribunal en materia de amparo constitucional (*IV. Actividad jurisdiccional. Datos generales. A) La demanda de justicia constitucional*) anotan el número de recursos de amparo ingresados cada año distribuyéndolos "*en cuanto o respecto a su origen*" en función del orden jurisdiccional de procedencia (civil, penal, contencioso, social y militar), para a continuación dar cuenta separada de los "promovidos por el cauce del art. 42 LOTC". Este mismo modo de agrupar los recursos de amparo por razón del orden jurisdiccional se lleva luego al final (*Anexo III. Estadísticas jurisdiccionales. Recursos de amparo. Cuadro 11. Origen de los recursos de amparo ingresados*).

En consecuencia, pareciera que para el Tribunal el art. 43 LOTC no establece ningún cauce procesal específico de acceso al amparo y que, por tanto, todos los recursos de amparo, excluidos los parlamentarios del art 42 LOTC, pueden meterse en el mismo saco de los amparos judiciales del art. 44 LOTC. Algo así, por tanto, como que no hubiera efectivamente más amparos constitucionales que los que tienen su origen en un acto u omisión judicial.

Aunque naturalmente esta última conclusión resulta demasiado ligera y debe ser descartada *a limine*, sirve al menos para alertar de que el propio Tribunal Constitucional no parece tomarse muy en serio la existencia de vías distintas de acceso al amparo constitucional, cada una de ellas con sus propias reglas procesales, ni su temprana advertencia de que entonces, siguiendo esa forma de ver las cosas, "[no habría] más actos u omisiones atacables en vía de amparo constitucional que los actos u omisiones de los órganos judiciales" (STC 6/1981, de 16 de marzo, FJ 2), conforme más adelante se insistirá.

De todas formas, y si atendemos a las cifras anuales de recursos de amparo distribuidas en función del orden jurisdiccional que intervino en la vía judicial previa, el número de las demandas de amparo que se formulan contra resoluciones judiciales que proceden del orden contencioso-administrativo ha descendido progresivamente en los últimos quince años (2008-2023).

En los tres primeros años de ese periodo, la mayoría de las demandas de amparo de nuevo ingreso, en torno al 50%, procedían precisamente del orden jurisdiccional contencioso-administrativo, aunque por motivo de la oleada durante esos años de amparos sobre litigios en materia de inmigración. Concretamente durante 2008, de los 10275 nuevos amparos registrados, 5.266 procedía del orden contencioso, lo que equivale a un 51,23% del total.

Estos números y porcentajes suben algo en 2009, con 5631 demandas y un 52,17% del total de 10792 demandas nuevas, para descender luego al año siguiente de 2010, en el que se registran 4217 nuevas demandas con origen en la jurisdicción contenciosa, aunque porcentualmente representan el 47,73% del total de las 8947 demandas de amparo de nuevo ingreso.

A partir de entonces, con la reducción también de los amparos en materia de inmigración, los números y porcentajes comienza a disminuir. En 2011 fueron impugnadas 2.461 resoluciones del orden contencioso, esto es, el 34,67 % del total de 7098 nuevos recursos de amparo registrados. Al año siguiente, por su parte, 2.508 nuevos recursos de amparo procedieron de la jurisdicción contenciosa, esto es, el 34,8% 100 del total de 7205 amparos nuevos.

En 2013 siguió reduciéndose paulatinamente el número de amparos nuevos procedentes del orden contencioso-administrativo; concretamente fueron 2308 de un total de 7573 nuevos amparos registrados, lo que equivale al 31,29%. En 2014 continuó ese ligero descenso de los amparos procedentes del orden jurisdiccional contencioso-administrativo con 2.221 de un total de 7663 amparos de nuevo ingreso, lo que representa el 28,98%.

Esta misma tendencia descendente en el número y el porcentaje de recursos de amparo procedentes del orden contencioso se observa también en los cinco años siguientes, de 2015 a 2019, en los que el número de amparos con origen en resoluciones de la jurisdicción contenciosa descienden y suponen en torno al 25% del total. Y se consolida en la presente década. En 2020, año que coincidió con la pandemia del Covid-19, del total de 6515 amparos nuevos, 1585 y, por tanto, un 24,32% procedieron del orden contencioso. En 2021, fueron 2101 de un total de 8294 nuevos amparos, esto es, un 25,33%. En 2022, del total de 8528 nuevos amparos, 2001 impugnaron resoluciones de los órganos judiciales contenciosos, lo que equivale al 23,46%.

No obstante, en el pasado año 2023, esa tendencia descendente se invirtió para crecer nuevamente el número de recursos de amparo procedentes del orden contencioso-administrativo. Concretamente, del total de 8059 nuevos amparos, 2406, esto es el 29,85 %, procedieron de ese orden jurisdiccional.

Estas cifras y porcentajes certifican que los amparos con origen en la jurisdicción contencioso-administrativa, sin ser desde luego los predominantes, tienen un peso muy destacado en la actividad del Tribunal, de manera que, con algunos altibajos, en casi una de cada tres demandas de amparo, el previo proceso judicial se ventiló ante los órganos esa jurisdicción. Lo que no significa, no obstante, que todos los recursos de amparo con ese origen refieran otros tantos ejemplos de vulneraciones imputadas a la Administración ni, menos aún, que den cuenta de amparos administrativos del art. 43 LOTC.

Ya he dicho antes que la forma de agrupar el origen de los recursos de amparo de nuevo ingreso que utiliza el Tribunal, no por su naturaleza, administrativa o judicial, sino en función del orden jurisdiccional que intervino en la vía judicial previa, no es muy rigurosa. Precisamente porque impide determinar con seguridad si los recursos de amparo con origen en la jurisdicción contenciosa se corresponden en rigor con demandas formuladas por la vía procesal del art. 43 LOTC o, en cambio, por la vía del siguiente art. 44 o, en fin, por ambas a la vez.

Al respecto, de todas formas, si rebuscamos algo más en la jurisprudencia constitucional y repasamos las sentencias dictadas en materia de amparo por el Tribunal durante esos mismos más de quince últimos años (2008-2023), es posible descubrir algunos datos interesantes. En particular, y con arreglo a mi propio recuento personal, importa dar cuenta del número anual de sentencias que, de acuerdo con las precisiones que usualmente figuran en sus primeros fundamentos jurídicos sobre el objeto del respectivo amparo, resuelven demandas en las que se denuncia, aunque no siempre de forma exclusiva, la vulneración de un derecho o libertad fundamental imputada a la Administración y del cauce procesal que utilizan para hacerlo.

Si hacemos caso efectivamente a esas precisiones de la jurisprudencia constitucional, el número de sentencias que resuelven, a veces también para inadmitirlos, recursos de amparo administrativos es desde luego bastante más reducido. Y lo que seguramente es todavía más llamativo: muy rara vez, esas sentencias resuelven un genuino amparo administrativo y, por tanto, interpuesto únicamente por el cauce procesal específico del art. 43 LOTC. De manera que prácticamente todas las demandas presentadas en ese largo periodo se interpusieron formalmente bien por la vía procesal conjunta de los arts. 43 y 44 LOTC, bien por el cauce exclusivo previsto en este último precepto para los amparos que tiene su origen en un acto u omisión judicial, con todas las complicaciones que luego veremos.

Según mis cuentas, en 2008, año que abre esta serie, el Tribunal dictó 165 sentencias en materia de amparo. De todas ellas, 28 (16,96%) resolvieron demandas en las que se ventiló una vulneración constitucional imputada a la Administración. En todos los casos resueltos por esas sentencias, la correspondiente demanda de amparo se formuló, sin embargo, por la vía exclusiva del art. 44 LOTC o, en su caso, por la doble vía del art. 43 y 44 LOTC[8].

En 2009, el Tribunal dictó 117 sentencias de amparo y, de todas ellas, 20 (17,09%) resolvieron demandas en las que se cuestionaban actuaciones o resoluciones de la Administración. Como en el año anterior, también en 2009 todas las demandas resueltas por esas veinte sentencias, salvo una[9], se formularon únicamente por la vía del 44 LOTC o por la vía conjunta del arts. 43 y 44 LOTC[10].

Durante 2010, el Tribunal Constitucional dictó 97 sentencias en materia de amparo, de las cuales únicamente 9 (9,27%)

---

8 A estas sentencias habría que añadir, por su interés unos pocos Autos de inadmisión y, en particular, los AATC 334/2008 y 335/2008, ambos de 27 de octubre.

9 La STC 37/2009, de 9 de febrero, resuelve un caso ciertamente curioso, casi único en la jurisprudencia constitucional. En esta ocasión, la demanda se formuló formalmente por la vía del art. 43 LOTC, pero contra la sentencia contenciosa dictada en la vía judicial previa que confirmó la legalidad de la prohibición de celebrar una reunión ordenada por la Administración, y a la que reprochaba formalmente la lesión del derecho del art. 21 CE, y un vicio de incongruencia omisiva. El Tribunal nota enseguida la desviación y declara la naturaleza mixta del recurso por dirigido en rigor contra la citada resolución administrativa con fundamento en el citado art. 21 CE, de un lado, y contra la sentencia que confirmó su legalidad por incongruencia (art. 24.1 CE), de otro

10 A ese número de sentencias hay que sumar ahora en 2009 tres autos: los AATC 172/2009 y 175/209, de 1 de junio, y 211/2009, de 8 de julio. Estos tres autos del Tribunal son importantes porque, si no me equivoco y como luego veremos, son las primeras resoluciones que, corrigiendo expresamente el rumbo procesal de la respectiva demanda, que habían sido formuladas por el cauce exclusivo del art. 44 LOTC o, en el primer caso, también por la vía del art. 43 LOTC, declaran que la vía procesal respectivamente elegida es incorrecta, por tratarse en todos los casos de amparos exclusivamente administrativos y, aplicando el plazo de interposición de veinte días previsto en el art. 43.2 LOTC, acuerdan su inadmisión por extemporáneas.

tuvieron por objeto actuaciones o resoluciones de la Administración. También ahora, las nueve sentencias dictadas en este año 2010 resuelven recursos que se formularon conjuntamente por la doble vía de los arts. 43 y 44 LOTC, o únicamente por esta última[11].

En el año 2011, se dispara el número de sentencias que resuelven amparos con origen en una decisión administrativa que también se impugna en amparo. En ese año el Tribunal dictó 145 sentencias en materia de amparo, de las 58 (40%) lo fueron en asuntos en los que directa o indirectamente que se impugnaba una actuación o resolución administrativas, y casi siempre, además, por el cauce del art. 44 LOTC[12].

---

11 El Tribunal dictó también en ese año media docena de autos acordando la inadmisión del respectivo recurso. En lo que más nos interesa, de ellos importa anotar únicamente los AATC 51/2010, de 6 de mayo; 81/2010; de 8 de julio; 174/2010, de 18 de noviembre; y 178/2010, de 18 de noviembre. Como en los casos de los Autos anotados en la nota anterior, en todos ellos el Tribunal acuerda también, después de subrayar la verdadera y exclusiva naturaleza administrativa del correspondiente amparo, y aplicando en consecuencia el plazo del art. 43.2 LOTC, su inadmisión por extemporaneidad.

12 Este elevado porcentaje se debe a que más de tres cuartas partes de ese número corresponden a amparos interpuestos con fundamento en la vulneración del art. 23.2 CE, pero formulados por la vía del art. 44 LOTC, contra la decisión del presidente de la comisión informativa de comunicación e información del Ayuntamiento de Majadahonda de convocar a los recurrentes a la sesión ordinaria de dicha en calidad de concejales no adscritos, con derecho a intervenir haciendo uso de la palabra, pero sin voto. La STC 20/2011, de 14 de marzo, resuelve el primero de esos amparos, y a la que siguen simplemente todas las demás.

Por su parte, la STC 47/2011, de 12 de abril, resuelve un caso también muy singular formulado por la vía del art. 43 LOTC. El recurso tiene su origen en la desestimación por silencio del propio Tribunal Constitucional, confirmada luego por el Tribunal Supremo, de la petición formulada por el recurrente en amparo solicitando el cese de unos de sus magistrados. El principal interés de la sentencia está en los razonamientos que

Los números de amparos administrativos recuperan sus porcentajes habituales, algo más reducidos, durante el año siguiente 2012. En ese año el Tribunal dictó 124 sentencias de las cuales 16 (el 12,9%) enjuiciaron actuaciones o resoluciones de la Administración. En todos los casos también, las respectivas demandas se formularon exclusivamente contra la resolución del órgano judicial de la jurisdicción contenciosa que puso fin a la vía judicial previa, o bien, de manera conjunta contra esa misma resolución judicial y la correspondiente resolución administrativa impugnada en el previo proceso contencioso por la vía conjunta de los arts. 43 y 44 LOTC.

En 2013, los amparos administrativos resueltos por sentencia descienden todavía más, aunque disminuye también el número total de sentencias. Únicamente 8 sentencias de un total de 87 (el 9,19%) resolvieron amparos de ese tipo, aunque una vez más ninguna de las respectivas demandas se articuló de modo exclusivo por la vía del art. 43 LOTC[13].

En 2014 la cifra de amparos administrativos resueltos por sentencia aumenta con 15 sentencias de un total de 109 (13,76%), para disminuir nuevamente al año siguiente en el que, de un total de 96 sentencias de amparo, 10 de ellas (10,41%) resuelven este mismo núcleo de problemas. En esos dos años, tampoco ninguna de esas demandas se formuló por su cauce procesal específico.

---

utiliza para encajar ese comportamiento del Tribunal en una actuación recurrible en amparo por la vía del art. 43 LOTC.

13 A esas tres sentencias habría que añadir ahora el ATC 151/2013, de 8 de julio, que inadmite el recurso de amparo interpuesto directamente por el recurrente contra el decreto de la Fiscalía de determinación de edad de un menor extranjero. Aunque la inadmisión se justifica entonces en la falta de agotamiento de la vía judicial previa, el Tribunal no aclara, sin embargo, si esa decisión del Ministerio Fiscal es un acto judicial *ex* art. 44.1 a) LOTC, o un acto de la autoridad gubernativa en relación con el art. 43 LOTC.

Desde 2016 a 2018 se aprecia un leve descenso en el protagonismo de los amparos administrativos, aunque, con contadas excepciones, se formulen comúnmente usando la vía del art. 44 LOTC[14]. En el primer año de este periodo, de un total de 88 sentencias, 10 sentencias (11,36%) tuvieron su origen en resoluciones de órganos judiciales del orden contencioso. En 2017, fueron únicamente 5 de un total de 53 sentencias (9,43%), aunque el Tribunal dictó cinco importantes Autos[15]. Y en 2018, por su parte, dictó 7 sentencias de un total de 156 (4,48%). Como es habitual, en todos estos casos la demanda no se articuló por el cauce exclusivo del art. 43 LOTC, que en ocasiones ni siquiera aparece invocado formalmente.

Con 2019, las cifras de los amparos administrativos se recuperan notablemente, con 35 sentencias de un total de 117 sentencias (29,91%), aunque treinta de ellas resuelven el mismo tipo de recurso de amparo[16]. Ni que decir tiene, que tampoco ahora ninguna de las demandas se formuló exclusivamente por el cauce procesal específico del art. 43 LOTC. Todas ellas lo hicieron, aunque en forma generalmente imprecisa, por la doble vía del art. 43 y 44 LOTC.

La presente década de los veinte confirma la existencia de apreciables oscilaciones en el respectivo número de amparos administrativos. En 2020, de un total de 170 sentencias, 22 de ellas (12,94 %) resolvieron asuntos en los que aparecía envuel-

---

14 Las SSTC 45/2016 de 14 de marzo; 9/2018, de 5 de febrero; y 12/2018, de 8 de febrero, son una muera de esa excepción en la medida que se formulan únicamente por la vía del art. 43 LOTC.

15 Se trata de los AATC 30 a 34/2017, ambos inclusive, todos ellos de 27 de febrero, y cuyo interés notaremos luego en el texto, en el capítulo II.

16 Se trata de la larga serie de sentencias que inaugura en ese año la STC 125/2019, de 31 de octubre, sobre la desestimación por el Ministerio de Justicia de la reclamación de responsabilidad patrimonial del Estado formulada por el recurrente por haber sufrido prisión provisional y ser posteriormente absuelto en la causa penal en que fue acordada.

ta la Administración. Se da la circunstancia, además, de que en cinco de esas sentencias el Tribunal declaró que el cauce procesal del art. 43 LOTC no era, sin embargo, el correcto porque la Administración había comparecido en la vía judicial previa como un simple empleador particular, desprovista de cualquier condición de *imperium,* sin ejercer ninguna potestad pública[17]. En todos los demás casos, las respectivas demandas se formularon bien por la vía del art. 44 LOTC, bien por la vía conjunta de este último y del art. 43 LOTC.

Los números de 2021 confirman un leve descenso en el número de amparos administrativos. De una un total de 156 sentencias dictadas en materia de amparo únicamente 17 sentencias (el 10,89 %) resolvieron vulneraciones imputadas a la Administración, bien que, como es tradicional, salvo en el caso de la STC 5/2021, de 25 de enero, por la vía conjunta de los arts. 43 y 44 LOTC o, incluso, por el cauce exclusivo de este último artículo previsto para los amparos judiciales.

El año 2022 vuelve a mostrar la recuperación en el número de amparos administrativos con 21 sentencias de un total de 117 (17,94%). No obstante, como es la tónica habitual, las correspondientes demandas, salvo la resuelta por la STC 23/2022, de 21 de febrero (TOL8.871.431), se presentaron formalmente entonces, no por el cauce procesal específico y exclusivo del art. 43 LOTC previsto para los amparos administrativos, sino por la vía conjunta de este artículo y el siguiente art. 44 LOTC, o exclusivamente por el cauce previsto en este último precepto.

Esa recuperación de los amparos administrativos se confirma en el año 2023, que dobla a las cifras y porcentajes del año anterior. De las 148 sentencias dictadas en materia de amparo constitucional, 51 de ellas (34,45%) resolvieron demandas en

---

17 Cfr., SSTC 79/2020, de 2 de julio; 120/2020; 128/2020 y 129/220, todas ellas de 21 de septiembre; y 168/2020, de 16 de noviembre.

las que se ventilaba la actuación de la Administración[18]. En ese año, además, se rompe la tónica tradicional y un buen número de ellas se presentaron de modo congruente con la naturaleza exclusivamente administrativa de la lesión constitucional denunciada por la vía procesal del art. 43 LOTC.

Si atamos ahora todos esos números y porcentajes un par de conclusiones asoman inmediatamente. Además de confirmar el peso relativo de los amparos del 43 LOTC en la actividad del Tribunal, la principal es la de que los amparos que denuncian una vulneración imputable a la Administración rara vez se formulan únicamente por el cauce procesal del art. 43 LOTC. En su lugar, las más de las veces esas vulneraciones del art. 43 LOTC se presentan mezcladas o, lo que es peor, confundidas con las impugnaciones que se dirigen por la vía del art. 44 LOTC contra las correspondientes resoluciones judiciales.

En este contexto, ciertamente enredado, no puede extrañar que la jurisprudencia del Tribunal esté repleta de decisiones que, desde el primer momento, buscan aclarar la confusión y encauzar la correspondiente demanda por la vía procesal correcta.

---

[18] Al igual que en otros años, este considerable número de amparos administrativos se debe a la resolución de varias series de recursos con prácticamente el mismo objeto. La STC 47/2023, de 10 de mayo, sobre la orden de expulsión del territorio nacional de un ciudadano extranjero, abre en ese año una serie formada por otras diez sentencias. Por su parte, a la STC 89/2023, de 18 de julio, que resuelve el amparo interpuesto por la vía del art. 43 LOTC contra la desestimación de la solicitud de convocatoria de concurso público para la adjudicación de licencias disponibles de comunicación audiovisual de radiodifusión sonora digital terrestre de ámbito local, le siguen casi dos docenas de sentencias con el prácticamente el mismo objeto. Y finalmente la STC 164/2023, de 21 de noviembre, es la primera de una serie de ocho sentencias que se pronuncian sobre la prohibición de celebrar las concentraciones y manifestaciones programadas para el día 8 de marzo de 2021 con motivo del día internacional de la mujer, en plena pandemia de la Covid-19.

3. LA CONFUSIÓN ENTRE AMPAROS ADMINISTRATIVOS Y JUDICIALES Y SU DISCULPA. LA PRIMERA ÉPOCA CONSTITUCIONAL (1981-2009).

El error en la elección de la vía procesal para formular un recurso de amparo contra una actuación de la Administración arranca comúnmente de la incorrecta interpretación del art. 43.1 LOTC y, en particular, del requisito que obliga a que, antes de acudir en amparo, "se haya agotado la vía judicial procedente", naturalmente sin éxito. Esta intervención judicial, que necesariamente se intercala entre la actuación administrativa y el recurso de amparo, provoca con frecuencia que el recurrente acabe perdiendo de vista la actuación administrativa para fijarse en la posterior resolución judicial que desestimó su recurso contencioso-administrativo y que, por tanto, no reparó la vulneración constitucional que entonces denunció.

Siguiendo este planteamiento, no pocos recurrentes terminan por imputar al órgano judicial la misma vulneración constitucional que, de existir, habría sido causada directamente por la Administración y no, por tanto, por la resolución judicial desestimatoria dictada en el posterior proceso contencioso, que simplemente confirmó la constitucionalidad de la actuación administrativa impugnada. Lo que a fin de cuentas significa que los recurrentes acaban cargando sobre los órganos judiciales una culpa que en rigor no les corresponde, pues, de haberse producido la lesión constitucional denunciada en amparo, la misma sería en ese caso imputable directamente a la Administración y no al órgano judicial que no la reparó.

El Tribunal Constitucional advirtió enseguida esta desviación y por eso desde el primer momento en su STC 6/1981, de 16 de marzo (TOL109.401) precisó que,

> "aunque este precepto [el art. 43 LOTC] exige, en efecto, que antes de intentar ante este Tribunal el recurso de amparo contra disposiciones, actos jurídicos o simples vías de hecho del Gobierno o de sus autoridades o funcionarios, etc., se ha de

> agotar la vía judicial procedente, las decisiones producidas en esta vía judicial no han de ser objeto de impugnación por la sola razón de no haber estimado la pretensión deducida por el recurrente. Estas decisiones desestimatorias no alteran la situación jurídica creada por el acto de la Administración presuntamente lesivo de un derecho fundamental y no son, por tanto, en sí mismas causas de lesión. Otra interpretación llevaría a entender, en definitiva, que no hay más actos u omisiones atacables en vía de amparo constitucional que los actos u omisión es de los órganos judiciales (FJ 2).

Por más que esta advertencia es impecable, casi de puro sentido común, y sería enseguida varias veces reiterada por el Tribunal [entre otras, SSTC 15/1981, de 7 de mayo (TOL109.395)[19];

---

19 En esa ocasión, la parte recurrente en amparo impugnó, por la vía del art. 44 LOTC y con fundamento en el principio de legalidad sancionadora del art. 25.1 CE, la sentencia de la Sala de lo Contencioso-Administrativo del Tribunal Supremo que, revocando la dictada en instancia por la Audiencia Nacional, confirmó la resolución sancionadora que le había impuesto la Administración. Al respecto, la citada sentencia declara que "la Sala no puede compartir esta tesis de la demandante, ni aceptar que este recurso se considere como un caso del art. 44 de la LOTC, de violación de derechos y libertades que tuvieran su origen inmediato y directo en el acto u omisión de un órgano judicial, con independencia del efecto de esta violación respecto al éxito o al fracaso de la pretensión deducida en el proceso en que aquélla se produjo. En efecto, el supuesto contemplado en el art. 44 es el del acto u omisión producido en el procedimiento y que atenta contra los derechos o libertades susceptibles de amparo constitucional, por sí mismo, sin conexión con el objeto del pleito. En el caso presente, sucede al contrario: que la denunciada violación se atribuye al hecho de que la Sala Cuarta del Tribunal Supremo decretó que las resoluciones administrativas que impusieron la sanción están ajustadas a Derecho, es decir, se hace coincidir exactamente con el objeto de la controversia que se ventiló en el proceso en que recayó la sentencia". Para añadir a continuación que, "aquí se trata, en realidad, de un recurso amparado en el art. 43.1 de la LOTC, porque, al citar como infringido el art. 25.1 de la Constitución, se invoca el principio de reserva de Ley y, por tanto, ya sea que la violación se entienda producida

y 28/1982, de 24 de mayo (TOL79.001)] la misma caería lamentablemente en saco roto, de modo que muchos recurrentes continuarían funcionando en la práctica como si de hecho no existiera.

De manera que, pese a que "el proceso contencioso-administrativo previo y la sentencia que puso fin al mismo cumplen tan sólo la función, desde la perspectiva del amparo constitucional, de dar satisfacción al requisito de agotar «la vía judicial procedente» de la que habla el art. 43.1 de la LOTC" (STC 21/1983, de 22 de marzo (TOL79.188)], y no son, por el simple hecho de desestimar el recurso, causa inmediata y directa de ninguna lesión constitucional autónoma, como exige el art. 44 LOTC, los recursos de amparo administrativos formulados equivocadamente por esta última vía seguirían siendo muy abundantes en la práctica, según es fácil de comprobar con solo repasar la doctrina del Tribunal de la primera época.

De todas formas, importa advertir que esa equivocación sobre la vía procesal a seguir, aunque frecuente conforme se ha adelantado, nunca tuvo por entonces y durante mucho tiempo después ninguna consecuencia jurídica visible. Sencillamente, porque los requisitos procesales a cumplir en una u otra modalidad procesal de amparo eran sustancialmente los mismos[20].

En estas condiciones y teniendo en cuenta además, según ya sabemos "el carácter no formalista del recurso de amparo", muchas veces también subrayado por el Tribunal desde el primer momento como ya nos consta (por todas, ATC 61/1981,

---

por el Decreto que sirvió de base a la imposición de la sanción o por el acto administrativo de aplicación del citado Decreto, se invoca en todo caso la inconstitucionalidad de éste, pero en ningún caso supondría una violación del orden constitucional producido inmediata y directamente por el órgano judicial" (FJ 3).

20 G. FERNÁNDEZ FARRERES (1994), *El recurso de amparo según la jurisprudencia constitucional*, Marcial Pons, Madrid, p. 160.

de 17 de junio; y SSTC 28/1982, de 26 de mayo; y 112/1983, de 5 de diciembre)[21], no puede extrañar que cuando el Tribunal detectaba un error de ese tipo en la identificación de objeto del recurso se limitara poco más que a notarlo, a descubrir el auténtico y único objeto del recurso, corrigiendo el rumbo de la demanda, y a insistir en su advertencia, que ya conocemos, acerca del verdadero significado del art. 43 LOTC. Pero sin deducir de esa comprobación ninguna consecuencia de régimen jurídico y, menos aún, sin declarar nunca por ese simple motivo la inadmisión del correspondiente recurso de amparo.

La citada STC 28/1982, de 26 de mayo (TOL79.001), prueba muy bien este planteamiento del Tribunal cuando luego de advertir el error del recurrente notando que,

> "en este caso, la lesión que se dice producida, de existir, no resultaría directamente del acto o la omisión de un órgano judicial, sino sólo indirectamente, por no haber éste remediado un acto previo de otro poder público [entonces del Ministerio de Defensa]"

Para declarar a continuación que, sin embargo,

> "en un recurso concebido en términos escasamente formalistas, como es el de amparo, los defectos de expresión o de calificación jurídica atribuibles a las partes [...] no deben servir de obstáculo para entrar a conocer del fondo de la cuestión planteada" (FJ 1).

La STC 21/1983, de 22 de marzo (TOL79.188), insistirá en esta misma idea cuando, a propósito, entonces del recurso de amparo formulado contra la sentencia del TSJ de Madrid que desestimó el recurso contencioso-electoral interpuesto contra el acuerdo de la Junta Electoral Provincial de Madrid que re-

---

21 Esta explicación, que es fácil encontrar salpicada por la jurisprudencia constitucional, toma pie a su vez, como explica el ATC 626/1986, de 16 de julio, en la idea de favorecer la defensa de los derechos fundamentales.

chazó la proclamación de las candidaturas al Congreso y el Senado promovidas por un partido político, advierte que

> "los recurrentes en amparo piden también la nulidad de este acuerdo, pero lo hacen en segundo lugar y como si su nulidad debiera constituir un resultado derivado de la anulación, por ser contraria a Derecho, de la citada Sentencia, siendo así que el planteamiento correcto del recurso de amparo hubiera debido ser el inverso, ya que el momento de la supuesta lesión del derecho fundamental es el del acto de la Junta, respecto al cual el recurso contencioso electoral y la Sentencia que puso fin al mismo cumplen tan sólo la función, desde la perspectiva del amparo constitucional, de dar satisfacción al requisito de agotar «la vía judicial procedente» de que habla el art. 43.1 de la LOTC. Nos hallamos, pues, ante un recurso de amparo de los previstos en el art. 43 de la LOTC" (FJ 1).

Poco después, en el mismo sentido, la STC 112/1984, de 28 de noviembre (TOL79.401), dirá que

> "La errónea mención del acto objeto del amparo y aun lo que desde este inicial desenfoque se dice en otros pasajes de la demanda, transcendiendo al *petitum*, no ha sido, sin embargo, obstáculo para que diéramos a la demanda el tratamiento y el curso que en Derecho corresponde, desde nuestra inicial providencia (la de admisión), y a través, posteriormente, de las secuencias que ordenan los arts. 51 y 52 de la LOTC, y no ha de levantarse ahora en obstáculo que impida el enjuiciamiento de fondo desde una perspectiva constitucional [...]. El Ministerio Fiscal ha destacado la indicada irregularidad, aunque sin anudar a ella consecuencia invalida[nte] alguna, antes, al contrario, entendiendo que aun siendo cierto el equivocado planteamiento del recurso, nada impide situarlo en el art. 43 LOTC, constituyendo la sentencia [contenciosa] el momento final de la vía judicial procedente de que habla este artículo" (FJ 1).

O, en fin, como también precisará luego por su parte la STC 72/1986, de 2 de junio (TOL79.618):

> "la circunstancia de haberse desestimado el recurso o bien confirmado el acto administrativo por los Tribunales en la vía judicial procedente, no transforma la impugnación contra actos del poder ejecutivo en una impugnación contra resolu-

> ciones judiciales del art. 44 de la LOTC, porque estas resoluciones [...] no alteran, siendo desestimatorias, la situación jurídica creada por el acto administrativo, presuntamente lesivo de un derecho fundamental y no son en sí mismas causas de lesión [...], lo que no obsta [...] para que se entre a conocer del fondo de la cuestión, dada la tónica antiformalista de este recurso, salvándose así la imprecisión de la parte" (FJ 3).

Este criterio constitucional, que rechaza que la equivocación en la selección del cauce procesal a seguir para formalizar el recurso de amparo sea un defecto insalvable capaz de determinar su inadmisión, luce efectivamente en abundantes resoluciones del Tribunal y se mantiene invariable durante bastantes años de su actividad, según luego confirmarán entre otras muchas las más modernas SSTC 18/2003, de 30 de enero, 98/2003, de 3 de junio; 180/2004, de ; 219/2007, de 8 de octubre; y 170/2008, de 15 de diciembre, y que en, expresión poco menos que normalizada, advierten en sus primeros y respectivos fundamentos que

> "esta defectuosa articulación del recurso [y], por tanto, el hecho de que el demandante de amparo haya escogido la vía del art. 44 LOTC para la impugnación de la Sentencia desestimatoria, no ha de impedir, sin embargo, el examen de las infracciones constitucionales en que supuestamente habría incurrido la Administración, cuando, como ocurre en este caso, tras la lectura de la fundamentación jurídica y del suplico de la demanda se comprueba que el recurso comprende, además de la petición de nulidad de la sentencia formalmente impugnada, la de las decisiones administrativas que la anteceden"

Pues,

> "como tempranamente advirtiera ya este Tribunal, hay que entender que la impugnación de la Sentencia desestimatoria es intrascendente y resultado sólo de una equivocada interpretación del art. 43 LOTC".

Para el Tribunal, de hecho, esta es una conclusión tan clara que en ocasiones no se preocupa ya ni siquiera de razonarla, limitándose simplemente a notar el error del recurrente al formalizar su recurso de amparo por el cauce equivocado del art. 44 LOTC, pero ciertamente nada más.

Las SSTC 200/1999, de 8 de noviembre, 291/2000, de 30 de noviembre, 212/2001, de 29 de octubre, 50/2003, de 17 de marzo; 54/2003, de 24 de marzo, y 175/2007, de 23 de julio, son ahora un buen ejemplo de este último comportamiento del Tribunal cuando en expresión asimismo normalizada señalan que

> "la mera lectura de la fundamentación jurídica de la demanda de amparo [...], permite constatar que el recurso de amparo debe entenderse formulado por el cauce del art. 43 LOTC, y no por el previsto en el art. 44 LOTC, ya que las infracciones constitucionales que se denuncian se imputan directamente a las resoluciones [administrativas] y sólo indirectamente, en la medida en que no las ha reparado, a la Sentencia [contenciosa]".

Según ya se ha dicho, esta comprobación y la rectificación del rumbo procesal de la demanda para encuadrarla en el art. 43 LOTC no tiene sin embargo ninguna consecuencia jurídica visible ni, en particular, ha impedido al Tribunal Constitucional admitir el correspondiente recurso y examinar el fondo del asunto. Sencillamente porque, como también antes se ha advertido, los requisitos procesales de los arts. 43 y 44 LOTC eran por entonces y hasta la reforma de 2007 prácticamente idénticos. Por esta razón, el Tribunal dirá una y otra vez en una jurisprudencia constante que arranca al menos de la citada STC 6/1981, de 16 de marzo, que ya conocemos, que

> "tal circunstancia [el error en la selección de la vía procesal] es intrascendente y resultado sólo de una equivocada interpretación del art. 43 LOTC" (en el mismo sentido, posteriormente, SSTC 147/2003, de 14 de julio, FJ 1; 170/2008, de 15 de diciembre, FJ 2).

Lo que a la postre significa que, en el esquema de la LOTC anterior a su reforma en 2007, el recurrente podía equivocarse sin ningún miedo, en la tranquilidad de que su error en el planteamiento procesal de la demanda no podía perjudicarle, al menos de un modo serio. Probablemente esta es la razón que mejor explica el elevado número de demandas de amparo formuladas por un cauce procesal equivocado y, como consecuencia, la abundancia también de sentencias constitucionales que notan esa equivocación y corrigen el rumbo procesal del correspondiente recurso, pero sin apurar efectivamente ninguna consecuencia jurídica[22].

La STC 117/2002, de 20 de mayo (TOL258.649), censura el equivocado planteamiento de la demanda usando el siguiente razonamiento procesal:

> "se trata, por tanto, de un recurso de amparo interpuesto por el cauce del art. 43 LOTC, al punto de que la petición de anulación de la resolución recaída en el proceso judicial previo debe reputarse, en la hipótesis de que se otorgue el amparo, consecuencia y no presupuesto de la correspondiente estimación de la pretensión anulatoria del acto administrativo, habida cuenta de que el único reproche que efectivamente se ha formulado contra la Sentencia dictada por la Sala de lo Contencioso-Administrativo (Sección Tercera) del Tribunal Supremo ha sido el de no haber reparado las lesiones constitucionales padecidas en vía administrativa" (FJ 2).

Conforme se ha advertido, este tipo de declaraciones constitucionales pueden encontrarse con facilidad en abundantes sentencias del Tribunal Constitucional y que, con el primer antecedente de la citada STC 6/1981, se repiten y llegan prácticamente, en lo que ahora nos interesa, hasta el final de la primera década del presente siglo XXI.

---

[22] Por citar ahora solo algunas, este es la solución que siguen las SSTC 190/1987, de 1 de diciembre; 87/1999, de 25 de mayo; 291/2000, de 30 de noviembre; 54/2003, de 24 de marzo; 145/2004, de 13 de septiembre; 180/2004, de 2 de noviembre; 157/2007, de 2 de julio; y 219/2007, de 8 de octubre.

La STC 142/2009, de 15 de junio (TOL1.561.643), que resuelve un recurso de amparo presentado en marzo de 2006 y, por tanto, un año antes de la Ley Orgánica 6/2007, de 24 de mayo, es una de las últimas decisiones que se ajusta escrupulosamente a ese esquema en este tipo de asuntos. Nota efectivamente el error y a continuación advierte de su intranscendencia. Una idea que el Tribunal expresa entonces del siguiente modo:

> "Debe precisarse que las lesiones constitucionales que denuncian los demandantes de amparo, de haberse producido, tendrían su origen directo en la resolución administrativa sancionadora y no en la Sentencia que se limitó confirmar la legalidad de la resolución administrativa. La denunciada vulneración del art. 24.1 CE no constituye una queja autónoma que se impute a la actuación del órgano judicial, sino que aparece indisolublemente vinculada a la relativa al derecho a no declarar contra sí mismo y no declararse culpable, debiendo quedar subsumido su análisis en el de éste. Por tanto, no estamos ante un recurso de amparo del art. 44 LOTC, como parece entender la demanda de amparo, ni ante un amparo mixto (arts. 43 y 44 LOTC), sino ante un recurso del art. 43 LOTC. El hecho de que los recurrentes hayan escogido la vía del art. 44 LOTC para la impugnación resulta intrascendente y no debe impedir el examen de las infracciones constitucionales en que supuestamente habría incurrido la Administración, cuando, como ocurre en este caso, tras la lectura de la fundamentación jurídica y del suplico de la demanda se comprueba que el recurso comprende, además de la petición de nulidad de la Sentencia formalmente impugnada, la de las decisiones administrativas que la anteceden" (FJ 1).

4. LOS ERRORES SE PAGAN CON LA INADMISIÓN. LA SEGUNDA ÉPOCA DE LA DOCTRINA CONSTITUCIONAL: DESDE LA LEY ORGÁNICA 6/2007, DE 26 DE MAYO, A LA ACTUALIDAD

Este panorama tan generoso con los defectos en el modo de proponer la demanda cambia radicalmente, sin embargo, con la citada Ley Orgánica 6/2007, de 24 de mayo, que modifica la LOTC. En lo que ahora exclusivamente más nos interesa, la citada ley introduce dos modificaciones decisivas en el régimen del recurso de amparo y que, como podrá comprobarse enseguida, traen consigo nuevas y serias complicaciones en el modo de formular correctamente las demandas de amparo.

En virtud de la primera modificación, de la que curiosamente no hay explicación en la propia ley orgánica ni es posible encontrar tampoco ningún rastro en los debates parlamentarios[23], el plazo de interposición de los amparos judiciales del art. 44 LOTC se amplía ahora a treinta días. La ley mantiene en cambio el tradicional plazo de veinte días para los amparos administrativos del art. 43 LOTC. Por la segunda, el legislador de 2007 da nueva redacción al art. 241.1 LOPJ para atribuir una nueva y más amplia función al incidente de nulidad de actuaciones. Veamos a continuación cada una de estas modificaciones por separado y su impacto en la doctrina del Tribunal.

4.1. La existencia de dos plazos de interposición distintos y sus complicaciones.

Conforme se acaba de recordar, desde la entrada en vigor de la citada Ley orgánica 6/2007 el plazo para interponer los recursos de amparo judiciales pasa a ser ahora de treinta días (art. 44.2 LOTC), mientras que, en el caso de los amparos administrativos, el plazo para formularlos continúa siendo el de veinte días a contar desde la notificación de la última resolución dictada en el previo proceso judicial (art. 43.2 LOTC).

---

23 FERNÁNDEZ FARRERES, G. (2007: 25), "La reforma de la Ley Orgánica del Tribunal Constitucional", *Revista Española de Derecho Constitucional,* núm. 81, explica la tramitación de la ley en este punto y critica la solución legal final notando que "lo que, en todo caso, resulta insólito es que no se haya modificado en el mismo sentido el artículo 43.2 LOTC".

Al parecer, esta modificación, de la que, como se ha advertido, no consta su motivación, debió pasar inadvertida para no pocos recurrentes, que siguieron actuando como si no se hubiera producido y, lo que es peor, arriesgando de ese modo la inadmisión de su demanda de amparo por extemporánea. Probablemente esta es la razón que mejor explica que el Tribunal Constitucional se preocupara de subrayarla muy pronto para dejar bien claro que

> "entre las modificaciones introducidas en el régimen jurídico del recurso de amparo por la Ley Orgánica 6/2007, de 24 de mayo, se encuentra la ampliación del plazo para la interposición de los recursos de amparo, que se eleva a treinta días, en los casos previstos en el art. 44 LOTC (es decir, cuando el amparo se dirige contra violaciones de derechos fundamentales que tienen su origen en un acto u omisión de un órgano judicial). Se mantiene, sin embargo, el anterior plazo de veinte días, una vez agotada la vía judicial previa, para aquellos supuestos contemplados en el art. 43.2 LOTC, en los que el amparo se dirige contra actos administrativos lato sensu, como ocurre en este caso. Se destaca así la diferencia entre ambas vías de interposición, subrayándose la especificidad del recurso de amparo contra actos administrativos previsto en el art. 43 LOTC. Más allá de las motivaciones que hayan llevado al legislador al establecimiento de plazos distintos, lo cierto es que se exige un tratamiento diferente y específico para cada supuesto en función de cuál sea el origen de la lesión que pretende repararse y a qué poder público se impute la lesión del derecho fundamental aducido; en definitiva, de cuál sea el objeto concreto del proceso constitucional de amparo. Así, provocada la vulneración que se denuncia por la Administración (de nuevo en sentido amplio), tal y como ocurre en este caso, el plazo que regirá es el de veinte días tras la notificación de la resolución judicial que agota la vía previa" (ATC 172/2009, de 1 de junio).

Lo que significa que, desde ese momento, la equivocación en el cauce procesal elegido para formular la demanda de amparo, y que tan generosamente había disculpado hasta entonces el Tribunal Constitucional, como ya nos consta, deja de ser un error "intrascendente" como acostumbraba a decir para convertirse en un defecto procesal con consecuencias decisivas para la admisión del recurso. En términos más lapidarios, a partir de entonces, la formulación de un recurso de amparo administrativo por la vía equivocada del art. 44 LOTC y, en consecuencia, el error en el cauce elegido para formular la demanda de amparo se paga, llegado el caso, con la inadmisión, por extemporaneidad[24].

Si no me equivoco, el ATC 172/2009, de 1 de junio (TOL1.754.917), que inadmite una demanda de amparo pre-

---

24 Naturalmente, siempre que esa equivocación en la elección del cauce procesal se cometa apurando al mismo tiempo el plazo de interposición de 30 días previsto en el art. 44.2 LOTC. Pues, en otro caso, si la demanda, aunque formulada equivocadamente por el cauce previsto para los amparos judiciales, se presenta no obstante dentro de los veinte días siguientes al de la notificación de la resolución que puso fin al proceso judicial previo, la conclusión de ese error no puede ser la extemporaneidad de la demanda. La STC 193/2011, de 12 de diciembre, es un buen ejemplo de lo dicho. En esa ocasión, en un asunto en el que la parte recurrente había cuestionado por la vía del art. 44 LOTC y con fundamento en el derecho fundamental de reunión del art. 21 CE la sentencia que confirmó la legalidad de la prohibición gubernativa de celebrar determinada manifestación, el Tribunal declara, rectificando el rumbo procesal de la demanda, que "no estamos ante un recurso de amparo interpuesto por la vía del art. 44.1 de la Ley Orgánica del Tribunal Constitucional (LOTC), ni tampoco ante un recurso de amparo de los que usualmente hemos denominado "mixtos", sino ante un recurso en el que la violación del derecho fundamental de reunión del art. 21 CE que se denuncia tiene su origen directo e inmediato en un acto de la Administración y sólo mediata e indirectamente en la Sentencia que desestimó el previo recurso contencioso-administrativo, toda vez que la resolución judicial se limitó a confirmar la legalidad del acuerdo impugnado, pero sin incurrir al hacerlo en ninguna nueva y autónoma infracción constitucional. En consecuencia, debemos concluir que el presente recurso de amparo ha sido formulado por la vía del art. 43 LOTC con la consecuente aplicación del plazo de interposición de veinte días que previene su segundo apartado para este tipo de casos, que ha sido correctamente observado por el sindicato recurrente". En el mismo sentido se pronuncia la STC 51/2021, de 15 de marzo.

sentada a las pocas semanas de la entrada en vigor de la citada Ley Orgánica 6/2007, de 24 de mayo (concretamente, el 13 de julio de 2007), es la primera resolución constitucional en notarlo y en apurar las consecuencias de las nuevas reglas en materia de plazos de interposición del correspondiente recurso de amparo.

En esa ocasión, el recurrente formuló su demanda de amparo por la vía del art. 44 LOTC contra la sanción disciplinaria que le había impuesto el Colegio de Abogados de Valladolid y contra la sentencia del Juzgado de lo Contencioso-Administrativo núm.1 de Valladolid que la confirmó en la vía judicial previa. Con estos antecedentes, el citado Auto declara que,

> "[a] pesar de que el recurso de amparo se dirige contra todas las resoluciones citadas, el verdadero objeto de este proceso constitucional se circunscribe al acto administrativo que originariamente produjo la lesión y, por ello, el art. 43 LOTC es la vía específica para impugnarlo. Por tanto, a pesar de la apariencia, no nos encontramos ante un recurso de amparo mixto ya que la resolución judicial sólo se impugna en tanto que confirmatoria de los acuerdos (administrativos) adoptados. Así pues, aunque en la demanda de amparo se solicite la nulidad de la Sentencia del Juzgado núm. 1 de Valladolid y se le "impute" explícitamente la vulneración del derecho [fundamental], lo cierto es que se trata de una mera "imputación formal" o "instrumental" pues no se atribuye al órgano judicial (ni se argumenta) la comisión de una lesión autónoma —ya sea de carácter procesal (constitutiva de una lesión del art. 24.1 CE), ya sea de carácter material [...]
>
> En definitiva, en este caso no existen dos pretensiones autónomas, una contra el acto administrativo y otra contra la resolución judicial, que permitan la calificación de este recurso de amparo como un amparo mixto con la consiguiente aplicación integrada de los arts. 43.2 y 44.2 LOTC y, en su caso, la aplicación del plazo de treinta días previsto en el segundo de los preceptos citados, sino una única pretensión dirigida contra un acto administrativo —la resolución del Colegio de Abogados, confirmada posteriormente en alzada— que constituye el verdadero objeto de este proceso constitucional, extendiéndose la

> impugnación en amparo a la Sentencia del Juzgado únicamente en tanto que confirmatoria de aquéllos".

Apurando este planteamiento, el Tribunal Constitucional declarará a continuación que

> "Las consideraciones precedentes permiten concluir con la declaración de inadmisibilidad del presente recurso de amparo, conforme a lo previsto en el art. 50.1 a) LOTC en relación con el art. 43.2 LOTC, por incurrir el mismo en extemporaneidad al superar los veinte días previstos para la interposición de la demanda en los casos en los que el amparo se dirige contra actos administrativos".

A partir de esta resolución, a la que siguen inmediatamente los AATC 175/2009, de 1 de junio, y 211/2009, de 8 de julio, en la doctrina del Tribunal menudean las resoluciones que, a despecho de la vía del art. 44 LOTC elegida por el recurrente para formular su demanda, rebuscan en el verdadero objeto del recurso para acabar alumbrando su naturaleza de amparo administrativo y comprobar a continuación si la correspondiente demanda de amparo ha sido interpuesta dentro del plazo de 20 días a que obliga el art. 43.2 LOTC, apurando naturalmente sus consecuencias.

Algunos meses después, el ATC 51/2010, de 6 de mayo (TOL2.269.057), resumirá muy bien este nuevo planteamiento del Tribunal. En esta ocasión, luego de recordar que la incorrecta identificación del objeto del recurso de amparo, incluyendo su fundamentación en el art. 44 LOTC, no es causa suficiente por sí sola para determinar su inadmisibilidad, advierte no obstante "el distinto régimen previsto por nuestra Ley Orgánica en relación con los plazos para interponer las demandas de amparo en función del acto lesivo de los derechos fundamentales", notando que efectivamente

> "entre las modificaciones introducidas en el régimen jurídico del recurso de amparo por la Ley Orgánica 6/2007, de 24 de mayo, se encuentra la ampliación del plazo para la interpo-

> sición de los recursos de amparo, que se eleva a treinta días, en los casos previstos en el art. 44 LOTC (es decir, cuando el amparo se dirige contra violaciones de derechos fundamentales que tienen su origen en un acto u omisión de un órgano judicial). Se mantiene, sin embargo, el anterior plazo de veinte días, una vez agotada la vía judicial previa, para aquellos supuestos contemplados en el art. 43.2 LOTC, en los que el amparo se dirige contra actos administrativos", en definitiva, añade más adelante este Tribunal que "lo cierto es que se exige un tratamiento diferente y específico para cada supuesto en función de cuál sea el origen de la lesión que pretende repararse y a qué poder público se impute la lesión del derecho fundamental aducido; en definitiva, de cuál sea el objeto concreto del proceso constitucional de amparo" (FJ 2).

Y dicho esto, subraya a continuación sirviéndose precisamente de los tres Autos citados de 2009 las tres siguientes conclusiones:

> "La primera, que resulta irrelevante que en la demanda de amparo se recurran todas las resoluciones (el acto administrativo inicial y la Sentencia que pone fin a la vía previa: ATC 172/2009) o únicamente la resolución judicial que pone fin a la vía previa al amparo constitucional (AATC 175/2009 y 211/2009), pues este Tribunal concluye que la lesión del derecho fundamental invocado tuvo origen en un acto administrativo y así se había denunciado en la interposición del correspondiente recurso contencioso-administrativo.
>
> La segunda, que las imputaciones de lesión de derechos fundamentales a las resoluciones judiciales tienen, en estos casos, un carácter meramente instrumental o formal, *siempre que en las demandas no se contengan imputaciones de lesiones autónomas o distintas a las invocadas en los correspondientes recursos contencioso-administrativos*. Por lo tanto, las demandas en cuestión no pueden conformarse como recursos de amparo mixtos [...].
>
> La tercera y última, que no pudiendo conformarse la demanda como un amparo mixto y, encontrándose la lesión del derecho fundamental, en origen, en un acto administrativo, rige el pla-

> zo de interposición del recurso de amparo previsto en el art. 43.2 LOTC".

A las pocas semanas, el ATC 81/2010, de 8 de julio (TOL1.993.378), con motivo de resolver el recurso de súplica interpuesto por el Ministerio Fiscal contra la providencia de inadmisión por extemporáneo de un recurso de amparo registrado equivocadamente con arreglo al plazo de 30 días del art. 44.2 LOTC, el Tribunal insistirá nuevamente en esas mismas conclusiones para dejar claro que

> "que a los efectos de determinar la verdadera naturaleza de un recurso de amparo y, por tanto, el plazo de interposición aplicable, es irrelevante que en la demanda de amparo se recurran tanto el acto administrativo inicial y la resolución judicial que pone fin a la vía previa como, únicamente, ésta última, ya que lo determinante es si la lesión del derecho fundamental invocado trae causa en el acto administrativo o en la resolución judicial. Del mismo modo, se ha señalado que siempre que en las demandas de amparo no se contengan imputaciones de lesiones autónomas o distintas a las invocadas en los correspondientes recursos contencioso-administrativos, las eventuales imputaciones de lesión de derechos fundamentales a las resoluciones judiciales tienen un carácter meramente instrumental o formal, que no bastan para poder considerar como mixto el amparo. Por último, se ha puesto de manifiesto que cuando no pueda conformarse la demanda como un amparo mixto por encontrarse la lesión del derecho fundamental, en origen, en un acto administrativo, el plazo de interposición del recurso de amparo que rige es el previsto en el art. 43.2 LOTC" (FJ Único).

Siguiendo estas aclaraciones, que por esas mismas fechas renueva, entre otros el ATC 174/2010, de 28 de noviembre (TOL10.023.320), las resoluciones del Tribunal que a partir de entonces se ajustan a este planteamiento son abundantes y llegan al momento presente.

De esa primera época, sirvan de ejemplo los AATC 81/2010, de 8 de julio; y 174/2010, de 18 de noviembre; y la STC 200/2012, de 12 de noviembre; y en fecha más reciente, además de las que a continuación se verán, los AATC 30 a 34/2017, todos ellos de 27 de febrero, y 39/2018, de 12 de abril; así como las SSTC 13/2017, de 30 de enero; 61/2017, de 22 de mayo; 21/2018, de 5 de marzo; 11/2019 de 28 de enero; 16/2019, de 11 de febrero; y 75/2019, de 22 de mayo[25].

El más reciente ATC 75/2021, de 22 de julio (TOL8.533.698), es otro de los ejemplos de este tipo de resoluciones del Tribunal que declaran mediante Auto la extemporaneidad del recurso por el citado motivo. En esa ocasión, la asociación entonces recurrente interpuso recurso de amparo por la vía del art. 44 LOTC para denunciar que determinada sanción administrativa, luego confirmada judicialmente, vulneró su derecho de asociación del art. 22 CE. Frente a este planteamiento, el Tribunal advirtió en línea con la doctrina constitucional que ya conocemos por las observaciones anteriores que efectivamente en ese asunto

> "la lesión en caso de verificarse surgiría necesariamente a partir de la actividad administrativa que impuso la sanción, no siendo posible imputar su origen inmediato y directo a las resoluciones judiciales sucesivas, que no harían otra cosa que no reparar, o «mantener» según dice la demanda, la lesión ya producida. Este es el corolario de la reiterada doctrina consti-

---

25 De todas formas, el Tribunal no siempre sigue esta forma de razonar que se busca depurar la verdadera naturaleza del amparo interpuesto, al menos a rajatabla, de modo que en la moderna doctrina constitucional es posible encontrar también abundantes y significados matices que complican y mucho el cuadro final que califican el correspondiente recurso siguiendo criterios distintos. Al respecto, y sin perjuicio de lo que luego dirá en el capítulo III del texto sobre este mismo núcleo de problemas, puede verse mi trabajo, CASINO RUBIO, M. (2018), "La especial trascendencia constitucional del recurso, los recursos de amparo administrativos y otros apuntes críticos sobre la última doctrina constitucional", en *La ejecución de las resoluciones del Tribunal Constitucional. XXIII Jornadas de la Asociación de Letrados del Tribunal Constitucional,* CEPC-Tribunal Constitucional, Madrid, en especial, pp. 213-225.

> tucional según la cual cuando, en los hechos de los que trae causa el recurso de amparo, las actuaciones administrativas preceden a las jurisdiccionales, la violación del derecho fundamental no deja de tener su origen inmediato y directo en el acto u omisión de la administración pública (art. 43 LOTC) por el mero hecho de que los órganos judiciales que intervienen posteriormente en el proceso judicial no hayan procedido a repararla".

Para seguidamente añadir que

> "la recurrente, por tanto, no puede encauzar sus quejas por la vía del art. 44 LOTC. El único cauce hábil es el del art. 43 LOTC, dentro del cual Audiencia Nacional y Tribunal Supremo solo juegan el papel de satisfacer el agotamiento de la vía judicial previa ("una vez agotada la vía judicial precedente" dice el art. 43.1 LOTC), que es garantía de la subsidiariedad del recurso de amparo. El plazo para deducir un recurso de amparo a través del art. 43 LOTC, que es lo que hace [la recurrente] en esta ocasión, es de veinte días (art. 43.2 LOTC)" (FJ 2).

De modo congruente, y una vez comprobado que en ese asunto el recurso de amparo considerado se registró efectivamente una vez vencido ya el plazo de los veinte días a que obliga el art. 43.2 LOTC, el Tribunal lo declara inadmisible, por extemporáneo.

Según mis cuentas, la STC 33/2023, de 18 de abril (TOL9.547.817), es por el momento la última de las sentencias del Tribunal que aplica este razonamiento y apura hasta el final todas sus consecuencias de régimen jurídico declarando la inadmisión de la demanda por extemporánea.

En esta ocasión, los hechos que dieron lugar a la demanda de amparo tienen su origen en la publicación de unas fotografías de varias personas en la página *web* de la Policía de la Generalitat (*Mossos d'Esquadra*) en las que, bajo el título "Colaboración ciudadana contra la violencia urbana", se solicitaba a la ciudadanía que aportase información para identificar a esas personas, a las que se atribuía la participación en actos vandálicos o delictivos. Una de esas personas era el recurrente en amparo que interpuso contra el Departamento de Interior de la Generalitat una demanda de protección jurisdiccional civil del derecho al honor, a la intimidad y a la propia imagen, solicitando una indemnización. La demanda fue desestimada tanto en primea instancia como en grado de apelación. Interpuesto recurso de casación, la Sala de lo Civil del Tribunal Supremo lo desestimó igualmente.

Con estos antecedentes, el recurrente presentó demanda de amparo por la vía procesal del art. 44 LOTC para denunciar que los órganos judiciales, con el Tribunal Supremo a la cabeza, vulneraron sus derechos fundamentales al honor y a la intimidad personal (art. 18.1 CE); así como a la presunción de inocencia (art. 24.2 CE); resumidamente, por no haberlos protegido oportunamente en el previo proceso judicial.

Admitido el recurso, en el siguiente trámite de alegaciones, la Abogada de la Generalitat notó enseguida la desviación procesal de la demanda y por ese motivo solicitó su inadmisión por extemporánea razonando que las citadas vulneraciones constitucionales, caso de existir, no serían en cualquier caso directamente imputables a los órganos judiciales, sino a la Administración de la Generalitat, que es la que acordó publicar las fotografías en la página *web* de la policía. En consecuencia, la demanda debió interponerse con arreglo al art. 43 LOTC y, por tanto, en el plazo de veinte días, y no en el de treinta que es el previsto en el art. 44.2 LOTC para los amparos que tiene su origen en una lesión constitucional causada de modo directo e inmediato por un acto u omisión judicial.

Respondiendo a este planteamiento, la sentencia advierte que efectivamente resulta necesario determinar si la vulneración de los derechos fundamentales que se denuncia en la demanda de amparo es imputable a los órganos judiciales o a la

Administración, a fin de verificar de ese modo si el recurso se ha interpuesto o no dentro del plazo legalmente establecido.

En esta operación, la sentencia se fija, en primer lugar, en el encabezamiento y en el suplico de la demanda de amparo para notar que en ambos casos el recurrente alude únicamente a la sentencia del Tribunal Supremo, que solicita expresamente que sea anulada. El Tribunal considera, no obstante, que esta comprobación no es, sin embargo, definitiva de la condición judicial del amparo considerado *ex* art. 44 LOTC. Sencillamente porque, según tiene declarado, para determinar cuál es finalmente la verdadera naturaleza del amparo ha de estarse, no a las resoluciones formalmente impugnadas, sino a la resolución o acto al que se atribuye la vulneración de los derechos fundamentales invocados. De modo que,

> "aunque el demandante del presente amparo haya formulado su recurso contra la sentencia del Tribunal Supremo que desestima el recurso de casación, tal planteamiento no supone necesariamente que el recurso interpuesto se rija por lo dispuesto por el art. 44 LOTC, pues para ello es preciso, como establece el mismo precepto, que las vulneraciones de derechos fundamentales que se aducen en amparo tengan su origen directo e inmediato en un acto u omisión de un órgano judicial [...]. No basta con que los órganos judiciales no hayan tutelado los derechos fundamentales que se consideran vulnerados por el acto de la Administración recurrido, sino que es necesario que hayan ocasionado una vulneración distinta. [En consecuencia], las imputaciones de lesión de derechos fundamentales a las resoluciones judiciales tienen, en estos casos, un carácter meramente instrumental o formal, siempre que en las demandas no se contengan imputaciones de lesiones autónomas o distintas a las invocadas en los correspondientes recursos contencioso-administrativos. Por lo tanto, las demandas en cuestión no pueden conformarse como recursos de amparo mixtos" (FJ 2).

Aplicando esta doctrina constitucional al caso considerado, la sentencia repasa el contenido de la demanda y comprueba, por un lado, que el acto al que originariamente el recurrente imputa la vulneración de los derechos fundamentales del art. 18 y 24.2 CE es la publicación de las fotografías en la página web de la Policía autonómica. Y, por otro, que el recurrente no reprocha a los órganos judiciales ninguna vulneración distinta de la de no haber reparado la lesión de esos derechos fundamentales. En consecuencia, declara que

> "nos encontramos ante un recurso de amparo contra una actuación de la Administración y, por tanto, ante un amparo que se rige por lo dispuesto en el art. 43 LOTC, lo que determina que el plazo para su interposición es "el de los veinte días siguientes a la notificación de la resolución recaída en el previo proceso judicial" (art. 43.2 LOTC)" (FJ 2).

En estas circunstancias, y una vez comprobado que en ese asunto el recurso de amparo considerado se registró una vez transcurrido ya el plazo de los veinte días previsto en el art. 43.2 LOTC, el Tribunal lo inadmite efectivamente por extemporáneo.

Incidentalmente, para cerrar este apartado, conviene advertir que esta forma de razonar del Tribunal y, por tanto, la depuración de oficio por el Tribunal del verdadero objeto del correspondiente recurso para, llegado el caso, corregir su rumbo procesal y encauzarlo por la vía exclusiva del art. 43 LOTC no siempre termina en la declaración de extemporaneidad de la demanda y su consecuente inadmisión. Sencillamente porque esa calificación sólo obliga en rigor a comprobar el cumplimiento de los presupuestos procesales del art. 43 LOTC y, en consecuencia, en lo que ahora exclusivamente más nos interesa, a comprobar si el recurso de amparo fue presentado dentro del plazo de los veinte días a contar desde la notificación de la última resolución judicial[26].

---

[26] La presentación del recurso hasta las 15 horas del siguiente día hábil al del vencimiento del plazo de interposición [...] aparece ya expresamente prevista en el art. 85.2 LOTC, en la redacción dada al mismo por la Ley

Apurando esta comprobación, en la jurisprudencia del Tribunal no faltan precisamente tampoco las resoluciones que, después de notar la defectuosa articulación de la demanda y desvelar la naturaleza administrativa del correspondiente recurso de amparo, lo admiten, no obstante, tras comprobar que fue interpuesto dentro del citado plazo de veinte días a que obliga el art. 43.2 LOTC. Las SSTC 96/2010, de 15 de noviembre (TOL1.995.101); 193/2011, de 12 de diciembre (TOL2.343.006); 90/2012, de 7 de mayo (TOL2.549.780); 109/2012, de 21 de mayo (TOL6.448.662); y 127/2012, de 18 de junio (TOL2.579.536), son un buen ejemplo de este correcto comportamiento del Tribunal.

Como también lo son las SSTC 118/2014, de 8 de julio (TOL4.471.798); y 128/2014, de 21 de julio (TOL4.471.808), y en las que el Tribunal, después de advertir que se trata de un amparo administrativo del art. 43 LOTC, advierte que,

> "por lo demás, no afecta a esta conclusión la diferencia de plazo impugnatorio establecido en la Ley Orgánica del Tribunal Constitucional en cuanto a los recursos de los arts. 43 y 44, porque en el presente caso el recurso de amparo se interpuso dentro del plazo de veinte días establecido en el art. 43.2 LOTC" (FJ 2).

El mismo rigor, y en fecha más reciente, luce en la STC 51/2021, de 15 de marzo (TOL1.970.920), cuando después de declarar la naturaleza exclusivamente administrativa del recurso en un asunto en el que la última resolución judicial lleva fecha de 26 de abril de 2018, y la demanda de amparo fue presentada el siguiente 25 de mayo, precisa que

> "cabe advertir, por lo demás, que este recurso de amparo se presentó dentro del plazo establecido en el art. 43.2 LOTC" [FJ 2 c)].

Orgánica 6/2007, de 24 de mayo, (STC 28/2011 de 14 de marzo, FJ 3). STC 127/2012, de 18 de junio

De manera que, en todos estos casos, cuando se comprueba que el recurso se interpuso cumpliendo el plazo de interposición del art. 43.2 LOTC, la depuración de la naturaleza administrativa del recurso solo sirve para afinar mejor el objeto del examen del Tribunal, que de modo congruente mira al acto administrativo. Pero procesalmente para nada más.

Lamentablemente, el Tribunal no siempre apura esa comprobación sobre el plazo de interposición del recurso, y que es una operación decisiva a partir de la modificación de la LOTC de 2007[27]. Son, de hecho, muchas más las veces en las que, después de depurar la naturaleza administrativa del amparo, el Tribunal prescinde simplemente de esa operación y silencia por completo la cuestión del efectivo cumplimiento del plazo de interposición de veinte días previsto en el art. 43.2 LOTC.

Aunque esta despreocupación puede ser disculpable en ocasiones, por resultar incontrovertible el cumplimiento del citado plazo de interposición con solo ver las respectivas fechas de la última resolución judicial y la del registro del recurso en el Tribunal[28], en otras, que son además la mayoría, ese silencio

---

27 Con anterioridad, la ausencia de esa comprobación resulta más comprensible y, en todo caso, inocua, supuesta, como ya nos consta, la identidad del plazo de interposición previsto por entonces para los amparos de los arts. 43 y 44 LOTC. Cfr., entre otras, SSTC 9/2008, 5 de febrero; 32/2008, de 25 de febrero; 179/2008, de 22 de diciembre; 122/2010, de 29 de noviembre, y 70/2012, de 16 de abril, y que, aunque llevan fecha posterior a la reforma de 2007, resuelven amparos interpuestos antes de la reforma de 2007.

28 La STC 15/2011, de 28 de febrero es un primer ejemplo, porque, aunque afirma que se trata de un amparo del art. 43 LOTC y no, por tanto, de un amparo mixto, y nada dice sobre el plazo, la última resolución es 13 de septiembre de 2007, el recurso de amparo se presentó el siguiente día 27 de septiembre. LA STC 29/2014, de 24 de febrero, es otro buen ejemplo. Aunque nada dic tampoco sobre el cumplimiento del plazo de interposición, el recurso bien parece formulado, no obstante, dentro del

resulta bastante más difícil de comprender y genera sospechas innecesarias sobre la extemporaneidad de la correspondiente demanda.

Estas dudas no desaparecen, además, con volver simplemente hacia atrás y repasar los antecedentes que resumen las sentencias. Sencillamente porque el Tribunal, cuando resume los hechos del caso, no se preocupa de indicar la fecha de la notificación de la correspondiente resolución que puso fin a la vía judicial precedente, de modo que es un dato que efectivamente silencia. En estas condiciones, si bien hay asuntos en los que efectivamente, como se ha advertido, el silencio sobre la fecha de la notificación no impide comprobar la interposición en plazo de la demanda, en otros no sucede lo mismo, dando pie a las especulaciones.

Esto último ocurre en no pocos asuntos, según lo testimonian ahora y entre otras, las SSTC 106/2012, de 21 de mayo; 77/2013, de 8 de abril; 24/2015, de 16 de febrero; 173/2019, de 16 de diciembre; 71/2020, de 29 de junio; y 51/2021, de 15

---

plazo del art. 43.2 LOTC, supuesto que la resolución que puso fin a la vía judicial precedente es de fecha 5 de noviembre de 2010, y la demanda se registró en el Tribunal el siguiente día 26 de noviembre. La misma comprobación despunta, pese al silencio igualmente del Tribunal al respecto, en las SSTC 219/2016, y 220/2016, ambas, de 19 de diciembre. En los dos casos, la última resolución judicial lleva fecha de 20 de noviembre de 2014 y el respectivo recurso de amparo se registró en el Tribunal el 10 de diciembre de 2014. Y lo mismo, en fin, pero en fecha todavía más reciente, sucede en el caso resuelto por la STC 61/2023, de 24 de mayo, que corrige asimismo el planteamiento procesal de la demanda para ubicarla desde el art. 44 LOTC al ámbito del art. 43 LOTC. Aunque la citada sentencia constitucional guarda silencio sobre el cumplimiento del plazo de interposición y nada dice tampoco sobre la fecha de la notificación de la sentencia que puso fin al proceso contencioso, no hay duda que el recurso se interpuso en plazo, puesto que la sentencia judicial se dictó con fecha de 29 de abril de 2020 y el recurso de amparo se presentó el siguiente 11 de mayo.

de marzo. En todas estas sentencias, y dado que efectivamente en los respectivos antecedentes no figura la fecha de notificación de la correspondiente resolución judicial definitiva, no es posible determinar con seguridad si el recurso se presentó efectivamente en plazo. Hay, de todas formas, otras sentencias en las que las dudas que provoca el comentado silencio del Tribunal tienen ya, por verosímiles, una apariencia desde luego bastante más inquietante.

La STC 144/2011, de 26 de septiembre (TOL2.254.235), es un primer ejemplo. En ese asunto, la última resolución judicial lleva fecha 11 de marzo de 2009, y la demanda se presentó en el Tribunal el 25 de mayo siguiente. La misma inquietud provoca la lectura de la STC 125/2019, de 31 de octubre (TOL7.587.399). En esa ocasión, la última resolución judicial se dictó el 24 de mayo de 2012, y la demanda se registró en el Tribunal el 3 de julio siguiente. O, en fin, incluso con mayor razón ahora, ese el caso también de la más reciente STC 11/2023, de 23 de febrero (TOL9.441.343), en el que la demanda de amparo se registró con fecha 16 de febrero de 2021, cuando la última resolución que puso vía a la vía judicial precedente se había dictado el 17 de diciembre del año anterior.

De modo que, para evitar especulaciones, que en tan mal lugar dejan a la doctrina constitucional, sería conveniente que en este tipo de asuntos el Tribunal apurara algo más sus razonamientos y aclarara si, una vez encauzado por la vía correcta del art. 43 LOTC, el recurso de amparo se interpuso efectivamente en el preceptivo plazo de los veinte días.

4.2. El dilema del nuevo incidente de nulidad de actuaciones del art. 241.1 LOPJ: quedarse corto o pasarse.

La Ley 6/2007, de 24 de mayo, no solo modificó, como ya nos consta, el plazo de interposición de los amparos judiciales del art. 44.2 LOTC, para ampliarlo ahora a treinta días, con todas las complicaciones que hemos visto derivadas de la equivocación en la elección de la vía procesal para la formular la demanda. También, en lo que ahora exclusivamente más nos interesa y según antes se adelantaba, dio nueva redacción al art. 241.1 de la Ley Orgánica 6/1985, de 1 de julio, del Poder Judicial (LOPJ) para atribuir una nueva y más amplia función al incidente de nulidad de actuaciones.

En su versión anterior del art. 240.3 LOPJ, según la redacción dada a este precepto por la Ley Orgánica 13/1999, de 14 de mayo, el incidente de nulidad de actuaciones era el remedio procesal ideado por el ordenamiento para reparar únicamente las infracciones procesales de las resoluciones judiciales definitivas y, en particular, los defectos de forma que hubieran causado indefensión o la incongruencia del fallo.

Con el nuevo art. 241.1 LOPJ el incidente de nulidad es, en cambio, el medio de impugnación ordinario en los supuestos de resoluciones judiciales lesivas de cualquiera de los derechos y libertades fundamentales susceptibles de amparo constitucional siempre que esa vulneración constitucional no haya podido denunciarse previamente y que contra la correspondiente resolución judicial no quepa ningún otro recurso. Literalmente el nuevo art. 241. LOPJ establece que

> "[n]o se admitirán con carácter general incidentes de nulidad de actuaciones. Sin embargo, excepcionalmente, quienes sean parte legítima o hubieran debido serlo podrán pedir por escrito que se declare la nulidad de actuaciones fundada en cualquier vulneración de un derecho fundamental de los referidos en el artículo 53.2 de la Constitución, siempre que no haya podido denunciarse antes de recaer resolución que ponga fin al proceso y siempre que dicha resolución no sea susceptible de recurso ordinario ni extraordinario.
>
> Será competente para conocer de este incidente el mismo juzgado o tribunal que dictó la resolución que hubiere adquirido firmeza. El plazo para pedir la nulidad será de 20 días, desde la notificación de la resolución o, en todo caso, desde que se tuvo conocimiento del defecto causante de indefensión, sin

que, en este último caso, pueda solicitarse la nulidad de actuaciones después de transcurridos cinco años desde la notificación de la resolución

El juzgado o tribunal inadmitirá a trámite, mediante providencia sucintamente motivada, cualquier incidente en el que se pretenda suscitar otras cuestiones. Contra la resolución por la que se inadmita a trámite el incidente no cabrá recurso alguno".

La primera y más elemental consecuencia de esta nueva configuración del incidente de nulidad ha sido la de ampliar el protagonismo de los jueces y tribunales ordinarios en la protección de los derechos fundamentales. La exposición de motivos de la citada Ley orgánica 6/2007 anuncia muy bien este propósito cuando advierte que:

> "La protección y garantía de los derechos fundamentales no es una tarea única del Tribunal Constitucional, sino que los tribunales ordinarios desempeñan un papel esencial y crucial en ella. Por ello, y con la intención de aumentar las facultades de la jurisdicción ordinaria para la tutela de los derechos fundamentales se modifica el incidente de nulidad de actuaciones del artículo 241.1 de la Ley Orgánica 6/1985, de 1 de julio. De este modo se introduce una configuración del incidente de nulidad de actuaciones mucho más amplia, porque se permite su solicitud con base en cualquier vulneración de alguno de los derechos fundamentales referidos en el artículo 53.2 de la Constitución en lugar de la alegación de indefensión o incongruencia prevista hasta el momento. Esta ampliación del incidente de nulidad de actuaciones previo al amparo busca otorgar a los tribunales ordinarios el papel de primeros garantes de los derechos fundamentales en nuestro ordenamiento jurídico".

La STC 155/2009, de 25 de junio (TOL1.568.033), destaca también este objetivo del legislador al advertir que, con esta reforma, el sistema de garantías de los derechos fundamentales encuentra en los jueces y tribunales sus "guardianes naturales y primeros [...] a los que confiere un mayor protagonismo en su protección [mediante] la ampliación del incidente de nulidad de actuaciones" (FJ 2).

La misma idea subrayará algo después el ATC 200/2010, de 21 de diciembre (TOL10.023.296) cuando confirma por su parte que el propósito de la citada modificación legal del incidente de nulidad de actuaciones es efectivamente el de

"reforzar el carácter subsidiario del proceso constitucional de amparo [extendiendo] el manto de cobertura del amparo judicial ordinario mediante la ampliación del incidente de nulidad de actuaciones a toda hipótesis de vulneración de cualesquiera de los derechos fundamentales protegibles *ex* art. 53.2 CE" (FJ 2).

Este es desde luego un objetivo razonable y que enlaza también con la preocupación que ya conocemos sobre la necesidad de buscar fórmulas legales que sirvan para descargar al Tribunal de la avalancha de recursos de amparo que anualmente lo inundan[29]. Aunque para decir toda la verdad habría que añadir que ese objetivo no es de todas formas completamente

---

29 Sobre la nueva configuración del incidente de nulidad después de la Ley orgánica 6/2007 la bibliografía es muy abundante. Cfr., entre otros, por todos, CABAÑAS GARCÍA, J. C. (2010): "El recurso de amparo que queremos: reflexiones a propósito de la Ley Orgánica 6/2007, de 24 de mayo, de reforma parcial de la Ley Orgánica del Tribunal Constitucional", *Revista Española de Derecho Constitucional,* núm. 88, pp. 39 y ss.; ARAGÓN REYES, M. (2011), "El incidente de nulidad de actuaciones como remedio previo al recurso de amparo. La función del Ministerio Fiscal», *Teoría y Realidad Constitucional,* núm. 28, pp. 371 y ss..; CARRASCO DURÁN, M. (2012), "La tutela de los derechos fundamentales a través del incidente de nulidad de actuaciones", *Revista Española de Derecho Constitucional,* núm. 95, pp. 65 y ss.; BELADÍEZ ROJO, M. (2015), «La función constitucional del incidente de nulidad de actuaciones del art. 241 LOPJ», en *El juez del Derecho Administrativo. Libro homenaje a Javier Delgado Barrio,* CGPJ-Marcial Pons, Madrid, pp. Y ss.; BELLIDO PENADÉS, R. (2017), «El incidente de nulidad de actuaciones

voluntario ni desinteresado, porque, según ha sido observado, es fácil ver también en la nueva configuración del incidente de nulidad de actuaciones el precio a pagar por la objetivación del recurso de amparo constitucional[30]

Sea como fuere, y después de más de quince años de funcionamiento, lo cierto es que el saldo práctico del incidente de nulidad de actuaciones del art. 241.1 LOPJ medido en reparaciones obtenidas de las lesiones constitucionales denunciadas es bastante pobre y da la razón a quienes desde el primer momento dudaron de su utilidad advirtiendo que nadie muerde en propia carne y que, por tanto, no cabía albergar muchas esperanzas en que el propio órgano judicial con motivo de resolver el oportuno incidente se enmendara a sí mismo la plana y reconociera que con su actuación ha vulnerado un derecho fundamental[31]. El número de incidentes de nulidad de actua-

---

como medio de tutela de derechos fundamentales», *Revista General de Derecho Constitucional*, 25.

30 Cfr., CARRASCO DURÁN, M. (2012: 66); GÓMEZ-FERRER MORANT, R. (2017), «Derecho fundamental a la tutela judicial efectiva y recurso de amparo. ¿De derecho subjetivo a situación objetiva?», en *Derecho administrativo e integración europea. Estudios en homenaje al Profesor José Luis Martínez López-Muñiz*, (Coords. Sanz Rubiales, I.; Laguna de Paz. J. C.; De los Mozos y Touya, I. M.ª), Reus, Madrid, p. 313; DÍEZ-PICAZO GIMÉNEZ, I. (2018), "¿Tiene sentido el incidente de nulidad de actuaciones?", en *La nueva perspectiva de la tutela procesal de los derechos fundamentales, Actas de las XXII Jornadas de la Asociación de Letrados del Tribunal Constitucional*, Tribunal Constitucional-CEPC, Madrid, p. 115. GÓMEZ FERNÁNDEZ I.-MONTESINOS PADILLA, C. (2018), "Una década del incidente de nulidad de actuaciones: aclaración, reforma o supresión'", *Revista Española de Derecho Constitucional*, núm. 113, p. 76

31 FERNÁNDEZ FARRERES, G. (2007 b), "Reflexiones sobre el futuro de la justicia constitucional", en *El futuro de la justicia constitucional. Actas de las XII XXII Jornadas de la Asociación de Letrados del Tribunal Constitucional*, Tribunal Constitucional-CEPC, Madrid, p. 45. Por esta razón, se ha defendido la necesidad de reformar el incidente de nulidad para atribuir su conocimiento

ciones estimados es, de hecho, tan reducido que con razón y deliberada exageración se ha dicho que hay menos incidentes estimados que comentarios doctrinales sobre el propio art. 241.1 LOPJ[32].

Y lo que seguramente es peor: la nueva regulación del incidente de nulidad de actuaciones ha agravado aún más las dudas que siempre han existido acerca de cómo agotar correctamente la vía judicial previa al amparo y que desde el primer momento ha sido efectivamente una cuestión controvertida y causa de no pocas inadmisiones[33].

---

a un órgano judicial distinto o con composición diferente al que dictó la resolución cuestionada por esa vía. Al respecto, RODRÍGUEZ-ZAPATA PÉREZ, J. (2021), "El incidente de nulidad de actuaciones", *Anuario Iberoamericano de Justicia Constitucional*, núm. 25-1, pp. 117 y ss.

32 DÍEZ-PICAZO GIMÉNEZ, I. (2018:117).

33 La jurisprudencia constitucional sobre el requisito del previo agotamiento de la vía judicial es abundantísima y puede resumirse ahora en la idea de que el mismo "no obliga a utilizar en cada caso todos los medios de impugnación existentes en el ordenamiento, sino solo aquellos que razonablemente convengan" (STC 30/1982, de 1 de junio, FJ 2). Esta doctrina está perfectamente resumida en la más reciente STC 25/2002, de 23 de febrero, FJ 2, y 39/2023, de 8 de mayo, FJ 2, cuando en expresión normalizada recuerdan que la exigencia de agotar la vía judicial previa 'no obliga a utilizar en cada caso todos los medios de impugnación posibles, sino tan solo aquellos normales que, de manera clara, se manifiestan como ejercitables, de forma que no quepa duda respecto de la procedencia y la posibilidad real y efectiva de interponer el recurso' (SSTC 137/2006, de 8 de mayo, FJ 2; 152/2006, de 22 de mayo, FJ 5, y 62/2007, de 27 de marzo, FJ 2), 'sin necesidad de superar unas dificultades interpretativas mayores de lo exigible razonablemente' [entre otras, SSTC 57/2003, de 24 de marzo, FJ 2; 249/2006, de 24 de julio, FJ 1; 75/2007, de 16 de abril, FJ 2, y 76/2007, de 16 de abril, FJ 2; 144/2007, de 18 de junio, FJ 2, y 89/2011, de 6 de junio, FJ 2).

Esta es, en efecto, una duda que despunta en la doctrina constitucional de todas las épocas. Probablemente uno de los episodios más llamativos de esta historia es el resuelto por la STC 189/2002, de 14 de octubre.

En particular, la duda que ahora se plantea es la determinar cuándo procede en rigor promover el oportuno incidente de nulidad. Pues aun cuando el art. 241.1. LOPJ parece en principio claro, su configuración como medio impugnatorio ordinario e idóneo para combatir las decisiones judiciales que vulneran derechos fundamentales y contra las que no cabe otro recurso coloca con frecuencia a los recurrentes en amparo ante un delicado dilema. Su dilema consiste en que si deciden no promover el incidente de nulidad contra la última resolución dictada en la vía judicial ordinaria se arriesga a que su recurso sea inadmitido por falta de agotamiento de la vía judicial previa [arts. 43.1 y 44.1 a) LOTC]. Y si, por el contrario, deciden promoverlo saben también que corren el riesgo de que su recurso sea inadmitido por extemporáneo, ahora por haber prolongado artificialmente la vía judicial previa mediante la interposición de un incidente de nulidad manifiestamente improcedente (arts. 43.2 y 44.2 LOTC)[34].

Al respecto, críticamente, por todos, GONZÁLEZ SALINAS, P. (2002): "Recurso de amparo prematuro, nulidad de actuaciones improcedente y recurso de amparo extemporáneo ¿dónde está la garantía de una tutela judicial efectiva?", *Revista Española de Derecho Administrativo,* núm. 116, pp. 605 y ss.

Estas mismas dudas subsisten después de la Ley Orgánica 6/2007, y llegan al momento presente según confirma ahora muy bien, entre otras, la STC 123/2023, de 25 se septiembre. En esta ocasión, en el suplico de la demanda de amparo el recurrente reconoció mediante Otrosí "que en su caso y ante una eventual disyuntiva sobre el modo en que debiera darse adecuada satisfacción al referido requisito procesal [del agotamiento de la vía judicial previa] que en ocasiones franquea el acceso al amparo, '*ad cautelam*' se ha promovido igualmente incidente de nulidad de actuaciones". Naturalmente, con su comportamiento procesal, el demandante dio pie a que su recurso fuera inadmitido, entonces por prematuro, toda vez que, como se encarga de recordar la propia citada sentencia, el proceso constitucional no puede abrirse hasta que la vía judicial se ha cerrado definitivamente.

34 La citada complicación fue inmediatamente notada por la doctrina más atenta. Cfr., por todos, FERNÁNDEZ FARRERES, G. (2007 b: 45).

Aunque esta complicación viene efectivamente de lejos, puesto que es la comprometida en el cumplimiento del requisito del agotamiento de la vía judicial previa de los arts. 43.1 y 44.1 a) LOTC[35], la STC 255/2007, de 17 de diciembre (TOL1.228.6679), y a la que luego seguirían otras[36], acertó a ilustrarlo en forma elocuente cuando, precisamente a propósito del incidente de nulidad de actuaciones, advirtió que efectivamente en este tipo de supuestos:

> "el demandante de amparo se encuentra ante una encrucijada difícil de resolver, toda vez que si no utiliza todos los recursos disponibles dentro de la vía judicial ordinaria su recurso de amparo podrá ser inadmitido por falta de agotamiento de la vía judicial previa, y si decide, en cambio, apurar la vía judicial, interponiendo todos los recursos posibles o imaginables, corre el riesgo de incurrir en extemporaneidad al formular alguno que no fuera en rigor procedente" (FJ 2).

La solución a esta encrucijada, que no es efectivamente nueva, se encuentra, no obstante, en la consolidada doctrina constitucional sobre el modo en el que debe entenderse cumplido el requisito del agotamiento de la vía judicial previa que exige el art. 44.1 a) LOTC y la noción de recurso manifiestamente improcedente.

Sobre el requisito del agotamiento de la vía judicial previa que para admitir el recurso de amparo exigen los arts. 43.1 y 44.1 a) LOTC existe conocidamente una abundantísima doctrina constitucional. Esta doctrina constitucional, que comienza por advertir que este requisito sirve a la necesidad de salvaguardar el carácter subsidiario del recurso de amparo y que

---

35 Cfr., entre otras, las SSTC 120/1986, de 22 de octubre, FJ 1; 289/1993, de 4 de octubre, FJ 3, 122/1996, de 8 de julio, FJ 2; 132/1999, de 15 de julio, FJ 2; y 192/2005, de 18 de julio; FJ 2.

36 Sirvan de ejemplo, las SSTC 182/2011, de 21 de noviembre, FJ 2; 176/2013, de 21 de octubre; FJ 3; y 81/2018, de 16 de julio, FJ 2.

subraya la consecuente obligación de dar oportunidad a los órganos judiciales para que puedan pronunciarse y reparar el derecho fundamental luego invocado en amparo, puede resumirse ahora en la idea de que ese requisito procesal se cumple, no con la interposición de todos los recursos imaginables, sino con la utilización de aquellos medios de impugnación que razonablemente se ofrezcan como idóneos y procedentes a la vista y, por tanto, sin necesidad de complicadas exégesis o de apurar todas las interpretaciones posibles de la correspondiente legislación procesal.

La más reciente STC 39/2023, de 8 de mayo (TOL9.582.110), condensa muy bien esta doctrina del Tribunal cuando recuerda que

> "el requisito de agotar la vía judicial antes de interponer el recurso de amparo, no obliga a utilizar en cada caso todos los medios de impugnación posibles, sino tan solo aquellos normales que, de manera clara, se manifiestan como ejercitables, de forma que no quepa duda respecto de la procedencia y la posibilidad real y efectiva de interponer el recurso" (SSTC 137/2006, de 8 de mayo, FJ 2; 152/2006, de 22 de mayo, FJ 5; 62/2007, de 27 de marzo, FJ 2, y 112/2019 de 3 de octubre, FJ 3), sin necesidad de superar unas dificultades interpretativas mayores de lo exigible razonablemente (entre otras, SSTC 57/2003, de 24 de marzo, FJ 2; 249/2006, de 24 de julio, FJ 1; 75/2007, de 16 de abril, FJ 2, y 76/2007, de 16 de abril, FJ 2; 144/2007, de 18 de junio, FJ 2, y 89/2011, de 6 de junio, FJ 2)" ([FJ 2 c)].

Aplicando esta doctrina, el Tribunal, que ya había dejado claro que el incidente excepcional de nulidad de actuaciones, conforme a su redacción anterior a la Ley orgánica 6/2007, constituía "el remedio procesal idóneo" para obtener la reparación en la vía judicial previa de los defectos de forma causantes de indefensión o la incongruencia del fallo[37], ha declarado

---

[37] Vid., al respecto, entre otras, las SSTC 228/2001, de 26 de noviembre, FJ 3; 74/2003, de 23 de abril, FJ 2; y 237/2006, de 17 de julio, FJ 3),

asimismo que esa misma doctrina "es igualmente aplicable tras la nueva regulación del incidente de nulidad de actuaciones" que, en este punto "[no ha] alterado la naturaleza y efectos del citado incidente" [por todas, STC 126/2013, de 3 de junio, FJ 5 b)].

En consecuencia y con arreglo a la nueva redacción del art. 241.1 LOPJ, que ya conocemos, el incidente de nulidad de actuaciones es efectivamente el remedio procesal a utilizar para obtener la reparación en la vía judicial previa del correspondiente derecho fundamental siempre, como ya nos consta, que esa vulneración constitucional sea imputable a la propia resolución que ponga fin al proceso judicial, de manera que no haya podido denunciarse antes, y siempre también que la resolución judicial no sea susceptible de recurso ordinario ni extraordinario.

Está sí dicho efectivamente en un buen número de resoluciones del Tribunal. Sirvan ahora de ejemplo las SSTC 153/2012, de 16 de julio (TOL2.604.722), y 204/2014, de 15 de diciembre (TOL4.638.896), y en las que puede leerse que

> "el incidente de nulidad de actuaciones asume, tras la configuración del nuevo amparo constitucional, una función esencial de tutela y defensa de los derechos fundamentales que puede y debe ser controlada por este Tribunal cuando las hipotéticas lesiones autónomas que en él se produzcan tengan 'especial trascendencia constitucional'. No puede considerarse como un mero trámite formal previo al amparo constitucional sino como un verdadero instrumento procesal que, en la vía de la jurisdicción ordinaria, podrá remediar aquellas lesiones de derechos fundamentales que no hayan 'podido denunciarse antes de recaer resolución que ponga fin al proceso y siempre que dicha resolución no sea susceptible de recurso ordinario ni extraordinario' (art. 241.1 LOPJ). En definitiva, el incidente de nulidad de actuaciones, sirve, como así ha querido el legislador orgánico, para reparar aquellas lesiones de cualquier derecho fundamental que no puedan serlo a través de los recursos ordinarios o extraordinarios previstos por la ley; su función en materia de tutela de derechos es, por tanto, la misma, en el ámbito de aplicación que le otorga el art. 241.1 LOPJ, que la

> realizada como consecuencia de la interposición de un recurso ordinario o extraordinario y como tal debe ser atendida por los órganos judiciales" (FJ 3).

Lo que significa, conforme también está dicho en esa misma doctrina constitucional, que, cuando esto sucede, antes de acudir en amparo, el recurrente debe promover en la vía judicial ordinaria el oportuno incidente de nulidad de actuaciones, so pena, en otro caso, de justificar la inadmisión de la demanda por falta de agotamiento de todos los recursos utilizable dentro de la vía judicial conforme a los arts. 44.1 a) y 50.1 a) LOTC.

El ATC 200/2010, de 21 de diciembre (TOL10.023.296), explicará muy bien cómo funciona el nuevo incidente de nulidad de actuaciones:

> "En función del grado jurisdiccional en el que recaiga la resolución vulneradora devendrá carga del interesado instar entonces la reparación del derecho fundamental por la vía de los recursos ordinarios o extraordinarios que quepan por ley, o en su caso a través del incidente de nulidad de actuaciones "siempre que no haya podido denunciarse antes de recaer resolución que ponga fin al proceso" (art. 241.1 LOPJ). Que es lo que ocurre, por ejemplo, y en lo que aquí importa considerar, respecto de las Sentencias dictadas en casación por la Sala Primera del Tribunal Supremo cuando son éstas las que ocasionan *ex novo* la lesión de que se trate.
>
> b) El incidente de nulidad de actuaciones, en todo caso, no se propone para volver a discutir sobre el tema en litigio a modo de una nueva instancia, sino que se articula por la ley como un mecanismo impugnatorio especial, dotado de un objeto de cognición propio, autónomo y limitado. Lo que se le pide en estos casos al órgano judicial autor de la resolución cuestionada, es que examine y resuelva sobre la vulneración del derecho fundamental que se achaca a esta última (no a ninguna otra resolución), a la luz de los concretos razonamientos contenidos en sostén de la decisión adoptada, y para dar así respuesta en el Auto resolutorio a los motivos de impugnación específicos que haya vertido el afectado en su escrito de solicitud de nulidad.

c) Finalmente no puede prescindirse en este análisis del marcado propósito del legislador orgánico de reforzar el carácter subsidiario del proceso constitucional de amparo, conforme al cual extiende el manto de cobertura del amparo judicial ordinario mediante la ampliación del incidente de nulidad de actuaciones a toda hipótesis de vulneración de cualesquiera de los derechos fundamentales protegibles ex art. 53.2 CE, tras la modificación del mencionado art. 241.1 LOPJ por la disposición final primera de la Ley Orgánica 6/2007, de 24 de mayo. Así lo pone de manifiesto la propia exposición de motivos de esta última, al indicar: "De este modo se introduce una configuración del incidente de nulidad de actuaciones mucho más amplia, porque se permite su solicitud con base en cualquier vulneración de alguno de los derechos fundamentales referidos en el artículo 53.2 de la Constitución en lugar de la alegación de indefensión o incongruencia prevista hasta el momento. Esta ampliación del incidente de nulidad de actuaciones previo al amparo busca otorgar a los Tribunales ordinarios el papel de primeros garantes de los derechos fundamentales en nuestro ordenamiento jurídico".

Con arreglo a esta doctrina constitucional, la jurisprudencia del Tribunal ofrece, en efecto y desde el primer momento, abundantes ejemplos de inadmisiones de demandas de amparo (AATC 177/2009, de 1 de junio; 233/2009, de 10 de septiembre; 252/2009, de 19 de octubre; 10/2010, de 25 de enero; 41/2010, de 9 de abril; 179/ 2010, de 29 de noviembre; 200/2010, de 21 de diciembre; 131/2012, de 25 de junio; 73/2015, de 21 de abril; 54/2021, de 29 de abril) o, más limitadamente de motivos de amparo, justificadas en ambos casos en la falta de interposición del oportuno incidente de nulidad de actuaciones [entre otros, AATC 137/2009, de 7 de mayo, FJ 2; y 239/2009, de 10 de septiembre, FJ 2; y últimamente, entre otras, las SSTC 202/2012, de 12 de noviembre, FJ 3; 78/2021, de 19 de abril, FJ 2; 59/2022, de 9 de mayo, FJ 2 c); 147/2002, de 29 de noviembre: FJ 2; 87/2023, de 17 de julio, FJ 2; y 92/2023, de 11 de septiembre, FJ 3].

La STC 186/2014, de 17 de diciembre (TOL4.582.405), insiste en esta exigencia cuando inadmite la demanda de amparo formulada notando precisamente que el demandante

> "debería haber acudido al incidente de nulidad de actuaciones del art. 241.1 LOPJ para agotar en debida forma la vía judicial previa, puesto que era el remedio procesal adecuado para reparar la lesión del derecho fundamental invocado en la demanda de amparo. Al no haberlo hecho así, la actora no ha dado debido cumplimiento al requisito del agotamiento de los recursos utilizables establecido en el art. 44.1 a) LOTC, ni, por consiguiente, brindó a la Sala la posibilidad de reparar el vicio denunciado, salvaguardando, de este modo, el carácter subsidiario del recurso de amparo al que, como hemos señalado, responde dicho requisito" [FJ 2 b)].

De la misma manera, pero contrariamente, no hay que acudir al incidente de nulidad de actuaciones del art. 241.1 LOPJ y, por tanto, la vía judicial se habrá agotado correctamente cuando la vulneración constitucional que se pretende hacer valer en amparo ya se ha denunciado antes en el momento procesal oportuno y ha sido, en consecuencia, examinada por la resolución judicial que pone fin al proceso previo.

El ATC 293/2014, de 10 de diciembre (TOL9.789.501), esta advertencia notando que,

> "en el caso de que la ley adjetiva sí conceda recurso frente a la resolución que la parte estime lesiva de su derecho —ya sea reposición, revisión, apelación, casación o cualquier otro, ordinario o extraordinario—, es este recurso el que deberá ser interpuesto por el interesado, sin que, tras el agotamiento de la cadena de recursos que legalmente quepan frente a la decisión de aquél, sea ya necesario que el recurrente reitere la queja a través de un incidente de nulidad que, por referirse a una vulneración ya denunciada con anterioridad en el procedimiento, deviene manifiestamente improcedente a tenor del indicado precepto" (FJ 2).

La STC 2/2017, de 16 de enero (TOL9.750.120), y el ATC 54/2017, de 20 de abril (TOL6.202.098), utilizan ese mismo razonamiento para aclarar igualmente que, con arreglo a la nueva configuración legal del incidente de nulidad,

> "no será necesario que el recurrente reitere una queja a través de un incidente de nulidad que, por referirse a una vulneración ya denunciada con anterioridad, deviene manifiestamente improcedente a tenor del indicado precepto" (FJ 3).

De todas formas, estas y otras declaraciones similares no evitarán la confusión de los recurrentes, por lo que el Tribunal aprovechará alguna de las frecuentes ocasiones siguientes que se le presentan para intentar aclarar el enredo y ordenar los supuestos de los arts. 43 y 44 LOTC. La STC 2/2020, de 15 de enero (TOL7.709.425), es un buen ejemplo cuando advierte que

> "el art. 44.1 LOTC exige, en efecto, identificar el acto que constituye el origen "inmediato y directo" de las "violaciones" de derechos fundamentales que han sido alegadas por los recurrentes (art. 44.1 LOTC). Utiliza, para ello, unos términos literales ("violaciones de los derechos y libertades [...] que tuvieran su origen inmediato y directo en un acto u omisión de un órgano judicial") que resultan de la máxima importancia ya que apuntan, con toda evidencia, a que es el acto del poder público el que infringe por sí mismo el derecho fundamental (esto es, el que *origina* la *violación* y no el que consuma el perjuicio) el que rige la calificación jurídica del recurso. De ahí que los actos posteriores que contribuyen causalmente a la consumación del gravamen no puedan considerarse el origen inmediato y directo de la violación alegada cuando carecen de contenido decisorio propio o cuando contraen su ámbito de decisión a la no reparación de una violación ya verificada previamente (sin incurrir en ninguna vulneración *ex novo*). Esto tiene diversas consecuencias en la doctrina de este Tribunal. Así:
>
> a) Cuando, en los hechos de los que trae causa el recurso de amparo, las actuaciones administrativas preceden a las jurisdiccionales, este Tribunal ha declarado que la violación del derecho fundamental no deja de tener su origen inmediato y directo en el acto u omisión de la administración pública (art. 43 LOTC) por el mero hecho de que los órganos judiciales que intervienen posteriormente en el proceso judicial no ha-

yan procedido a repararla (SSTC 15/1981, de 7 de mayo, FJ 3; 45/1982, de 12 de julio, FJ 1; 67/1982, de 15 de noviembre, FJ 2; 21/1983, de 22 de marzo, FJ 1; 112/1983, de 5 de diciembre, FJ 1; 63/1989, de 5 de abril, FJ 1; 216/1991, de 14 de noviembre, FJ 1; 26/1994, de 27 de febrero, FJ 2; y 87/2008, de 21 de julio, FJ 1). [...]

c) Finalmente, cuando la lesión se produce en el ámbito de las actuaciones judiciales, es igualmente el acto que, por su contenido decisorio, "atenta contra los derechos y libertades susceptibles de amparo constitucional *por sí mismo*" (STC 15/1981, de 7 de mayo, FJ 3) el que resulta relevante para determinar el cumplimiento de las exigencias de oportuna denuncia y debido agotamiento consignadas en el art. 44.1 a) y c) LOTC. También en estos casos hemos considerado, en definitiva, que es la resolución judicial que infringe *ab origine* el derecho fundamental (y no las resoluciones judiciales desestimatorias de los diversos medios de impugnación utilizados contra ella) la que constituye el "origen inmediato y directo" de la violación alegada (por todos, ATC 200/2010, de 21 de diciembre, FJ 2).

De todo ello se infiere que el nexo jurídico, directo e inmediato, existente entre una decisión judicial y la "violación" que esta causa por sí misma en un derecho fundamental no se ve afectado por la intervención posterior de otro poder público (incardinado en el mismo o en distinto ámbito institucional) que, pese a tener la oportunidad de repararla, nada añade en su decisión a la vulneración ya verificada" (FJ 3).

O, en fin, la misma idea luce también en la STC 34/2021, de 17 de febrero (TOL8.347.240), que resume este planteamiento del Tribunal recordando que

"la determinación en cada caso del remedio legalmente posible y, por tanto, exigible a los efectos del debido agotamiento de la vía judicial previa dependerá de la concreta vulneración que el recurrente denuncie en amparo y a qué resolución atribuya su causación" [FJ 2 b)].

Con arreglo a este punto de partida que conecta a su vez con la exigencia que ya conocemos acerca de que corresponde a la demanda la fijación del objeto procesal del recurso de amparo mediante la identificación del acto o la disposición cuya nulidad se pretende y de la razón para pedirla o *causa petendi*, el Tribunal insistirá en que efectivamente, según su nueva configuración en el art. 241.1 LOPJ,

> "el incidente de nulidad de actuaciones constituye un instrumento procesal que, en la vía jurisdiccional ordinaria, sirve para remediar aquellas lesiones de derechos fundamentales del art. 53.2 CE que "no hayan podido denunciarse antes de recaer resolución que ponga fin al proceso y siempre que dicha resolución no sea susceptible de recurso ordinario ni extraordinario".

Por esta razón, en esa ocasión, el Tribunal rechazará con toda corrección la causa de inadmisión opuesta por el Fiscal con fundamento en la falta de agotamiento de la vía judicial notando precisamente que, tratándose entonces de un proceso de amparo en el que se denunciaba una vulneración constitucional ya planteada y resuelta por la sentencia que puso fin al proceso judicial,

> "no era ya necesario que la recurrente reiterara la queja a través de un incidente de nulidad que, por referirse a una vulneración ya denunciada con anterioridad en el procedimiento, devendría manifiestamente improcedente a tenor del propio art. 241 LOPJ" [FJ 2 b)].

Importa retener estas explicaciones porque significan, contrariamente ahora, que cuando la parte recurrente promueve un incidente de nulidad de actuaciones para denunciar una lesión constitucional que ya ha sido examinada en la vía judicial y luego, una vez resuelto, acude en amparo ante el Tribunal, habrá interpuesto en ese caso un recurso manifiestamente improcedente[38] y, en consecuencia, provocado un alargamiento

---

38 sobre la noción de *«recurso manifiestamente improcedente»* determinante de la declaración de extemporaneidad de la correspondiente demanda de

amparo por prolongación artificial de la vía judicial, existe también una consolidada doctrina constitucional que, en este caso, además está resumida ejemplarmente en el ATC 198/2010, de 21 de diciembre, al que simplemente luego han seguido otras muchas resoluciones del Tribunal (entre otras muchas, SSTC 44/2011, de 11 de abril, FJ 2; 112/2019, de 3 de octubre; FJ 3 c); 30/2020, de 24 de febrero, FJ 2; y 151/2023, de 20 de noviembre FJ 1; y AATC 35/2011, de 11 de abril, y 43/2020, de 15 de junio, FJ 1), pero que curiosamente, sin embargo, no fue objeto de publicación en el BOE. En lo que ahora exclusivamente más nos importa, el citado Auto 198/2010, después de recordar que "la utilización de recursos o remedios procesales manifiestamente improcedentes contra una resolución judicial firme no suspende el plazo para recurrir en amparo [...] que es un plazo de caducidad, improrrogable, y, por consiguiente, de inexorable cumplimiento, que no consiente la prolongación artificial ni puede quedar al arbitrio de las partes", precisa que "sólo pueden ser calificados de manifiestamente improcedentes aquellos recursos judiciales que han sido previamente inadmitidos por los órganos judiciales", pues no corresponde al Tribunal pronunciarse "sobre la procedencia o no de un recurso judicial una vez que ha sido admitido a trámite, analizado y resuelto por los órganos judiciales, toda vez que la valoración de los requisitos legalmente establecidos para dicha admisión corresponde sólo a los Tribunales ordinarios competentes y se configura como una cuestión de estricta legalidad". Con estos presupuestos, y teniendo en cuenta el criterio restrictivo que maneja el Tribunal, "la noción de «recurso manifiestamente improcedente» está limitada en principio a los casos en los que el recurso judicial intentado y luego inadmitido no existe legalmente, ya lo sea en el supuesto improbable de que resulte a simple vista imaginario o inventado, por no ser ni siquiera ninguno de los contemplados con carácter general en las leyes procesales, ya lo sea, como es más normal que suceda, porque la correspondiente legislación procesal no lo ha previsto o lo ha excluido expresamente en el concreto proceso en cada caso considerado, dadas sus circunstancias"- Y dicho todo esto el citado Auto se preocupa a continuación de anotar algunos ejemplos. En particular, y siguiendo este criterio restrictivo, advierte que existe prolongación artificiosa de la vía judicial previa cuando se acude al incidente de nulidad de actuaciones del art. 241 LOPJ (anterior art. 240.3 LOPJ) para intentar remediar lesiones ajenas por completo a los motivos tasados a los que servía, en su redacción anterior a la Ley Orgánica 6/2007, de 24 de mayo, [o que sirve en la redacción actual]" (FJ 4 c)].

indebido, por artificioso, de la vía judicial previa determinante de la extemporaneidad de la demanda de amparo.

Esta así dicho, en efecto, por una consolidada doctrina constitucional de la que son buena muestra las más recientes SSTC 48/2023, de 10 de mayo (FJ 2), y 69/2023, de 19 de junio (FJ 2), y que, con cita de otras varias resoluciones del Tribunal, recuerdan que el plazo de treinta días previsto en el art. 44.2 LOTC para interponer la demanda de amparo

> "es de caducidad, improrrogable, no susceptible de suspensión y en modo alguno puede quedar al arbitrio de las partes. Por ello no cabe su alargamiento o suspensión mediante la prolongación artificial de la vía judicial previa al recurso de amparo a través de la interposición de recursos manifiestamente improcedentes, de modo que el tiempo invertido en la resolución de esos medios de impugnación manifiestamente improcedentes, cuando exceda del plazo establecido para presentar el recurso de amparo, determinará la extemporaneidad de éste".

De modo congruente, el Tribunal ha advertido repetidamente también

> "que la extemporaneidad de un recurso de amparo puede apreciarse no solo cuando la demanda se presenta una vez transcurrido el plazo previsto legalmente desde la fecha de notificación de la última resolución judicial dictada en el procedimiento judicial que traiga causa al proceso constitucional de amparo, sino también cuando, aun habiéndose presentado en dicho plazo, el Tribunal constata una prolongación indebida de la vía judicial previa mediante la promoción de medios impugnatorios manifiestamente improcedentes, reveladores de un ánimo dilatorio" (STC 150/2019, de 25 de noviembre, FJ 2; y ATC 128/2002, de 10 de octubre, FJ 2).

Surge así la distinción entre extemporaneidad «*simple*», que es la que se produce por culpa de la presentación de la demanda fuera del plazo previsto para hacerlo, y de la que hablan entre otras las SSTC 91/2010, de 15 de noviembre, FJ 3; y 11/2019, de 28 de enero, FJ2; 139/2021, de 12 de julio, FJ 2 e); 87/2023, de 17 de julio, FJ 1; y AATC 177/2016, de 26 de octubre, FJ 3; y 39/2018, de 12 de abril, FJ 1; y extemporaneidad por prolongación artificial de la vía judicial previa por culpa ahora de la interposición de un recurso manifiestamente improcedente, y que es de la que se ocupan también entre otras sentencias más modernas las SSTC 160/2014, de 6 de octubre, FJ 2; 54/2015, de 16 de marzo, FJ 3; y 80/2020, de 15 de julio, FJ 2 a).

Aplicando esta doctrina, en la jurisprudencia del Tribunal no faltan, en efecto, las resoluciones que censuran ese comportamiento dilatorio del recurrente y declaran en consecuencia la inadmisión de la demanda por extemporánea por prolongación artificial de la vía judicial previa.

La STC 17/2012, de 13 de febrero (TOL2.473.358), a la que sigue la STC 23/2012, de 27 de febrero (TOL2.489.718), son un buen ejemplo cuando con todo rigor declaran de consuno que

> "en las circunstancias concurrentes en el presente caso, la formulación del incidente de nulidad frente a la sentencia de casación era manifiestamente improcedente, dado que en el incidente se denunció por la recurrente la lesión de un derecho fundamental (el garantizado por el art. 20.1 CE) que no derivaba originariamente de dicha sentencia, sino de las sentencias anteriores de primera instancia y apelación, pues en las dos instancias ya se había planteado la posible vulneración del citado derecho. No se trata, así, de una supuesta lesión de un derecho fundamental que no haya podido denunciarse antes de recaer resolución que ponga fin al proceso, como exige el art. 241.1 de la Ley Orgánica del Poder Judicial (LOPJ).
>
> Siendo, por tanto, manifiestamente improcedente el incidente de nulidad de actuaciones interpuesto por la demandante de amparo es de concluir que, [desde la fecha de notificación de la sentencia de casación hasta la interposición del recurso de amparo] se habría excedido con creces el plazo de treinta días previsto en el art. 44.2 LOTC para la interposición del presente recurso de amparo, que resulta, así, extemporáneo" (FJ 4).

La más reciente STC 48/2023, de 10 de mayo (TOL9.582.103), apura ese mismo planteamiento, que el Tribunal ya habían seguido en otras resoluciones de inadmisión[39], y de modo congruente, una vez comprobado que en ese caso el recurrente en amparo promovió incidente de nulidad del art. 241 LOPJ contra la resolución que puso fin al proceso judicial, pero sin reprocharle ninguna vulneración autónoma, sino únicamente para reproducir literalmente el previo recurso de apelación y, por tanto, para denunciar la misma vulneración constitucional que había planteado previamente e idéntica también a la que luego denunciaba en la demanda de amparo, declara que, en estas circunstancias, el recurrente

> "[ha]suspendido o prolongado artificialmente a través del manifiestamente improcedente incidente de nulidad de actuaciones —que copia el recurso de apelación— de tal modo que el tiempo invertido en la inadmisión de este, al sobrepasar el plazo establecido para presentar la demanda de amparo, determina su extemporaneidad" [FJ 2 b)].

4.3. El incidente de nulidad y los amparos administrativos

Aunque el tenor literal del art. 241.1 LOPJ es claro y la doctrina constitucional que se ha encargado de aplicarlo está también muy consolidada, según acabamos de repasar, importa notar que la comentada exigencia de promover el oportuno incidente de nulidad de actuaciones en las circunstancias que ya conocemos, se predica únicamente en cualquier caso de las resoluciones judiciales y, por tanto, que solo vale para los recursos de amparo formalizados por la vía procesal del art. 44 LOTC.

---

39 Cfr., entre otros varios, los AATC 42/2010, de 12 de abril; 177/2010, de 24 de noviembre; 132/2012, de 26 de junio; 181/2014, de 4 de julio; 205/2015, de 4 de diciembre; y 120/2020, de 13 de octubre.

Lo que negativamente significa ahora que, cuando el recurso de amparo se interpone contra una actuación de la Administración pública por el cauce del art. 43 LOTC, el recurrente no tiene que acudir al incidente para agotar correctamente la vía judicial previa y salvaguardar el carácter subsidiario del amparo (últimamente, entre otras recientes, SSTC 11/2023, de 23 de febrero, FJ 1; 69/20023, de 19 de junio, FJ 2 c); 75/2023, de 19 de junio, FJ 1; o, en fin, 115/2023, de 25 de septiembre, FJ 2].

Es más, la cuestión no es solo que en el caso de los amparos administrativos la promoción del incidente de nulidad "resulte indiferente" desde la estricta perspectiva del requisito del agotamiento de la vía judicial previa del art. 43.1 LOT, como acierta a decir la más reciente STC 150/2023, de 20 de noviembre, FJ 1. Es, sobre todo, que en los recursos de amparo del art. 43 LOTC el recurrente no debe acudir nunca al incidente de nulidad para agotar correctamente la vía judicial previa y salvaguardar de este modo el carácter subsidiario del amparo. Esta regla es absoluta y, por tanto, no admite matizaciones.

Sencillamente porque, como ya sabemos por las explicaciones anteriores, en los amparos del art. 43 LOTC no hay imputación a la resolución judicial que puso fin al proceso de ninguna lesión autónoma distinta de la de no haber reparado la vulneración entonces denunciada. En estas condiciones y si efectivamente, los órganos judiciales (comúnmente del orden contencioso-administrativo[40]) con su sentencia desestimatoria

---

[40] A veces la lesión constitucional causada por la Administración se ha ventilado antes en el orden jurisdiccional civil, social, penal o penitenciario. Lo primero sucede con motivo de las intromisiones de la Administración en los derechos del art. 18 CE (STC 33/2023, de 18 de abril) o de las revisiones en la jurisdicción civil de las decisiones de las Comisiones de Asistencia Jurídica Gratuita (STC 85/2020, de 20 de julio); lo segundo en materia laboral cuando la Administración actúa como simple empleador,

del recurso contencioso no cometen por esa razón ninguna vulneración constitucional nueva, no hay tampoco entonces ninguna resolución judicial que combatir por la vía del incidente de nulidad de actuaciones del art. 241.1. LOPJ, que está pensada exclusivamente, como hemos visto, para reparar las vulneraciones imputables a las resoluciones judiciales frente a las que no cabe ningún recurso ordinario o extraordinario y, por tanto, por el cauce procesal del art. 44 LOTC.

En estas coordenadas, la falta de promoción del incidente de nulidad de actuaciones contra la resolución judicial que puso fin a la vía judicial precedente del art. 43.2 LOTC no constituye, por tanto, ningún defecto procesal ni, en consecuencia, habilita tampoco la formulación de ningún óbice de admisibilidad fundado en ese motivo. La doctrina constitucional es inequívoca al respecto.

Conforme muy bien se encarga de precisar la STC 175/2021, de 25 de octubre (TOL8.641.528),

> "la determinación en cada caso del remedio legalmente posible y, por tanto, exigible a los efectos del debido agotamiento de la vía judicial previa dependerá de la concreta vulneración que el recurrente denuncie en amparo y a qué resolución atribuya su causación" (FJ 2).

Con toda razón también, la más reciente STC 11/2023, de 23 de febrero, (TOL9.441.343) en un asunto en el que el re-

---

desprovista de *imperium* (por citar solo alguna de las más recientes, cfr., las SSTC 79/2020, de 2 de julio, a la siguen otras del mismo año; y 22/2023, de 27 de marzo); la jurisdicción penal conoce, aunque de forma esporádica, también con motivo del control de las decisiones sobre el beneficio de justicia gratuita (STC 136/2016, de 18 de julio); y lo último, ahora en cambio en buen número, además, con motivo de la revisión judicial de los actos de la Administración penitenciaria (también, por todas, entre las más recientes, cfr. Las SSTC 75/2019, de 22 de mayo; 6/2020, de 27 de enero; 18/2020, de 10 de febrero; y 164/2021, de 4 de octubre).

currente cuestionaba únicamente la actuación de la Administración sanitaria, pero sin dirigir ninguna tacha constitucional contra las resoluciones judiciales, declara impecablemente que

> "no puede acogerse esta solicitud de inadmisión de la demanda de amparo por falta de agotamiento de la vía judicial previa. El recurso de amparo se ha impetrado, tal y como ya hemos señalado, por la vía del art. 43 LOTC. Las vulneraciones planteadas se imputan a la actuación de la administración sanitaria y no hay lesión autónoma ocasionada por los órganos judiciales. No era, en consecuencia, procedente interponer un incidente de nulidad de actuaciones conforme al art. 241 LOPJ contra la sentencia núm. 84/2020, de 11 de febrero, de la Sala de lo Contencioso-Administrativo del Tribunal Superior de Justicia de Asturias" (FJ 2).

Las SSTC 102/2023, 106/2023, y 115/2023, todas ellas de 25 de septiembre, son igualmente tajantes al descartar la causa de inadmisibilidad de la demanda fundada en que el recurrente no habría agotado la vía judicial al no haber interpuesto incidente de nulidad de actuaciones contra la resolución del Tribunal Supremo que inadmitió el recurso de casación, cuando usando el mismo razonamiento declaran que

> "esta alegación no puede prosperar. En el presente caso, al encontrarnos ante un recurso de amparo interpuesto por la vía del art. 43 LOTC —las vulneraciones constitucionales en las que se fundamenta se imputan a las resoluciones administrativas y no a las judiciales—, a tenor de lo dispuesto en el art. 241.1 de la Ley Orgánica del Poder Judicial, es manifiesto que no procede interponer un incidente de nulidad de actuaciones para agotar la vía judicial y cumplir lo previsto en el art. 44.1 a) LOTC" (FJ 2).

La misma advertencia luce en la STC 150/2023, de 20 de noviembre (TOL9.802.421), en la que el Tribunal, saliendo al paso de la falta de agotamiento opuesta por el Fiscal por no haber promovido el recurrente incidente de nulidad de actuaciones contra la providencia de inadmisión del recurso de casación que puso fin a la vía judicial, declara que

> "debe señalarse que, efectivamente como señala el Ministerio Fiscal, no se ha interpuesto incidente de nulidad de actuaciones [entonces contra la providencia del Tribunal Supremo que acordó inadmitir el recurso de casación intentado por el recurrente], pero ello resulta indiferente desde el momento en que no le imputa ninguna vulneración autónoma" [FJ 1 b)].

Comoquiera, no obstante, que, como también ya sabemos por las explicaciones anteriores, que los recurrentes no siempre aciertan al elegir la vía procesal a utilizar para formular su demanda de amparo con arreglo a la LOTC y que en no pocas ocasiones imputan equivocadamente por la vía del art. 44 LOTC a la resolución judicial que puso fin al proceso judicial una lesión constitucional que, si producida, sería únicamente imputable a la actuación de la Administración enjuiciada en el proceso, son frecuentes también los supuestos de demandas de amparo en las que, apurando ese planteamiento equivocado, los recurrentes deciden acudir al incidente de nulidad de actuaciones del art. 241.1. LOPJ para intentar remediar la lesión constitucional que equivocadamente reprochan a la última resolución judicial.

Naturalmente, cuando esto sucede, el error se paga con la inadmisión de la demanda. En este caso también por utilizar un remedio procesal manifiestamente improcedente y, en consecuencia, justificar la inadmisión del recurso de amparo por extemporaneidad derivada de la prolongación artificial del plazo de interposición del recurso, por contraste, según ya nos consta, con la declaración de extemporaneidad que el Tribunal llama en ocasiones "simple". La STC 200/2012, de 12 de noviembre (TOL2.700.474), constituye un magnífico ejemplo de la aplicación escrupulosa de esta doctrina.

En esa ocasión, en el proceso judicial previo, resuelto por sentencia desestimatoria de la Sala de lo Contencioso-Administrativo del Tribunal Superior de Justicia de Madrid, el recurrente había discutido la desestimación por la Administración tributaria de su solicitud de devolución del recargo del 50% previsto en el art. 61.2 LGT que había abonado en virtud de la correspondiente liquidación tributaria, con fundamento en la infracción del principio *non bis in idem* del art. 25.1 CE, y su derecho a no padecer indefensión en el procedimiento sancionador del art. 24.1 CE.

Contra la citada sentencia desestimatoria, al amparo del art. 241.1 LOPJ, el recurrente promovió incidente de nulidad de actuaciones para reprochar al órgano judicial las mismas vulneraciones constitucionales que antes había imputado a la Administración tributaria. El incidente fue rechazado por Auto de la Sala del TSJ en el que declaró sumariamente que "no ha lugar a la nulidad de la sentencia".

Una vez agotada de esta forma la vía judicial previa, el recurrente acudió en amparo ante el Tribunal Constitucional impugnando todas las resoluciones administrativas y judiciales dictadas en el asunto, con fundamento en las mismas lesiones constitucionales de los arts. 24.2 y 25.1 CE.

En este escenario y en el oportuno trámite de alegaciones, el Abogado del Estado opuso que, pese a las declaraciones del recurrente, la demanda presentada daba cuenta de un recurso de amparo administrativo y, por tanto, formulado por el cauce procesal del art. 43 LOTC. Y notó que, con arreglo a esta naturaleza del recurso, el incidente de nulidad promovido por el recurrente contra la sentencia fue un recurso manifiestamente improcedente determinante de la inadmisión de la demanda por extemporánea.

Con estos antecedentes, la sentencia, luego de recordar la consolidada doctrina del Tribunal acerca de que los defectos insubsanables de que pudiera estar afectado el recurso de amparo no resultan sanados porque la demanda haya sido inicialmente admitida a trámite, y atendiendo en consecuencia al motivo de inadmisión opuesto por el Abogado del Estado, declara que

> "pese a dirigirse formalmente la demanda de amparo contra la Sentencia y el Auto recaídos en el proceso contencioso-administrativo, el recurso ha de entenderse formulado respecto de todas sus alegaciones por el cauce del art. 43 LOTC y no por el previsto en el art. 44 LOTC, ya que las infracciones constitucionales que se denuncian se imputan directamente a las resoluciones recaídas en el procedimiento administrativo. Por tanto, no se articulan vulneraciones autónomas achacables a las resoluciones judiciales impugnadas" (FJ 2).

Y dicho esto, que ya no es familiar, la sentencia declara a continuación que, en esas circunstancias,

> "la formulación del incidente de nulidad de actuaciones era manifiestamente improcedente, dado que en el incidente se denunció por el recurrente la lesión de un derecho fundamental que no se produjo por dicha sentencia. No se trata, así, de una supuesta lesión de un derecho fundamental "que no haya podido denunciarse antes de recaer resolución que ponga fin al proceso", como exige el art. 241.1 LOPJ" (FJ 3).

De modo congruente, la sentencia termina declarando que

> "siendo, por tanto, manifiestamente improcedente el incidente de nulidad de actuaciones interpuesto por el demandante de amparo, hemos de concluir que, como quiera que desde la notificación de la sentencia dictada por la Sala de lo Contencioso-Administrativo del Tribunal Superior de Justicia de Madrid [...], hasta la fecha de interposición del recurso de amparo [...] se habría excedido con creces el plazo de veinte días previsto en el art. 43.2 LOTC para la interposición del presente recurso de amparo, éste resulta extemporáneo" (FJ 3).

Aunque presumo que este mismo planteamiento equivocado es el que censuran igualmente otras muchas resoluciones de inadmisión del Tribunal, lo cierto es que no he podido encontrar más ejemplos de esta solución acordada en sentencia[41].

---

[41] Muy posiblemente esta ausencia es consecuencia de la consolidada doctrina constitucional, de la que son buena muestra entre otras muchas las SSTC

Tengo la impresión, de hecho, de que esta equivocación en el modo de agotar correctamente la vía judicial en el caso de los amparos administrativos del art. 43 LOTC y la decisión de extemporaneidad en que desemboca por prolongación artificial de la vía judicial previa mediante la interposición de un incidente de nulidad de actuaciones manifiestamente improcedente es probablemente una de las causas que está detrás de buen números de las decisiones de inadmisión motivadas en la extemporaneidad del recurso acordadas por simple providencia.

Avala esta impresión el hecho de que, como certifica la primera Memoria del Tribunal, "en el orden contencioso-administrativo es mayor el número de impugnaciones frente a resoluciones jurisdiccionales que frente a actos administrativos presuntamente vulneradores de derechos constitucionales [sin que sea] infrecuente que, al entablar el amparo, el recurrente confunda la resolución administrativa, presuntamente violatoria de derechos, con las decisiones judiciales pronunciadas en los procedimientos jurisdiccionales subsiguientes"[42]. A pesar de que esta precisión desaparece luego de las sucesivas Memorias, nada permite pensar que las cosas hayan cambiado sustancialmente desde entonces. De hecho, el repaso de la doctrina constitucional que hemos visto hasta ahora prueba que efectivamente esa confusión entre el acto administrativo y las decisiones judiciales de control se mantiene y es bastante común.

39/2016, de 3 de marzo, FJ 2; 81/2018, de 16 de julio, FJ 2; 80/2020, de 15 de julio, FJ 2; 72/2022, de 13 de junio, FJ 2 a); y 48/2023, de 3 de marzo, FJ 2; y según la cual, siendo los órganos judiciales los originariamente competentes para interpretar y aplicar la legislación procesal, no cabe en principio calificar un recurso o remedio procesal de manifiestamente improcedente "cuando es admitido a trámite, analizado y resuelto por el órgano judicial, aunque pueda resultar dudosa su utilización".

42 *Memoria del Tribunal Constitucional 1980-1986,* Tribunal Constitucional, Madrid, p. 49.

En este ambiente enredado, resulta en consecuencia verosímil pensar que la prolongación artificial de la vía judicial por culpa de la interposición de un incidente contra la sentencia judicial que simplemente no reparó la lesión constitucional eventual y originalmente causada por la Administración es seguramente una de las causas que explica el número de las decisiones de inadmisión motivadas en la extemporaneidad del recurso.

Al respecto, y si atendemos nuevamente a las estadísticas jurisdiccionales que figuran en las Memorias del Tribunal sobre las causas de inadmisión desde 2014, que es el primer año que recoge datos al respecto, en ese año 375 recursos de amparo de un total de 6682 (5,61%) fueron inadmitidos precisamente por haberse interpuesto fuera de plazo.

En los dos años siguientes, estas cifras y porcentajes bajan algo para situarse en torno al 4,3% [concretamente, en 2015 fueron inadmitidos por extemporáneos 347 recursos (4,33%) y en 2016, lo fueron 179 (4,23%), y repuntar en 2017 y 2018 con 298 (4,91%) y 344 (5,57%) recursos de amparo inadmitidos por ese motivo.

En 2019 el número y el porcentaje de recursos inadmitidos por extemporaneidad desciende otra vez (286; 4,60%). Esta caída se acentúa en 2020, con 202 recursos inadmitidos de un total de 6722 (3,01%), para subir levemente de nuevo en 2021 (219, 3,40%) y en 2022 (263; 3,87%).

La presente década de 2020 se abre con números y porcentajes muy similares. En 2021, de 6439 recursos de amparo inadmitidos, 219 (3,40%) se justificaron en la extemporaneidad del correspondiente recurso. En 2022, esos números y porcentajes suben algo y de los 6793 recursos de amparo inadmitidos, 263 (3,87%) lo fueron por haber sido interpuestos extemporáneamente. Finalmente, en 2023, último año sobre el que existen estadísticas cerradas y que marca el mínimo de esta serie, 261 decisiones de inadmisión (2,29%) estuvieron motivadas en la extemporaneidad del recurso.

Aunque estas cifras y porcentajes ocupan uno de los últimos lugares de los motivos de inadmisión (que está liderada a gran distancia por las causas relacionadas con el requisito de la especial trascendencia constitucional del recurso), impresiona no obstante que en los últimos diez años más de tres mil doscientos recursos de amparo y, por tanto, más de trescientos al año y un 5% de media del total de recursos que el Tribunal inadmite anualmente lo sean por causa de su interposición extemporánea.

Naturalmente, si este pronóstico es correcto, confirmaría también, por si alguna falta hacía a estas alturas, que los amparos administrativos del 43 LOTC y sus requisitos de admisión continúan sin ser comprendidos muy bien por los recurrentes, según hemos comprobado.

5. OBSERVACIONES FINALES SOBRE LOS AMPAROS ADMINISTRATIVOS

Antes de seguir adelante, y para terminar con este repaso por la doctrina constitucional a propósito de los amparos administrativos del art. 43 LOTC dos últimas precisiones son convenientes.

5.1. La lesión del art. 43 LOTC no «guadianea» por la vía judicial precedente en función de los distintos y sucesivos fallos judiciales

Para enredar aún más el cuadro final y complicar la selección por el recurrente de la vía procesal a seguir para formular correctamente la demanda de amparo, en el caso de los amparos administrativos del art. 43 LOTC sucede también que las resoluciones judiciales dictadas en la vía contencioso-administrativa ordinaria no siempre son unánimes y, por tanto, se limitan todas a ellas a confirmar el acto administrativo impugnado, agotando la vía judicial precedente sin ninguna contradicción. En ocasiones, ocurre efectivamente que, a una sentencia judicial estimatoria del recurso contencioso-administrativo, que repara los vicios de inconstitucionalidad entonces denunciados contra la actuación de la Administración impugnada, le sigue otra de signo contrario que, poniendo fin a la vía judicial, revoca esa decisión favorable para el recurrente y termina, en consecuencia, por confirmar con carácter definitivo la legalidad del acto administrativo.

Cuando algo de esto sucede, aparece el riesgo de que el recurrente pierda de vista el acto administrativo originario y vea en esa última sentencia judicial, que revoca la reparación obtenida en la instancia judicial anterior, la causa directa e inmediata de la lesión constitucional que pretende denunciar en amparo y decida, apurando ese planteamiento, hacerlo usando la vía procesal del art. 44 LOTC, con todas las complicaciones que hemos repasado en materia de plazo interposición y de utilización indebida del incidente de nulidad de actuaciones. Este es, como ha de verse, un error en el que desde luego conviene no caer y del que alerta muy bien el Tribunal, desde sus primeras sentencias.

La STC 15/1981, de 7 de mayo (TOL109.395), lo testimonia muy bien. En ese asunto, la entidad recurrente en amparo impugnó por el cauce procesal del art. 44 LOTC y con fundamento en el art. 25 CE la sentencia de la Sala de lo Contencioso-Administrativo del Tribunal Supremo que revocó la dictada por la Audiencia Nacional que, a su vez, con estimación del recurso contencioso interpuesto, había anulado la sanción administrativa discutida.

En el oportuno trámite de alegaciones, el Abogado del Estado notó la desviación de la demanda y de modo congruente, después de advertir que "el amparo será lo que realmente sea y tendrá por objeto el que realmente tenga", defendió que el verdadero objeto del recurso no era la sentencia del Tribunal Supremo, sino la propia resolución sancionadora impugnada en el previo proceso contencioso y que era la única que, en su caso, habría vulnerado el art. 25.1 CE denunciado en la demanda.

La sentencia nota igualmente ese planteamiento de la demanda que

> "se fundamenta en la hábil hipótesis de que la Sentencia de la Audiencia Nacional había hecho desaparecer del mundo jurídico la sanción impuesta [...] al declararla nula y que, por contrario efecto, la sentencia del Tribunal Supremo la ha hecho renacer jurídicamente" (FJ 2).

Y dicho esto, el Tribunal declara que

> "no puede compartir esta tesis de la demandante, ni aceptar que este recurso se considere como un caso del art. 44 de la LOTC, de violación de derechos y libertades que tuvieran su origen inmediato y directo en el acto u omisión de un órgano judicial, con independencia del efecto de esta violación respecto al éxito o al fracaso de la pretensión deducida en el proceso en que aquélla se produjo. En efecto, el supuesto contemplado en el art. 44 es el del acto u omisión producido en el procedimiento y que atenta contra los derechos o libertades susceptibles de amparo constitucional, por sí mismo, sin conexión con el objeto del pleito. En el caso presente, sucede al contrario: que la denunciada violación se atribuye al hecho de que la Sala Cuarta del Tribunal Supremo decretó que las resoluciones administrativas que impusieron la sanción están ajustadas a Derecho, es decir, se hace coincidir exactamente con el objeto de la controversia que se ventiló en el proceso en que recayó la sentencia" (FJ 3).

En consecuencia, la citada sentencia concluye que

> "aquí se trata, en realidad, de un recurso amparado en el art. 43.1 de la LOTC, porque, al citar como infringido el art. 25.1 de la Constitución, se invoca el principio de reserva de Ley y, por tanto, ya sea que la violación se entienda producida por el Decreto que sirvió de base a la imposición de la sanción o por el acto administrativo de aplicación del citado Decreto, se invoca en todo caso la inconstitucionalidad de éste, pero en ningún

> caso supondría una violación del orden constitucional producido inmediata y directamente por el órgano judicial" *(ibidem)*.

Con este primer antecedente, los supuestos de demandas de amparo formuladas por el cauce procesal del art. 44 LOTC que atribuyen la lesión constitucional causada originariamente por la Administración a la sentencia que pone fin a la vía judicial precedente por el hecho de hubiera revocado la dictada previamente que había estimado a su vez las pretensiones del recurrente aparecen salpicados por la doctrina del Tribunal de todas las épocas y llegan a la actualidad.

El ATC 291/1985, de 8 de mayo (TOL242.821), da cuenta de otro ejemplo de demanda de amparo formulada siguiendo ese planteamiento procesal equivocado que es inmediatamente corregido por el Tribunal para aclarar que,

> "en su escrito de demanda, la [entidad demandante] identifica como acto impugnado contra el que dirige el recurso de amparo la sentencia dictada por la Sala Tercera del Tribunal Supremo, a la que imputa de manera inmediata y directa la violación de los derechos constitucionales estimados infringidos [...]. En consecuencia, invoca como norma de cobertura del recurso planteado el art. 44 de la LOTC. Este enfoque procesal requiere, sin embargo, serias correcciones, pues [...] la sentencia combatida no otra cosa hizo que revocar la pronunciada por la Audiencia Nacional por entender que los actos dictados por el Ministerio de Trabajo, ordenando la suspensión y el cese total de las actividades de la entidad hoy demandante, eran «conformes a Derecho». En consecuencia [...], las violaciones denunciadas en los arts. 22.1 y 4 y 28.1 CE, de haberse producido, lo habrían sido originariamente por las resoluciones administrativas y derivadamente por la Sentencia impugnada" (FJ 1)[43].

---

43 Pocos meses después, la STC 162/1985, de 29 de noviembre, resolverá un amparo en el que concurre esa misma circunstancia, pero sobre la que el Tribunal decide no pararse, sin embargo.

La misma rectificación, aunque en forma algo más tibia, formula años después la STC 217/1992, de 1 de diciembre (TOL81.997), que resuelve el recurso interpuesto por varios profesores contra determinados preceptos de los Estatutos de la Universidad de Sevilla por su posible contradicción con la libertad de cátedra y el derecho de acceso en condiciones de igualdad a los cargos y funciones públicas que respectivamente garantizan los arts. 20.1 c) y 23.2 CE. En esa ocasión, los recurrentes impugnaron también por esos mismos motivos la sentencia del Tribunal Supremo que revocó la de instancia y, en consecuencia, había declarado que los preceptos estatutarios cuestionados no vulneraban los citados derechos fundamentales. La sentencia sale al paso de este último planteamiento de la demanda para aclarar que

> "esa circunstancia no determina que el recurso de amparo presente un carácter mixto, pues las violaciones que se denuncian no tienen su origen directo e inmediato en la sentencia judicial, sino en las disposiciones estatutarias impugnadas, razón por la cual debe incardinarse en su integridad en el ámbito del art. 43 de la LOTC" (FJ 1).

Aunque los supuestos de demandas de amparo en los que concurre la citada circunstancia seguirán menudeando en la doctrina constitucional, no siempre esa singularidad se traduce en un pronunciamiento expreso del Tribunal al respecto, según lo demuestran, entre otras, las SSTC 120/1994, de 25 de abril; 153/1994, de 23 de mayo, 29/2000, de 31 de enero; 307/2006, de 23 de octubre; 62/2007, de 27 de marzo; 140/2009, de 15 de junio; 145/2011, de 26 de septiembre; 127/2012, de 18 de junio; 66/2014, de 5 de mayo; 131/2016, de 18 de julio; 42/2020, de 9 de marzo; y 151/2021, de 13 de septiembre; y 56/2023, de 22 de mayo [44].

---

[44] En el mismo sentido, entre otros muchos, vid. también los AATC 162/1985, de 29 de noviembre; 51/2010, de 6 de mayo; y 99/2015, de 1 de junio.

Esta última sentencia es de todas formas llamativa y prueba hasta qué punto en ocasiones el Tribunal es el primero en ignorar su propia doctrina. En el caso resuelto por la citada STC 56/2023 (TOL9.613.091), la recurrente en amparo formuló su demanda exclusivamente contra la sentencia dictada en apelación por el Tribunal Superior de Justicia que revocó la sentencia de instancia y desestimó el recurso contencioso-administrativo que había interpuesto contra la resolución administrativa que ordenó su expulsión del territorio español, que declara ajustada a Derecho. El Tribunal acepta sin rechistar este planteamiento y declara que efectivamente, como defendía la demandante, la sentencia recurrida, que "confirma a la postre la resolución administrativa", vulneró el art. 24.1 CE.

Entre medias de todas esas sentencias, las hay no obstante que sí se pronuncian. Es el caso, por ejemplo, de la STC 25/2004, de 26 de febrero (TOL500.528), que resuelve un recurso de amparo que tenía su origen en una sanción administrativa que había sido anulada en primera instancia y, más tarde, confirmada por la sentencia dictada por la Sala del Tribunal Superior de Justicia que, estimando el recurso de apelación interpuesto por la Administración, revocó esa primera decisión judicial. En lo que ahora únicamente nos interesa, la demanda denunciaba que la citada sentencia de apelación había vulnerado el principio de legalidad sancionadora del art. 25.1 CE. Al respecto, el Tribunal advierte que

> "es preciso aclarar ante todo que, aunque la parte recurrente en amparo dirige su impugnación directa y exclusivamente contra la sentencia de la Sala de lo Contencioso-Administrativo del Tribunal Superior de Justicia de Cantabria, lo cierto es que, como afirma el Ministerio Fiscal, de existir una vulneración de dicho precepto, la misma habría sido originada directamente por el acto administrativo sancionador, habiéndose intentado sin éxito la reparación de la violación constitucional en la vía judicial previa, al confirmar la Sala la validez de la sanción cuestionada [...], por lo que se trataría, en consecuencia, de un amparo interpuesto por la vía del art. 43 LOTC" (FJ 3).

De todas formas, hay que esperar todavía algunos años más para que el Tribunal se pronuncie nuevamente sobre este mismo núcleo de problemas y lo haga, además, con una determinación que se creía perdida. El ATC 51/2010, de 23 de mayo (TOL10.023.401), lo hará, en efecto, en forma que me parece un modelo de claridad expositiva, por lo que conviene detenerse en sus antecedentes.

El recurso entonces examinado tenía su origen en la resolución del Consejero de Educación, Cultura y Deporte del Gobierno de La Rioja, desestimatoria de la solicitud presentada por el demandante de amparo en nombre de su hija menor de edad interesando que se le reconociera la objeción de conciencia frente a las asignaturas conocidas comúnmente como educación para la ciudadanía. Frente a esta decisión administrativa, el recurrente interpuso recurso contencioso con fundamento en la vulneración de su libertad ideológica y religiosa, y del derecho de los padres a proporcionar a sus hijos la formación religiosa y moral que esté de acuerdo con sus convicciones de los arts. 16.1 y 27.3 CE. En primera instancia, la Sala del Tribunal Superior de Justica estimó el recurso y, en consecuencia, declaró la nulidad de pleno derecho de la resolución administrativa impugnada y reconoció a la parte recurrente su derecho a ejercer la objeción de conciencia frente a citadas las asignaturas de educación para la ciudadanía.

Contra esta sentencia, el Abogado del Estado y el Ministerio Fiscal interpusieron recurso de casación que fue estimado por sentencia de la Sala Tercera del Tribunal Supremo, que confirmó la validez de la resolución administrativa cuestionada en el recurso contencioso.

Con estos antecedentes, el Tribunal declara en términos que ya nos son conocidos que

> "en rigor, la resolución vulneradora de los derechos fundamentales (siempre desde la perspectiva del demandante) ha de ser la Resolución del Consejero de Educación, Cultura y

> Deporte de La Rioja [...], de la que trae causa la subsiguiente intervención de los órganos judiciales según ha quedado expuesto. Es decir, el acto vulnerador de los derechos fundamentales en origen tiene naturaleza administrativa, limitándose la actividad judicial posterior, en el caso de la Sentencia recaída en casación, a no reparar los derechos fundamentales que se entienden lesionados" (FJ 1).

De modo que

> "En conclusión, el recurso de amparo objeto del presente Auto no puede construirse como un amparo frente a violaciones de derechos fundamentales que tengan "su origen inmediato y directo en un acto u omisión de un órgano judicial" (según previene el art. 44.1 LOTC), sino como un amparo en el que, en su caso, las violaciones de los derechos fundamentales denunciadas tienen su origen en una acto administrativo y que no fueron ulteriormente reparadas en la vía judicial previa al amparo constitucional (amparo con encaje, pues, en el art. 43.1 LOTC)" (*ibidem*).

Para más adelante, y después de recordar que la sentencia de instancia estimó el recurso contencioso- administrativo reconociendo el derecho a la objeción de conciencia invocado por el demandante, y que fue posteriormente la sentencia dictada en casación la que, al estimar los recursos presentados contra esa decisión de instancia, ha negado los derechos controvertidos, precisar con toda corrección que

> "Así las cosas, procede plantearse si esta circunstancia permite entender que, en los supuestos en los que exista una sentencia de instancia estimatoria del recurso contencioso-administrativo–como es el caso-, las lesiones de los derechos fundamentales pueden imputarse a la Sentencia que agota la vía previa -aquí, la sentencia recaída en casación-, pues previamente ya habían quedado reparadas por el órgano judicial *a quo*, en relación con el acto administrativo que está en el origen del asunto. Siendo así, la demanda resultaría ser un recurso de amparo [a tramitar] conforme al art. 44 LOTC, pues la lesión de los derechos fundamentales sería imputable a un órgano judicial (el Tribunal Supremo).

> Sin embargo, esta tesis no se compadece bien con la naturaleza de la vía previa al amparo constitucional, que ha de concluir con la resolución judicial firme no susceptible de recurso ante la jurisdicción ordinaria. En este caso, con independencia de la suerte que haya corrido la pretensión planteada en origen -en relación con la tutela de los derechos fundamentales- a lo largo de las distintas fases que integran la vía previa, lo cierto es que la resolución de instancia (la sentencia dictada por la Sala de lo Contencioso-Administrativo del Tribunal Superior de Justicia de La Rioja) era susceptible de ser recurrida en casación y, por lo tanto, en la medida en que lo fue, no había adquirido firmeza. De acuerdo con un correcto entendimiento del carácter subsidiario del amparo constitucional, la lesión del derecho fundamental no desaparece o aparece a lo largo de la vía previa ante la jurisdicción ordinaria dependiendo de los distintos pronunciamientos que se vayan sucediendo, sino que, con ocasión de la resolución que pone fin a esta vía, quedará reparada o no, en cuyo caso el demandante encuentra expedito el acceso ante esta sede" (FJ 3).

La posterior STC 28/2014, de 24 de febrero (TOL4.143.265), se hará eco de estas mismas declaraciones notando a propósito de un supuesto de recurso de amparo semejante al que acabamos de ver que

> "Posiblemente, el error en la identificación de la resolución recurrida nazca del hecho que la demandante vio amparados en primera instancia los derechos fundamentales invocados, de ahí que impute la lesión de los mismos a la ulterior sentencia recaída en casación. Tal tesis, sin embargo, no puede ser acogida y así lo ha entendido el Tribunal en un caso semejante al que ahora se examina" (FJ 2).

El ATC 99/2015, de 1 de junio (TOL6.439.178), acierta igualmente a descubrir el error de la demanda. Al respecto, el Tribunal comienza notando que

> "conforme al discurso seguido por el recurrente la Sentencia recaída en la instancia reparó la lesión originada por la disposición [autonómica], mientras que la Sala Tercera del Tribunal Supremo invalidó dicha reparación y perpetuó la inconstitucionalidad del precepto impugnado" (FJ 2).

Para precisar, sin embargo, a continuación que

> "aun cuando el demandante atribuye a la Sentencia dictada por el Tribunal Supremo la lesión [denunciada], lo cierto es que el principal reproche que le dirige consiste en haber dejado sin efecto lo resuelto por el Tribunal de instancia, que consideró que la disposición autonómica vulnera[ba] los arts. 14 y 23 CE. [De manera que] por más que el recurrente atribuya al Tribunal Supremo la lesión de los derechos fundamentales sustantivos invocados en la demanda, lo cierto es que el recurso de amparo debe quedar sujeto al régimen jurídico establecido en el art. 43 LOTC, pues la lesión aducida por aquél dimana directamente de una disposición del órgano ejecutivo de la Comunidad Autónoma de Andalucía, —esa fue la pretensión esgrimida en el recurso contencioso-administrativo—, sin que del contenido de la demanda de amparo se infiera la existencia lesión autónoma por parte del órgano judicial citado, más allá de la censura por la falta reparación de la violación constitucional atribuida a la disposición administrativa" (FJ 3).

La más moderna STC 51/2021, de 15 de marzo (TOL8.382.376), volverá a utilizar este mismo razonamiento para insistir en que en supuestos de este tipo la demanda debe entenderse formulada por el cauce del art. 43 LOTC, pues

> "la circunstancia de que exista una sentencia de instancia total o parcialmente estimatoria del recurso contencioso-administrativo interpuesto por el demandante (como ocurre en este caso con la sentencia del juzgado), no conlleva que las lesiones de los derechos fundamentales que se alegan puedan imputarse de forma autónoma a la sentencia dictada en el marco de un ulterior recurso que resuelva en sentido contrario a las alegaciones del recurrente (en este caso, la sentencia de la Audiencia Nacional). Tal y como se declara en la STC 28/2014, de 24 de febrero, FJ 2, "la lesión del derecho fundamental no desaparece o aparece a lo largo de la vía previa ante la jurisdicción ordinaria dependiendo de los distintos pronunciamientos que se vayan sucediendo, sino que, con ocasión de la resolución que pone fin a esta vía, quedará reparada o no, en cuyo caso el demandante encuentra expedito el acceso ante esta sede" [FJ 2 c)].

Todas estas declaraciones del Tribunal que se han recordado prueban que, efectivamente, la eventual lesión constitucional causada originariamente por la Administración no *«guadianea»* a lo largo de la vía judicial previa para desaparecer y aparecer nuevamente en función de los distintos y sucesivos fallos judiciales. De manera que esta circunstancia no convierte a la sentencia que, poniendo fin a la vía judicial previa, confirma definitivamente la validez del acto administrativo impugnado, en la causa directa e inmediata de la lesión constitucional ventilada en el proceso contencioso. Por ninguna otra razón, el correspondiente recurso de amparo deberá formularse siempre por el cauce del art. 43 LOTC, so pena en otro caso de equivocar la vía procesal a utilizar y arriesgar su admisibilidad por incumplimiento de los requisitos previstos en el citado precepto, singularmente el de interposición de la demanda en el plazo de veinte días, como ya nos consta[45].

---

[45] En este contexto, mención aparte merece la STC 77/2015, de 27 de abril. El caso que resuelve esta sentencia tiene su origen en la solicitud de devolución de ingresos indebidos formulada por recurrentes en amparo, padres de tres hijos menores, con fundamento en que el tipo de gravamen aplicable en su caso por la compra de una vivienda debería haber sido el reducido, por tratarse efectivamente de la adquisición de una vivienda destinada a ser la habitual de una familia numerosa. La solicitud fue desestimada por la resolución de la Dirección General de Tributos de la Consejería de Economía y Hacienda de la Comunidad de Madrid una vez comprobado que los recurrentes no disponían ni había solicitado al tiempo de la adquisición el correspondiente título acreditativo de la condición de familia numerosa. Contra esta primera resolución, los recurrentes presentaron reclamación económico-administrativa ante el Tribunal Económico-Administrativo Regional de Madrid, que decidió estimarla, reconociendo su derecho a la devolución del exceso ingresado, al considerar que lo importante para disfrutar del citado beneficio fiscal no es estar en posesión del título de familia numerosa en el momento de la adquisición de la vivienda, sino reunir las condiciones legales para alcanzar esa condición. Esta resolución del TEAR fue impugnada por la Comunidad de Madrid ante la Sala de lo Contencioso-Administrativo del Tribunal Superior de Justicia de Madrid,

que decidió estimarlo usando, sustancialmente, los mismos argumentos que utilizó la Administración tributaria en su primera resolución desestimatoria. Promovido por los recurrentes en amparo incidente de nulidad de actuaciones contra su citada sentencia, la citada Sala del TSJ de Madrid acordó inadmitirlo a trámite mediante Auto.

Con estos antecedentes el asunto llega al Tribunal. En su demanda de amparo, formulada por el cauce del art. 44 LOTC, los recurrentes denunciaron que las citadas resoluciones judiciales dictadas por la Sala del TSJ de Madrid vulneraron el derecho a la igualdad del art. 14 CE, al introducir una diferencia injustificada y desproporcionada entre situaciones sustancialmente iguales. En el trámite de alegaciones la Letrada de la Administración autonómica notó la defectuosa articulación de la demanda por considerar que se trataba de un amparo típicamente administrativo y, por tanto, a formular por la vía procesal del art. 43 LOTC. Por ese motivo, solicitó la inadmisión de la demanda por extemporánea, al haberse registrado en el Tribunal más allá de los veinte días previstos en el art. 43.2 LOTC. El Tribunal rechazará, sin embargo, este planteamiento afirmando "que no estamos en presencia de un recurso de amparo interpuesto por la vía del art. 43 de la Ley Orgánica del Tribunal Constitucional (LOTC), en el que la lesión del derecho fundamental se anuda al acto o resolución recaída en el procedimiento administrativo, como defiende la Letrada de la Comunidad de Madrid, sino ante un recurso de amparo formalizado por el cauce del art. 44 LOTC, en el que la lesión se imputa a las resoluciones judiciales objeto del presente proceso constitucional" (FJ 1). Y para justificar esta solución recuerda que "los recurrentes habían obtenido el reconocimiento de su pretensión de aplicación del beneficio fiscal controvertido en sede administrativa, concretamente, por la resolución del Tribunal Económico-Administrativo Regional de Madrid [...] (dictada en la reclamación económico-administrativa), siendo la Sentencia núm. 1010 de la Sección Novena de la Sala de lo Contencioso-Administrativo del Tribunal Superior de Justicia de Madrid [...], la que, con ocasión del recurso [contencioso] interpuesto por la Comunidad de Madrid, revoca la resolución administrativa impugnada y les niega el derecho a su aplicación. No cabe duda, pues, que la eventual lesión del derecho a la igualdad habría venido provocada única y exclusivamente por la interpretación judicial realizada, razón por la cual, los recurrentes, como no podía ser de otra manera, imputan a esa resolución judicial la lesión de su derecho, solicitando la anulación tanto de la Sentencia [—] como la del Auto [...]. Estamos, en consecuencia, ante la

5.2. La sentencia judicial confirmatoria del acto administrativo y los argumentos de su propia cosecha.

Según también ya sabemos, el hecho de que las sentencias dictadas en la vía judicial precedente de que habla el art. 43 LOTC confirmen la legalidad del acto administrativo impugnado y, por tanto, no reparen la lesión constitucional entonces denunciada, no es causa de ninguna lesión autónoma imputable directamente a los órganos judiciales ni, por lo mismo, motivo capaz de convertir el amparo en mixto, con todas sus consecuencias de régimen jurídico que luego veremos.

Aunque esta conclusión es muy elemental y la doctrina constitucional se ha preocupado repetidamente de subrayarla, como también ya sabemos, sucede, sin embargo, que en ocasiones la misma no resulta tan evidente, incluso para el propio Tribunal que ha dado muestras de cierta vacilación. Singularmente, las dudas surgen con motivo de determinar qué sucede en aquellos supuestos en los que la sentencia judicial incorpora, para justificar la validez del acto administrativo impugnado en amparo, razonamientos distintos de los empleados por la Administración.

Cuando algo de esto ocurre y, por tanto, el órgano judicial utiliza argumentos de su propia cosecha, distintos o añadidos a los utilizados por la Administración, la principal complica-

---

eventual violación de un derecho fundamental con un origen "inmediato y directo en un acto y omisión de un órgano judicial" (art. 44.1 LOTC)" (FJ 1). El caso, ciertamente singular, remite a la cuestión del carácter jurisdiccional o no de las decisiones de los Tribunales administrativos especiales y que expresamente les ha reconocido el Tribunal de Justicia de la Unión Europea con motivo de resolver la cuestión prejudicial planteada por el TEAR de Cataluña (sentencia de 21 de marzo de 2000, asunto *Galbafrisa y otros c. Agencia Estatal de la Administración Tributaria*). Sobre esta sentencia, críticamente, por todos, BANACLOCHE, J (2001) "Los Tribunales Económico-Administrativos", Impuestos, núm. 2, pp. 1 y ss.

ción consiste en determinar si efectivamente, en esa hipótesis, el órgano judicial habrá vulnerado por ese motivo el mismo derecho fundamental imputado a la Administración, pero en forma autónoma, convirtiendo de paso el recurso de amparo en mixto.

Aunque es posible encontrar en la doctrina constitucional otras resoluciones anteriores del Tribunal sobre este mismo núcleo de problemas, (STC 291/1993, de 18 de octubre; 133/1999, de 15 de julio; 161/2003; de 15 de septiembre y 129/2005, de 23 de mayo[46]), son probablemente los AATC 30

---

[46] Prescindiendo en este momento de la STC 133/1999, que será comentada luego en el texto, la STC 291/1993, de 18 de octubre, en un asunto sobre denegación por el Ministerio del Interior de la inscripción de la asociación de «Unión Democrática de Guardias Civiles» afirma, bien que *obiter dicta*, que "la denegación de esta pretensión impugnatoria por los Tribunales -por el Tribunal Supremo, en última instancia- supondría una reiteración de la lesión originaria y, al tiempo, como se ha dicho, una nueva infracción del derecho fundamental de asociación, vista la argumentación judicial que llevó entonces a la desestimación del recurso contencioso-administrativo" (FJ 1). El Tribunal, sin embargo, no llega a pronunciarse sobre esta supuesta lesión del art. 21 CE porque el otorgamiento del amparo por los motivos del art. 43 LOTC determina la anulación de las sentencias que confirmaron la decisión administrativa. Aunque, desde otra perspectiva, esta decisión del Tribunal de no examinar la impugnación del art. 44 LOTC, es comentada críticamente por FERNÁNDEZ FARRERES, G. (1994: 318-321).
La STC 161/2003, en un asunto en el que los órganos judiciales procedieron a subsumir la conducta declarada probada en el procedimiento administrativo sancionador bajo preceptos legales nuevos y distintos de los utilizados por la Administración, declara que "el órgano judicial puede controlar posteriormente la corrección del proceso [de subsunción de la conducta en el correspondiente tipo infractor] realizado por la Administración, pero no puede llevar a cabo por sí mismo la subsunción bajo preceptos legales encontrados por él, y que la Administración no había identificado expresa o tácitamente, con el objeto de mantener la sanción impuesta tras su declaración de conformidad a Derecho. De

a 34/2017, todos ellos de 27 de febrero, los que mejor ilustran esta nueva complicación.

Estos cinco Autos resuelven idéntica cuestión y tienen su origen en la respectiva desestimación por el Ministerio del Interior de la correspondiente solicitud de indemnización formulada por los respectivos familiares de los fallecidos en el conocido caso "Lasa y Zabala", dos supuestos miembros de la organización terrorista ETA, detenidos, secuestrados y asesinados por la policía.

---

esta forma, el juez no revisaría la legalidad del ejercicio de la potestad sancionadora, sino que, más bien, lo completaría". Aunque el Tribunal declara entonces que esa "cuestión se sitúa en el ámbito del art. 25.1 CE", se limitó luego a anular la sanción administrativa por vulneración del principio de legalidad sancionadora, sin enjuiciar el comportamiento de los órganos judiciales razonando que "no es preciso, sin embargo, pronunciarse con carácter general sobre las posibles correcciones que, en virtud del principio *iura novit curia,* puede introducir el órgano judicial en el proceso de aplicación de la ley llevado a cabo por la Administración en ejercicio de la potestad sancionadora" (FJ 3).
Por su parte, la STC 129/2005, en un asunto que tenía su origen igualmente en una sanción disciplinaria luego confirmada por el juez mediante la integración del tipo aplicado por la Administración con otros preceptos que no estaban vigentes a al tiempo de producirse los hechos, declara, a la luz de las concretas impugnaciones formuladas en la demanda, que "es éste un recurso de amparo de los previstos en el art. 44 LOTC contra actuaciones de los órganos judiciales. Esta conclusión es patente respecto de los tres primeros motivos de amparo, y asimismo alcanza al cuarto, dado que la lesión del principio de legalidad sancionadora del art. 25.1 CE que el demandante denuncia se hace derivar–exclusivamente- de la particular interpretación de la norma sancionadora en la que se apoya el Juez cuando confirma la sanción impuesta en el ejercicio de la potestad de control que le atribuye el art. 106.1 CE" (FJ 2). Bastante más adelante, cuando la sentencia examina esta última tacha, declara que ese error de la sentencia resulta, no obstante, irrelevante "la norma previa erróneamente citada por el órgano judicial en su labor revisora para integrar el tipo aplicado en nada contenía una regulación materialmente distinta a la que había sido aplicada por la Administración" (FJ 11).

En todos esos casos, la Administración denegó la indemnización solicitada por considerar probada la pertenencia de los dos fallecidos a la citada organización terrorista; una condición personal que, de conformidad con lo dispuesto en el apartado 2 del art. 3.*bis* de la Ley 29/2011, de Reconocimiento y Protección Integral a las Víctimas del Terrorismo, excluía la indemnización. Contra esta decisión, los respectivos interesados interpusieron el oportuno recurso contencioso que fue, en todos los casos, desestimado por la correspondiente sentencia de la Audiencia Nacional.

Contra la respectiva sentencia judicial, por la vía procesal del art. 44 LOTC, los interesados formularon directamente en todos los casos recurso de amparo denunciando, como ya hicieran antes en la vía judicial previa, la lesión del derecho fundamental a la presunción de inocencia (art. 24.2 CE) en la que, según su criterio, habría incurrido el órgano judicial al efectuar un juicio sobre la culpabilidad de los fallecidos, dando por buena su pertenencia a ETA, sin un previo procedimiento penal en el que hubieran podido defenderse.

En el último de esos recursos de amparo (el registrado con el núm. 5656-2015), el Tribunal, ciñéndose escrupulosamente al planteamiento formal de la demanda de amparo, formulada *ex* art. 44 LOTC, acordó inadmitirlo por falta de agotamiento de la vía judicial previa [art. 44.1 a) LOTC]. En particular, por no haber interpuesto los entonces recurrentes, antes de acudir en amparo, el preceptivo incidente de nulidad de actuaciones contra la sentencia de la Audiencia Nacional impugnada a que obliga el art. 241 LOPJ, en la redacción dada al mismo por la Ley orgánica 6/2007, según ya sabemos.

Esta decisión de inadmisión fue recurrida en súplica por el Ministerio Fiscal, que, corrigiendo el equivocado planteamiento procesal de la demanda, notó el origen genuinamente administrativo de la lesión constitucional denunciada en amparo y, en consecuencia, la improcedencia de exigir la formulación del oportuno incidente de nulidad de actuaciones, que el Tribunal había echado en falta.

El Tribunal, por ATC 1/2017, de 10 de enero, decidió corregir esa primera decisión de inadmisión razonando sumariamente que en la demanda de amparo la infracción del art. 24.2 CE se reprocha "en origen, efectivamente, a la resolución del Ministerio del Interior que denegó [la] indemnización solicitada, de modo que con la respuesta dada por la sentencia de la [...] Audiencia Nacional quedaba agotada la vía judicial previa al amparo, resultando así cumplido el requisito del art. 44.1 a) LOTC".

Aunque por este motivo el Tribunal decidió dejar sin efecto su providencia de inadmisión anterior, se cuidó muy bien de advertir entonces que ello no implicaba, sin embargo, la admisión a trámite del recurso de amparo, que debía ser decidida en un nuevo examen.

Este nuevo enjuiciamiento de las correspondientes demandas de amparo es el que contienen precisamente los citados AATC 30 a 34/2017, de 27 de febrero, y cuyo contenido se resume en apurar las consecuencias del citado ATC 1/2017. En lo que más nos interesa, el Tribunal, tomando pie en lo dicho entonces, declara ahora que el recurso de amparo "es subsumible en el art. 43 LOTC, en cuanto la lesión del derecho fundamental [del art. 24.2 CE] sería imputable a la actuación administrativa [...] y no, de modo inmediato y directo a la sentencia de la Sala de lo Contencioso-Administrativo de la Audiencia Nacional" que la confirmó.

Apurando este nuevo enfoque, y comprobado que el recurso se interpuso en todos los casos más allá del plazo de 20 días que previene el art. 43.2 LOTC para hacerlo, el Tribunal acuerda inadmitir todos los recursos por extemporáneos. A todos estos Autos, la Magistrada Asúa Batarrita firma, con pequeñas variantes, el mismo voto particular, al que se adhiere el Magistrado Valdés Dal-Ré, discrepando de la solución de inadmisión decidida por la mayoría y que ilustra muy bien la complicación que anunciada más arriba.

El citado voto particular comienza notando la transcendencia de la operación de depuración del objeto del recurso para encauzarlo por la vía del art. 43 LOTC supuesto el distinto plazo de interposición que respectivamente contemplan los arts. 43.2 y 44.2 LOTC, de 20 días en el primer caso, y de 30 días en el segundo. Advierte concretamente al respecto que

> "No quiero desaprovechar la ocasión para poner de relieve la disfunción que supone esa diferencia de plazos entre ambos preceptos, que no obedece aparentemente a ningún motivo objetivo, sino a una discordancia no pretendida producida en el procedimiento legislativo de gestación de la Ley Orgánica 6/2007, de 24 de mayo. La cuestión no es baladí, porque, en último término, con independencia de la calificación que el justiciable dé a su recurso, es este Tribunal el que determina si tiene su fundamento en el art. 43 o en el art. 44 LOTC, con lo que puede encontrarse con la apreciación sorpresiva del óbice procesal de extemporaneidad. Espero y deseo que este Tribunal se decida ya a poner de manifiesto al legislador la necesidad de solucionar esta inexplicable e injustificable diferencia de régimen, unificando el plazo de ambos preceptos".

Y hecha esta advertencia, añade a continuación que, en su criterio discrepante, en los casos entonces examinados

> "no estamos ante un recurso de amparo del art. 43 LOTC, sino ante un amparo mixto. Es indudable que [el recurrente] imputó originariamente la lesión de su derecho a la presunción de inocencia a la resolución del Ministerio del Interior que le denegó la indemnización solicitada bajo el argumento de que [el] fallecido pertenecía a la organización terrorista ETA, y así lo alegó en el recurso contencioso-administrativo interpuesto contra la misma. Ahora bien, basta leer con detenimiento el extenso escrito de la demanda para confirmar que también se dirigen quejas autónomas contra la Sentencia de la Audiencia Nacional, [.... a la que] achaca fundadamente [...] la vulneración de su derecho a la presunción de inocencia de manera autónoma respecto a la lesión del tal derecho en que habrían incurrido también las resoluciones administrativas".

Los Magistrados discrepantes justifican esta última conclusión usando la siguiente argumentación:

> "En efecto, la indicada Sentencia no se ha limitado a dar por buena la argumentación de las decisiones del Ministerio del Interior, sino que, yendo más allá, ha realizado su propia valoración de los elementos de juicio, concluyendo, por sí misma, de que, efectivamente, quedaba acreditado que la víctima era partícipe y pertenecía a una organización delictiva, dato que se correspondería con la previsión del art. 8.2 del Convenio europeo sobre indemnización a las víctimas de delitos violentos relativo a la denegación de la indemnización solicitada, por pertenecer [el fallecido] a la banda terrorista ETA. Y llega a esa conclusión valorando especialmente el informe ampliatorio de la Dirección General de la policía, de 3 de septiembre de 2014, aportado por el Abogado del Estado con su escrito de contestación a la demanda, en el que, según afirma la Sentencia, "se detallan las actividades y relaciones del [fallecido] con ETA, como miembro de [uno de sus] comandos, designando la fuente de los datos recogidos, incluyendo diligencias policiales, artículos de prensa, publicaciones, entre otros".
>
> Es decir, que forma su propia convicción, independiente de la alcanzada por las resoluciones administrativas impugnadas, y lo hace teniendo en cuenta, sobre todo, un elemento probatorio que no figuraba en el expediente administrativo, al aportarse en el curso del proceso contencioso-administrativo, y que, por consiguiente, no pudo ser tenido en cuenta por las resoluciones del Ministerio del Interior".

Por esta razón, el citado voto particular concluye que,

> "si se tienen en cuenta los argumentos, cuestiones y objeciones que el recurso de amparo desarrolla al atacar la resolución judicial, no puede negarse la posibilidad de que ésta incurriera efectivamente en una vulneración independiente del derecho a la presunción de inocencia. No ya porque no hubiera reparado la vulneración que en origen habrían cometido las resoluciones administrativas, sino por llevar a cabo una inferencia propia e independiente de aquéllas, a partir de la cual llega a la conclusión de la pertenencia de [la víctima] a la organización terrorista ETA".

En consecuencia,

> "resulta patente que nos encontramos ante un amparo de naturaleza mixta, interpuesto dentro del plazo de 30 días fijado en el art. 44.2 LOTC (STC 136/2016, de 18 de julio, FJ 3), por lo que no concurre el óbice de extemporaneidad apreciado como causa de inadmisión en el Auto del que disiento".

Aunque adelanto que no comparto los razonamientos del voto particular que acaban de recordarse, importa ver ahora otros ejemplos sobre este mismo núcleo de problemas. Una tendencia más radical de la discrepancia que existe en el seno del propio Tribunal sobre el modo en que abordar este tipo de asuntos puede verse en la sentencia del Pleno 75/2019, de 22 de mayo (TOL7.283.153), y de la que me he ocupado en otro lugar[47].

En esa ocasión, el recurso de amparo tiene su origen en la sanción disciplinaria impuesta a un interno por la Administración penitenciaria en aplicación del art. 109 b) del Reglamento penitenciario de 1981, luego confirmada por el Juez de Vigilancia Penitenciaria en dos Autos sucesivos. Como en los supuestos antes vistos, el recurrente formuló también su demanda por el cauce exclusivo del art. 44 LOTC para imputar al órgano judicial, además de la lesión de su derecho a participar en los asuntos públicos del art. 23.2 CE, pero que ahora no nos interesa tanto, la vulneración del derecho a la legalidad sancionadora del art. 25.1 CE por aplicación irrazonable y justificada en una interpretación analógica e *in malam partem* del citado precepto reglamentario.

---

47 CASINO RUBIO, M (2019), "Los errores se pagan: el ejemplo de la inadmisión por extemporáneo del recurso de amparo formulado por un cauce procesal equivocado", *Revista de Administración pública,* núm. 210, pp. 263 y ss.

En el oportuno trámite de alegaciones, el Ministerio Fiscal notó enseguida también el error en el planteamiento procesal de la demanda subrayando la naturaleza exclusivamente administrativa del amparo considerado, puesto que las citadas infracciones constitucionales, si realmente producidas, tendrían su origen en el acuerdo disciplinario de la Administración penitenciaria y no, por tanto, en las decisiones judiciales que en vía de recurso simplemente lo confirmaron. De modo congruente, y advertido que el recurso fue interpuesto más allá de los veinte días que previene el art. 43.2 LOTC para hacerlo, el Fiscal interesó la inadmisión del recurso por extemporáneo.

El Tribunal toma buena nota de este planteamiento del Fiscal y, en consecuencia, con carácter previo al examen de fondo de las pretensiones del recurrente, se pronuncia sobre la citada tacha de extemporaneidad, y que adelanta desde el principio va a estimar. Una conclusión que la sentencia razona entonces del siguiente modo.

Advierte, en primer lugar, que el recurso, aunque formulado por la vía del art. 44 LOTC, es sin embargo subsumible en el régimen del art. 43 LOTC. Pues,

> "aun cuando la demanda se refiere literalmente a «actos del órgano judicial que violan los derechos susceptibles de amparo constitucional», con cita expresa del art. 44.1 LOTC, lo cierto es que se limita a señalar al respecto que los autos del Juzgado de Vigilancia Penitenciaria núm. 2 de Madrid confirman la resolución administrativa anterior [el acuerdo de la comisión disciplinaria del centro penitenciario de Madrid V de 1 de febrero de 2018]. Es a este acto administrativo sancionador al que, a lo largo de toda la argumentación [de la demanda], se le imputan las vulneraciones de los derechos fundamentales a la participación directa en asuntos públicos y al acceso a cargos públicos (art. 23 CE) y a la legalidad sancionadora (art. 25.1 CE) que han quedado reseñadas".

En estas condiciones,

> "Las lesiones de los derechos fundamentales invocados por el recurrente serían imputables a la actuación administrativa [...], y no, de modo «inmediato y directo», a las resoluciones judiciales que se limitaron a confirmar el [acuerdo sancionador] anterior".

Y para remachar esta conclusión sobre la naturaleza administrativa del amparo, la sentencia subraya también que

> "tampoco se formaliza en la demanda, en fin, ninguna queja autónoma contra los autos del juzgado de vigilancia penitenciaria que permita considerar el presente recurso de amparo como mixto".

Por estas razones, la sentencia declara que en el presente asunto

> "resulta de aplicación el plazo de interposición de veinte días "siguientes a la notificación de la resolución recaída en el previo proceso judicial" (art. 43.2 LOTC)".

Con arreglo a este enfoque y teniendo en cuenta que la resolución judicial que puso fin a la vía judicial se notificó al recurrente el 27 de marzo de 2018, de modo que el plazo de veinte días previsto en el art. 43.2 LOTC para interponer el recurso finalizaba el siguiente 27 de abril, y que el escrito de demanda se presentó el 11 de mayo de 2018, la sentencia estima efectivamente la excepción procesal opuesta por el Ministerio Fiscal y, en consecuencia, inadmite el recurso por extemporáneo.

En esta ocasión, tres miembros del Pleno del Tribunal (los magistrados Fernando Valdés Dal-Ré y Juan Antonio Xiol Ríos, y la magistrada María Luisa Balaguer Callejón), discreparon abiertamente de esta forma de razonar y de la conclusión de inadmisión en que termina y formularon un voto particular a la citada sentencia. Su discrepancia, según comienza adelantando el citado voto particular, se resume en la idea de que a su juicio

> "el presente recurso de amparo debe ser calificado como un recurso mixto, al tener la vulneración alegada del derecho a la legalidad sancionadora (art. 25.1 CE) su origen formal y materialmente *en las resoluciones judiciales impugnadas*, por lo que las reglas procedimentales de admisibilidad son las previstas en el art. 44 LOTC, entre ellas que el plazo de interposición es de treinta días".

Antes, no obstante, de exponer las razones que justifican esta conclusión discrepante, el voto subraya los inconvenientes que provoca el hecho de que la LOTC, luego de su reforma en 2007, establezca, como ya nos consta, dos plazos diferentes para la interposición del correspondiente recurso de amparo en función de su naturaleza administrativa o judicial (arts. 43.2 y 44.2 LOTC). Una advertencia que literalmente expresa del siguiente modo:

> "Resulta necesario insistir en la distorsión que supone en el marco de la ley orgánica de este Tribunal la diferencia de plazos entre aquellos recursos de amparo en que las vulneraciones de derechos fundamentales sean originadas por actuaciones administrativas (art. 43 LOTC) o por actuaciones judiciales (art. 44 LOTC). Esta diferencia de plazos, que solo existe a partir de la reforma de la Ley Orgánica del Tribunal Constitucional llevada a cabo por la Ley Orgánica 6/2007, de 24 de mayo, no responde a ningún motivo objetivo, sino a una mera desatención en el procedimiento legislativo de aprobación de la citada Ley Orgánica 6/2007. Esta cuestión de la diferencia de plazos no es de menor importancia. Con independencia de la calificación que el demandante dé a su recurso, es responsabilidad de este Tribunal el determinar si su fundamento reside en el art. 43 o en el art. 44 LOTC. De ese modo, no es infrecuente encontrar supuestos dudosos, como el presente, en que el demandante resulta sorprendido con una decisión de inadmisión por extemporaneidad, incluso en sentencia (así, por ejemplo, SSTC 94/2016, de 9 de mayo; 61/2017, de 22 de mayo; 11/2019, de 28 de enero, o 16/2019, de 11 de febrero). El legislador tiene la responsabilidad de solucionar esta inexplicable e injustificable diferencia de régimen, unificando el plazo de ambos preceptos mediante una reforma legislativa".

Esta advertencia no es en cualquier caso tampoco la única que contiene el voto particular que consideramos. Los magistrados discrepantes se preocupan también de subrayar la necesidad de que el Tribunal, cuando, al margen del cauce formalmente elegido por el recurrente para formular su recurso, decide comprobar su verdadera naturaleza administrativa o judicial, para aplicar luego, según sea, el régimen del art. 43 o el del 44 LOTC, debe observar con todo rigor el principio *pro actione* y evitar cualquier desproporción.

De acuerdo con este punto de partida, que adelanto me parece muy discutible, los magistrados discrepantes afirman en un tono infrecuentemente duro que

> "El formalismo enervante no resulta conciliable con el quehacer general de la impartición de una justicia que emana del pueblo y, además, es un servicio público para ese pueblo. Es mucho menos conciliable cuando se trata de una jurisdicción de derechos humanos como la que representa la jurisdicción de amparo constitucional. La ciudadanía de un país de la Europa occidental en el siglo XXI no merece una jurisdicción constitucional que, a partir de interpretaciones rigoristas y/o desproporcionadas de los requisitos formales de admisión, se vea privada de pronunciamientos sobre invocaciones de derechos fundamentales que cuentan con una especial transcendencia constitucional, atendiendo a su importancia para la interpretación de la Constitución, para su aplicación o para su general eficacia, y para la determinación del contenido y alcance de los derechos fundamentales.
>
> A nuestro parecer, la opinión mayoritaria en la que se sustenta la sentencia representa uno de esos supuestos de formalismo excesivo en que se han antepuesto de manera rigorista y desproporcionada unas consideraciones sobre la identificación de la vía procedimental que era adecuada al caso, construyendo innecesariamente un obstáculo insalvable para que este Tribunal pudiera pronunciarse —con pocas dudas, de manera estimatoria— sobre la eventual vulneración del derecho a la legalidad sancionadora que supone para el recurrente la imposición de una sanción penitenciaria por supuestamente

> desobedecer una resolución judicial que fue dictada 11 días después de la conducta que se le imputa" (apartado 2).

Y dicho todo esto, el voto explica a continuación las razones que, según su criterio, probarían que "formal y materialmente la vulneración alegada por el recurrente del derecho a la legalidad sancionadora (art. 25.1 CE) tiene su origen en las resoluciones judiciales impugnadas y no en la sanción administrativa". Estas razones son dos.

En primer lugar, el que el recurrente impute la infracción del art. 25.1 CE directamente al Auto del Juzgado de vigilancia penitenciaria de 2 de marzo de 2018, al que de modo expreso reprocha que "incurre en una interpretación analógica manifiestamente irrazonable del citado art. 109 b) del Reglamento penitenciario, al equiparar la denegación del permiso para acudir personalmente a un mitin (que es lo que acordó el Juez instructor de la causa penal en su resolución de 14 de diciembre de 2017) con una supuesta prohibición expresa de emitir mensajes telefónicos, que es en cambio la conducta enjuiciada en el asunto considerado.

Y, en segundo lugar, pero sobre todo, el que ese reproche del art. 25.1 CE tome pie en el razonamiento que utilizó el Juez de Vigilancia Penitenciaria para confirmar el acuerdo sancionador, cuando de modo expreso, pero por primera vez, confirmó la legalidad de la operación de subsunción de la conducta del recurrente en el tipo disciplinario del art. 109 b) Reglamento Penitenciario aplicado por la Administración ("desobedecer las órdenes recibidas de autoridades o funcionarios en el ejercicio legítimo de sus atribuciones") echando mano del citado Auto posterior del Juez de instrucción para declarar que esa resolución judicial es precisamente la orden que desobedeció el recurrente con su comportamiento y que, por tanto, justificó su sanción.

A juicio de los tres citados magistrados aquí radica el núcleo de su discrepancia con la sentencia y es, en consecuencia, el que justifica también su conclusión de que la lesión del art. 25.1 CE alegada por el recurrente es de "exclusivo origen judicial y, por tanto, que se está ante un recurso de amparo del art. 44 LOTC cuyo plazo de interposición es de treinta días".

Por esta razón, se preocupan a continuación de repasar con pormenor todos los hechos del caso, comenzando por los producidos en la vía administrativa y siguiendo con los que constan anotados en las actuaciones judiciales. Todo ello con el fin de demostrar que la citada justificación del acuerdo sancionador no luce efectivamente por ninguna parte en el previo expediente administrativo y que se trata, por tanto, de una explicación introducida *ex novo* en el debate por el órgano judicial *a quo*.

Sirviéndose de esa comprobación, el voto particular concluye que

> "la cuestión controvertida en el recurso de amparo sobre el carácter analógico de la subsunción de la conducta del recurrente en el art. 109 b) RP, como presupuesto de su invocación del art. 25.1 CE, a partir de la consideración de que su conducta [...] suponía una desobediencia a la resolución judicial [...], es una innovación que se produce en la vía judicial y, más en concreto, en el inicial auto del juzgado de vigilancia penitenciaria [...], por lo que formal y materialmente la vulneración alegada por el recurrente tiene su origen en esa concreta actuación judicial y no en la de la Administración pública que, como ya se ha expuesto, desde la inicial comparecencia previa del recurrente desechó la posibilidad de que pudiera existir una desobediencia respecto de una decisión judicial que era posterior en el tiempo a la conducta imputada" (apartado 5).

En definitiva, sin perjuicio de que las resoluciones judiciales impugnadas en apariencia se habrían limitado a confirmar la legalidad de la sanción impuesta al recurrente, dentro de su función de control de la actuación de la administración (art. 106.1 CE); sin embargo, como en muchas ocasiones sucede, en este caso esa labor de control había ido más allá de una

> mera confirmación, ya que, ante la falta de motivación de la subsunción de la conducta en la resolución sancionadora, se suplió esa falta de motivación a través de un proceso argumental ajeno al debate en el procedimiento sancionador, que es el que, precisamente, el demandante en amparo considera contrario a la prohibición de interpretación analógica de los tipos sancionadores" (apartado 6).

Bien se ve, pues, que para los magistrados discrepantes el hecho de que el órgano judicial confirme la sanción entonces recurrida con argumentos de su propia cosecha, que no figuran en el expediente administrativo ni fueron tenidos en cuenta por la Administración en su acuerdo sancionador, es el elemento que determina la calificación del amparo como judicial, con todas sus consecuencias de régimen jurídico, comenzando con la relativa al plazo de interposición de treinta días que establece el art. 44.2 LOTC.

Probablemente porque esta es una conclusión sorprendente y que tiene además una apariencia algo inquietante, el voto termina advirtiendo que esta "idea de que la innovación argumental en las resoluciones judiciales para confirmar la legalidad de resoluciones administrativas sancionadoras implica la posibilidad de invocar una vulneración autónoma del art. 25.1 CE por parte del órgano judicial al amparo del art. 44 LOTC no es desconocida en la jurisprudencia constitucional". Y para probarlo cita como ejemplo la STC 129/2005, de 23 de mayo (TOL645.220), cuando el Tribunal declaró en un asunto de este tipo, en el que el recurrente había interesado la nulidad de la resolución sancionadora entonces considerada, así como la posterior sentencia contenciosa que la confirmó, que el recurso era en rigor un amparo judicial "de los previstos en el art. 44 LOTC",

> "dado que la lesión del principio de legalidad sancionadora del art. 25.1 CE que el demandante denuncia se hace derivar —exclusivamente— de la particular interpretación de la norma sancionadora en la que se apoya el juez cuando confirma

> la sanción impuesta en el ejercicio de la potestad de control que le atribuye el art. 106.1 CE" (FJ 2).

La opinión discrepante con la decisión de la sentencia que ahora consideramos me parece igual o todavía más desconcertante. Como se recordará, en el criterio de los tres magistrados discrepantes, el recurso considerado no es un ampro administrativo del art. 43 LOTC, sino un amparo judicial del art. 44 LOTC y, por tanto, a interponer en el plazo de 30 días. Como repetirán por dos veces, la lesión del art. 25.1 CE denunciada en la demanda es de "exclusivo origen judicial".

En forma poco menos que evidente, a su juicio, porque ese reproche del recurrente no tiene su origen en la actuación de la Administración, sino en el argumento que utilizó el Auto del Juez de Vigilancia penitenciaria para confirmar la legalidad de la sanción disciplinaria discutida por el recurrente. Un argumento que nunca antes había manejado la Administración en el expediente administrativo, y que el recurrente juzga contrario al art. 25.1 CE por traducir una interpretación analógica y adoptada en *mala partem* del art. 109 b) del Reglamento penitenciario aplicado por la Administración.

Según he adelantado, esta opinión discrepante me parece, en efecto, sumamente inquietante y que peca, además, del mismo formalismo excesivo y rigorismo que dice combatir.

Acepto naturalmente que los hechos, tanto en vía administrativa como judicial, son los que el voto particular se preocupa de anotar. Y admito, por tanto, que el Auto del Juez de Vigilancia penitenciaria utilizó para confirmar la sanción disciplinaria un argumento de su propia cosecha, que no figura en el expediente administrativo y que resulta, además, manifiestamente equivocado. Pues corregir en vía disciplinaria una desobediencia a una resolución judicial que estaba por venir cuando los hechos imputados se produjeron es obviamente una justificación imposible de compartir.

Ahora bien, a mi modo de ver, estos hechos no permiten defender el origen judicial de la lesión constitucional del art. 25.1 CE ni, por ese motivo, convertir el amparo solicitado en un amparo del art. 44 LOTC o mixto.

Principalmente porque semejante conclusión equivale a admitir que los Jueces y Tribunales imponen sanciones administrativas, puesto que de otro modo difícilmente podrían infringir con sus resoluciones el art. 25.1 CE. Y, sin embargo, como el propio Tribunal ha dicho una y otra vez:

> "no existe un proceso contencioso-administrativo sancionador en donde haya de actuarse el *ius puniendi* del Estado, sino un proceso contencioso-administrativo cuyo objeto lo constituye la revisión de un acto administrativo de imposición de una sanción. En consecuencia, no es posible concluir que sean los Tribunales contencioso- administrativos los que, al modo de lo que sucede en el orden jurisdiccional penal, «condenen» al administrado. Muy al contrario, la sanción administrativa la impone siempre la Administración pública en el ejercicio de la potestad que le reconoce la Constitución (SSTC STC 89/1995, de 6 de junio, FJ 4; 7/1998, de 13 de enero, FJ 6; 59/2004, de 19 de abril, FJ 3; 35/2006, de 13 de febrero, FJ 4; 243/2007, de 10 de diciembre, FJ 3; 70/2008, de 23 de junio, FJ 7; y 145/2011, de 26 de septiembre, FJ 5).

A despecho de esta consolidada doctrina constitucional, el voto particular decide sin embargo atajar por la calle de en medio y, fijándose únicamente en el citado argumento del Auto del Juez de Vigilancia Penitenciaria y en la opción del recurrente que decidió formalmente imputar la lesión del art. 25.1 CE a la citada resolución judicial, calificar el amparo solicitado de judicial. Sin reparar en sus consecuencias.

La más sobresaliente y que prueba al mismo tiempo la debilidad de ese planteamiento está en el callejón sin salida en el que desemboca. Pues, dando por bueno que la lesión del art. 25.1 CE es de origen exclusivamente judicial, como se empeña en subrayar el comentado voto particular, habría que aceptar entonces que la estimación del amparo solicitado por ese motivo no podría concluir, sin embargo, y para burla del recurrente, en la anulación de la sanción disciplinaria, que permanecería intacta. Formalmente porque, según el citado criterio discrepante, no es un amparo del art. 43 LOTC y, por tanto, la sanción disciplinaria no es objeto del recurso. Y materialmente tampoco, porque el razonamiento combatido en la demanda de amparo no figura en la sanción administrativa, sino solo, como ya nos consta, en la resolución judicial.

Opino, en consecuencia, que cuando un órgano judicial confirma en vía de recurso judicial un acto administrativo impugnado por motivos constitucionales y para hacerlo utiliza argumentos que no figuran en el acto recurrido no comete la misma infracción constitucional entonces denunciada, por más que esa nueva motivación judicial sea equivocada o deficiente, salvo que se admita que cada vez que un órgano judicial no repara la lesión constitucional de la que conoce en vía de recurso, la comete igualmente.

Y, sin embargo, como ya nos consta, el Tribunal tiene dicho una y mil veces que la resolución judicial que resuelve un recurso no causa la misma lesión constitucional entonces denunciada por el simple hecho de desestimarlo. Entre otras razones, porque esa desestimación, como también ha declarado el Tribunal, no modifica en nada la lesión constitucional denunciada y que, de existir, se habría producido ya y perfeccionado con el acto administrativo impugnado precisamente por ese motivo.

La STC 133/1999, de 15 de julio (TOL81.187), acierta a expresarlo en forma impecable, a mi juicio. En el caso entonces resuelto, el órgano judicial, con motivo de revisar la constitucionalidad de la sanción impuesta a los recurrentes en materia de caza, procedió a subsumir su conducta en un tipo infractor distinto del utilizado por la Administración en su resolución sancionadora. Para el Tribunal este razonamiento judicial nuevo no sirve, sin embargo, para convertir el recurso en un amparo del art. 44 LOTC ni, singularmente tampoco, en un amparo mixto, pues,

> "conviene no olvidar que la aplicación de una norma distinta de la tomada en consideración por la Administración autonómica sirvió precisamente de fundamento para el pronunciamiento de un fallo desestimatorio, que, al no apreciar la existencia de vicio alguno en las resoluciones impugnadas, mantuvo inalterada la situación jurídica de los recurrentes" (FJ 1)[48].

De modo que, como muy bien enseña esta última sentencia, la naturaleza administrativa del amparo no cambia para convertirse en un amparo judicial o en otro mixto por el hecho de que el órgano judicial utilice, para desestimar el correspondiente recurso contencioso, una motivación suplementaria o distinta de la que figura en el acto administrativo recurrido (lo que nótese, por otra parte, ha de suceder siempre que la infracción de un derecho fundamental tiene su origen en la

---

48 Al respecto, una solución parcialmente distinta y que apunta a la admisión de la lesión autónoma del art. 25.1 CE a la resolución judicial, es la que sugieren las SSTC 87/2023, de 17 de julio, y 49/2024, de 8 de abril. Esta dos sentencias admiten el planteamiento de la respectiva demanda, que imputaba a las sentencias que confirmaron la resolución sancionadora de la Administración la vulneración del principio de legalidad sancionadora del art. 25.1 CE, "por una razón añadida a la de infracción [imputada a la Administración], pues les atribuye confirmar la sanción aplicando erróneamente la Directiva de retorno en perjuicio del interesado", en el primer caso, y "por utilizar una motivación en parte distinta a la contenida en [la resolución sancionadora], en el otro. Sin embargo, el Tribunal no apura luego este respectivo planteamiento hasta sus últimas consecuencias porque decide detener su examen una vez comprobado que las resoluciones administrativas vulneraron el principio de legalidad sancionadora, lo que determina la anulación igualmente de las correspondientes resoluciones judiciales sin necesidad de abordar las impugnaciones formuladas contra ellas ex art. 25.1 CE.

denegación por silencio administrativo de una solicitud)[49]. Pues lo único relevante sigue siendo comprobar la existencia de la lesión constitucional denunciada en el recurso y que el órgano judicial no reparó. Y esta lesión, conviene insistir, se habrá perfeccionado con el acto administrativo impugnado judicialmente, sin que la posterior resolución judicial que lo confirma añada nada desde esa misma perspectiva constitucional, aunque para hacerlo incorpore nuevos argumentos, incluso equivocados. De hecho, aunque se examinaran, como también antes se ha advertido, seguiría pendiente la lesión constitucional original causada por la Administración y que constituye, en rigor, la única y auténtica a decidir.

Si estas observaciones son correctas habrá que concluir entonces que el voto particular que se comenta acaba desafortunadamente por incurrir en los mismos reproches que con tanta vehemencia denuncia. No solo traduce un formalismo excesivo, al elevar a la condición de vara de medir la naturaleza del amparo, no su verdadero objeto, sino la opción procesal formalmente elegida por el recurrente para formularlo. Es, sobre todo también, que todas sus explicaciones parecen únicamente pensadas para intentar salvar la tacha de extemporaneidad opuesta por el Fiscal y luego estimada por la sentencia. Pero, como se ha criticado, sin pararse a ver en ningún momento en que termina su planteamiento.

Naturalmente no digo ahora que en el mencionado asunto el Auto del Juzgado de Vigilancia penitenciaria sea jurídicamente irreprochable. El razonamiento que utiliza *ex novo* para confirmar la sanción disciplinaria es desde luego, conforme antes se ha advertido, inservible a simple vista. Sin embargo, y

---

49 Tal es el caso, entre otras, de las SSTC 291/1993, de 18 de octubre; 104/1995, de 3 de julio; 61/2008, de 26 de mayo; 117/2018, de 29 de octubre; 135/2019, de 25 de noviembre; y 97/2023, de 25 de septiembre, a la que siguen más de media docena más de la misma fecha.

si de infracción constitucional por ese motivo quisiera no obstante todavía hablarse, me parece que la única forma de hacerlo es imputando a la citada resolución judicial la infracción del derecho a la tutela judicial efectiva del art. 24.1 CE, supuesto que el citado razonamiento judicial bien parece, en efecto, manifiestamente irrazonable, casi arbitrario[50].

Esta última es, según yo lo veo, la única vía abierta con relativo rigor al planteamiento del recurrente y que hubiera servido, en el estado actual de la doctrina constitucional que enseguida vamos a ver, para convertir el amparo solicitado en mixto y, en consecuencia, para salvar el comentado óbice de extemporaneidad.

Subrayo, de todas formas, que digo efectivamente que esa es la única vía abierta con algo de rigor porque esa es la solución que habitualmente, con los matices que luego irán saliendo, maneja el Tribunal en ese tipo de amparos en los que el recurrente, además de impugnar la correspondiente sanción administrativa, comúnmente con fundamento en la vulneración del art. 25.1 CE, impugna asimismo las resoluciones judiciales que la confirmaron, con invocación generalmente en este otro caso de la infracción del derecho a la tutela judicial efectiva del art. 24.1 CE, en alguna de sus vertientes[51]. Y no, por tanto,

---

50 Esta es, de hecho, la solución que el Tribunal ha sancionado expresamente en algún caso. Vid., por todas, la STC 129/2005, de 23 de mayo, cuando advierte que, en este tipo de casos, es "el derecho a obtener una resolución judicial sobre el fondo de las pretensiones no incursa en arbitrariedad, manifiesta irrazonabilidad o error patente la vertiente del art. 24.1 CE desde la que habrá que examinar esta alegación" (FJ 7).

51 La STC 125/1983, de 26 de diciembre, resume este planteamiento del Tribunal, que arranca efectivamente desde sus primeras resoluciones, cuando advierte que "es cierto que este Tribunal ha declarado en diversas ocasiones que cuando se impugna un acto de los incluidos en el art. 43 de la LOTC no es preciso impugnar también los actos posteriores de los órganos judiciales que lo hayan confirmado, pues, aunque es preceptivo

porque piense personalmente que esa doctrina constitucional que, con arreglo a ese planteamiento, califica el correspondiente amparo de mixto sea correcta. Adelanto, de hecho, que este es precisamente uno de los episodios más débiles de la doctrina constitucional y que, por eso mismo, con más razón reclama una rectificación. Pero ésta es otra historia que merece ser contada en capítulo aparte.

---

provocar tales resoluciones para agotar la vía judicial procedente tal como prevé dicho precepto, el acto judicial confirmatorio no puede ser objeto de impugnación autónoma en la vía de amparo constitucional; pero constituye una excepción, también señalada por este Tribunal y que precisamente concurre en este caso, el que el acto judicial haya podido vulnerar de modo inmediato y directo alguno de los derechos o libertades susceptibles de amparo". Entre estos derechos fundamentales destaca especialmente, en efecto, el derecho a la tutela judicial efectiva del art. 24.1 CE. Al respecto, entre otras, pueden verse las más modernas SSTC 135/2010, de 2 de diciembre; 14/2011, de 26 de septiembre; y 46/2014, de 7 de abril.

CAPÍTULO TERCERO.

LOS AMPAROS MIXTOS

1. DEL PRUDENTE RECONOCIMIENTO INICIAL A SU EXTENSIÓN DESMEDIDA

Conforme al principio del capítulo II se apuntó, además de los amparos administrativos del art. 43 y de los judiciales del art. 44 LOTC, el Tribunal admitió enseguida la existencia de una nueva modalidad de recurso de amparo que años después acabará por denominar "mixto", y que es la calificación que desde entonces reserva para las demandas en las que se combinan vulneraciones constitucionales imputadas a la Administración con otras justificadas en motivos distintos, con fundamento en lesiones también distintas y dirigidas directamente contra alguna o varias de las resoluciones judiciales dictadas en el previo proceso, normalmente contencioso. Cuando esto sucede, el Tribunal califica entonces el correspondiente recurso de amparo mixto "por dirigirse simultáneamente contra una actuación del poder ejecutivo y otra del judicial" (por todas, STC 104/1995, de 3 de julio, FJ 1).

La plena normalización de este tipo de amparos mixtos en la doctrina del Tribunal tuvo que esperar no obstante algunos años. Aunque prácticamente desde el principio en buen número de demandas figuraban mezcladas pretensiones de amparo dirigidas contra la Administración y los órganos judiciales, comúnmente, además, sin mucha precisión, como ya nos consta, en aquel primer momento el Tribunal observó ese comportamiento de los demandantes como una simple irregularidad, fruto de la imprecisión de los demandantes en el modo de proponer la demanda, y que podía corregirse fácilmente con solo afinar algo mejor en la identificación del verdadero objeto del recurso[1].

La STC 6/1981, de 16 de marzo (TOL109.401), ilustra muy bien este esfuerzo de depuración del Tribunal cuando precisa que

> "en el presente caso, sin embargo, no sólo se mencionan como actos impugnados las citadas sentencias, sino que se arguye también la violación del art. 24 de la Constitución por haber denegado la Audiencia Nacional la prueba propuesta por los recurrentes. La violación argüida podría haber dado origen a una demanda de amparo que, aunque deducida en el mismo escrito que la dirigida contra el acuerdo de suspensión [administrativa] de los periódicos, hubiera exigido un tratamiento separado. No es ésta, sin embargo, la voluntad de los recurrentes. Una demanda de amparo originada en una supuesta indefensión hubiera exigido una pretensión congruente, que no se ha hecho. La pretensión única es la de anulación del acuerdo de suspensión de los dos periódicos dependientes del Estado [...] y la de las sentencias que desestimaron los recursos en la vía contencioso- administrativa. Como quiera que la pretensión referida a estas sentencias es redundante, puesto que su eficacia es función de la que se atribuya al acto de [la Administración], hay que concluir que es éste el que es objeto del recurso y que es la violación de la libertad de expresión de los recurrentes el vicio que se le achaca y el que motiva la pretensión de su anulación" (FJ 2).

Poco después, la STC 7/1982, de 26 de febrero (TOL78.983), insiste en esa misma operación de depuración del objeto del recurso para reducirlo a una única pretensión advirtiendo que

> "cuando se impugna en vía de amparo una sentencia de la jurisdicción Contencioso- Administrativa puede resultar que la correcta identificación del acto al que haya de atribuirse la hipotética vulneración del precepto constitucional sea precisamente el acto originario de la Administración y no el posterior del Tribunal que resulta total o parcialmente confirmatorio de

---

1 REQUEJO PAGÉS, J.L. (2002:192)

> aquél, singularmente cuando la eventual estimación de la pretensión lo sería precisamente en cuanto la sentencia es confirmatoria, es decir, para corregir el acto administrativo anterior viciado de inconstitucionalidad" (FJ 1).

El ATC 318/1982, de 20 de octubre, es otro buen ejemplo de este comportamiento inicial del Tribunal que censura la formulación de pretensiones acumuladas cuando comienza notando que

> "tanto en su demanda como en las alegaciones posteriormente formuladas, las recurrentes se dirigen contra un acuerdo municipal producido por silencio y contra una sentencia de la Audiencia Territorial. Aunque en el origen de ambos actos del poder público se contienen peticiones análogas, dichos actos son distintos y distintas son también las pretensiones que frente a ellos se nos formulan, pues si bien respecto de los dos se pretende la anulación y a los dos se les imputa la infracción del principio de igualdad, son distintas las razones por las que tal infracción se dice cometida que, en un caso resultaría de la desigual aplicación que se hacía de determinadas normas legales [...] y, en el otro, del desigual trato que un mismo Tribunal de Justicia habría dado a demandas idénticas. El hecho de que el interés de las recurrentes sea el mismo frente a los dos actos y la misma también la petición que frente a ambos se nos formula no impide que la pretensión sea en ambos casos distinta, puesto que está apoyada en una diferente razón hasta el punto de que habría que considerar que en una misma demanda se deducen dos distintos recursos, lo cual es ya, en sí mismo, un supuesto de grave imprecisión".

Para añadir inmediatamente a continuación que

> "el defecto que analizamos podría haber sido fácilmente eludido si el recurso no se dirigiese contra la sentencia [...] aunque se hubiera interpuesto a partir de su notificación como exige el art. 43 LOTC. El hecho de no haber procedido así ha creado un equívoco [...] por la acumulación en un mismo recurso de dos peticiones distintas" (FJ 1).

La STC 24/1983, de 6 de abril (TOL79.191), es también otro buen ejemplo del comportamiento inicial del Tribunal que evita la acumulación de pretensiones en una misma demanda. En esa ocasión, el recurrente impugnó en su demanda un acto administrativo presunto al que imputaba la vulneración del art. 14 CE y al mismo tiempo el auto judicial que rechazó la tramitación del recurso contencioso por la vía especial de protección de los derechos fundamentales de la Ley 62/1978 intentada por el recurrente, remitiéndole al procedimiento contencioso ordinario. En su demanda de amparo, el recurrente únicamente solicitó, sin embargo, la anulación de la citada resolución judicial, sin interesar al mismo tiempo la anulación del acto administrativo. Con estos antecedentes, el Tribunal nota enseguida la irregularidad de la pretensión de la demanda y por eso comienza por la "cuestión previa de delimitar su objeto" precisando que

> "la violación del art. 14 se imputa a la actuación de la Administración (supuesto del art. 43 de la LOTC) y no a la del órgano judicial (supuesto del art. 44 de dicha Ley) que, al confirmarla, se habría hecho partícipe de aquélla. Ello, no obstante, el recurrente se limita a pedir una tutela jurídica «instrumental», a saber, que, anulándose el cambio de procedimiento decretado por el auto, se ordene la prosecución del mismo por los trámites de la Ley 62/1978 sin haber llegado, en cambio, a solicitar, ni en el escrito inicial ni en el de alegaciones, la reforma del supuesto acto administrativo «tácito» presuntamente opuesto al derecho a la igualdad. Sobre esta base, la pretensión ejercitada en la demanda -lugar en el que según el art. 49.1 de la LOTC debe fijarse con precisión el amparo que se pide- incurre en falta de coherencia, por cuanto, partiendo de que el acto administrativo viola el art. 14 de la C. E. y centrando su fundamentación en este punto, no solicita luego la revisión de tal acto en vía de amparo" (FJ 1).

Aunque en esta ocasión, la sentencia termina aceptando el planteamiento del recurrente y, por tanto, examina únicamente la tacha formulada contra la resolución judicial *ex* art. 44 LOTC, conviene adelantar que en este último ejemplo despunta ya claramente el riesgo de instrumentalización del amparo que entonces advierte la propia sentencia comentada y que, por culpa de la normalización del fenómeno de la acumulación de pretensiones en una misma demanda, aparecerá luego en un buen número de ellas, sin que el Tribunal haya acertado a atajarlo, como más adelante podrá comprobarse.

En este momento baste con adelantar que, según ha sido certeramente observado, en supuestos de este tipo, en los que la estimación de la infracción constitucional, comúnmente procesal, denunciada por la vía del art. 44 LOTC comportaría, en efecto, como bien se encarga de precisar la propia sentencia comentada, la retroacción de lo actuado para que fuera la jurisdicción ordinaria la que en su caso reparara una lesión constitucional causada por la Administración, que expresamente también ha sido denunciada en amparo y que el propio Tribunal podría reparar por sí mismo, supone sencillamente "interesar una *tutela instrumental,* no subsidiaria"[2].

Al margen por ahora del citado riesgo de instrumentalización del amparo constitucional, y cuyo interés notaremos al final de este capítulo, lo cierto es que muy pronto, y después de esos primeros pronunciamientos que reducen las pretensiones formuladas por los recurrentes a una sola, el Tribunal aceptará ya expresamente la existencia de amparos mixtos. Según mis cuentas, aunque si llegar todavía a calificarlo formalmente como tal, la STC 68/1983, de 26 de julio (TOL79.233), es la primera sentencia que asume este enfoque y que examina, por tanto, la doble impugnación formulada en la demanda por las vías de los arts. 43 y 44 LOTC.

La novedad del caso está probada en el primer fundamento de la sentencia que comienza justo por advertir que "el recurrente en amparo afirma [...] interponer dos demandas o recursos de amparo distintos: uno, frente [a una disposición administrativa], por la pretendida violación del art. 14 CE; el

---

2 REQUEJO PAGÉS, J.L. (2002: 195).

otro, al que califica como «pretensión de amparo subsidiaria», frente a la sentencia del Tribunal Supremo [...], por la pretendida violación de los arts. 14 y 24.1 CE".

Pese a la primicia, la sentencia la resuelve, no obstante, en forma bastante simple. Declara que "tal actuación del recurrente en amparo puede ser calificada como de acumulación inicial de acciones, autorizada por el art. 153 de la Ley de Enjuiciamiento Civil, siempre que -como ocurre en el presente caso- las acciones que se pretenden acumular por el actor no sean incompatibles entre sí" (FJ 1). Y dicho esto, sin más explicaciones, analiza las dos impugnaciones por separado, comenzando por la atribuida a la Administración, que curiosamente inadmite, sin embargo, para examinar luego, en un segundo momento, las vulneraciones imputadas a la sentencia del Tribunal Supremo.

A esta sentencia constitucional le siguieron luego otras varias. La STC 31/1984, de 7 de marzo (TOL79.321), nota también la imprecisión de la demanda y aclara que,

> "una consideración del conjunto revela pronto que el presente proceso es complejo, pues junto al amparo frente a las resoluciones judiciales se acumula el amparo frente al Real Decreto 124/1982 y el que se dirige contra las resoluciones judiciales. Estos son, rectamente entendida la demanda, y prescindiendo de algunas imprecisiones jurídicas, los términos que definen el debate en el primero de los datos -nos referimos al del acto lesivo en la terminología del amparo- de los que ha de partir todo ulterior estudio. Desde una acumulación de pretensiones que la demandante enlaza acudiendo a una formulación eventual, se inserta el recurso en el marco del art. 43 (en cuanto al Real Decreto 124/1982), y en el marco del art. 44 (en cuanto a las resoluciones judiciales), los dos de la LOTC" (FJ 1).

Sin abandonar esta última sentencia, conviene recordar que el Tribunal insistirá un poco más adelante sobre esta misma idea para precisar en forma impecable que la lesión del art. 24.1 CE imputada por la vía del art. 44 LOTC a la sentencia del Tribunal Supremo que inadmitió el recurso formulado por la entidad recurrente contra el citado Real Decreto por la vía especial de protección de los derechos fundamentales de la Ley 62/1978

> "no debe llevar, sin embargo, a que anudando a ella la idea de que se han violado las garantías procesales que para la defensa de los derechos fundamentales instituye indicada Ley, concluyamos aquí con un pronunciamiento que pudiendo tener apoyo en el tratamiento de las vulneraciones procesales, retrotraiga al Tribunal Supremo el conocimiento del tema del enjuiciamiento de indicados preceptos del Real Decreto. No es ésta la acción que ejercita la demandante con carácter preferente, aunque otra cosa pudiera equivocadamente entenderse atendiendo a la estructura del petitum y a la colocación de la petición de nulidad de las resoluciones en el primero de los pronunciamientos que insta de este Tribunal Constitucional. El demandante no ejercita las acciones subsumibles en el art. 44 de la LOTC y las que tienen cobijo en el art. 43 de la misma Ley, todas a la vez, poniendo en litispendencia el conjunto de las que se apoyan en el art. 24.1 (contra las resoluciones judiciales) y en el art. 14 (contra el Real Decreto de la C.E.), para que este Tribunal se pronuncie sobre todas ellas. La demandante con una pluralidad de fundamentos, articula, ciertamente, una pluralidad de pedimentos, pero articulados de tal forma, como revela la interpretación de la súplica de la demanda en relación con la fundamentación que la precede, que la nulidad de significado procesal se hace valer con el carácter de la eventualidad o subsidiariedad, esto es, para el caso de que se estimara que no procede el enjuiciamiento -desde parámetros constitucionales- del expresado Real Decreto. Con ser cierto que el quebrantamiento de las garantías procesales podrá llevar en sí una violación del derecho que constitucionaliza el art. 24.1 y esto es así cuando no se respeta el contenido de este derecho, la cuestión aquí debe reconducirse a atribuir a las resoluciones judiciales el carácter de agotamiento de la vía judicial procedente, en los términos del art. 43.1 de la LOTC" (FJ 7).

Lamentablemente estas precisiones correctísimas sobre el carácter eventual o subsidiario de la acumulación de pretensiones formuladas en la demanda como fórmula idónea para admitir la acumulación desaparecerán de la jurisprudencia constitucional y el Tribunal nunca más volverá a parar en la posibilidad de acumular dos pretensiones en una misma demanda, según habrá ocasión de ver con más detalle al final de este libro[3]. Entretanto conviene que retomemos el repaso a la jurisprudencia constitucional para ver cuál es la opinión del Tribunal sobre los amparos mixtos.

La STC 51/1984, de 25 de abril (TOL79.341), nota también la singularidad del caso que examina. Pues en la demanda de amparo, además de las lesiones imputadas a la Administración, y que fueron precisamente las discutidas en el previo proceso contencioso, el recurrente añadió otra "que se refiere señaladamente a la tramitación del proceso judicial y que por consiguiente es posterior a su iniciación y a las violaciones que en él se trataba de corregir". Lo que para la citada sentencia

> "pone de manifiesto que estamos en presencia de dos amparos diferentes, que el recurrente ha reunido en un único proceso, el que solicita frente a la Administración Pública y el que solicita frente a la actuación de los Tribunales de Justicia. Aunque imbricados, convendrá que examinemos separadamente cada uno de dichos temas" (FJ 1).

Como en los casos anteriores, también ahora el Tribunal, pero sin dar tampoco ninguna explicación, comienza examinado la lesión formulada por el cauce del art. 43 LOTC, para,

---

3 El ATC 653/1984, de 7 de noviembre, anuncia ya esta renuncia del Tribunal, que la práctica luego confirmará, cuando advierte que, "prescindiendo de algunos aspectos del recurso, como son los que suscita la acumulación de pretensiones dirigidas una contra la resolución administrativa, por la vía del art. 43.1 y otra contra la resolución judicial por el cauce cuyos presupuestos define el art. 44.1, ambos de la LOTC [...], vamos a centrarnos -y a ceñirnos- al estudio [de si la demanda carece de contenido constitucional que justifique un decisión] con arreglo al art. 50. 2 b) LOTC, y esto, porque aquellos aspectos, son susceptibles de ser superados" (FJ 1).

una vez desestimada, examinar luego la imputada a la sentencia por la vía del siguiente art. 44 LOTC.

De todas formas, si no me equivoco, el ATC 687/1984, de 14 de noviembre, es la primera resolución del Tribunal que utiliza el adjetivo «mixto» para calificar el amparo que tiene delante y que rápidamente haría fortuna en los usos de la doctrina constitucional[4]. Literalmente el Tribunal advirtió entonces que

> "a pesar del equívoco planteamiento de la demanda, es cierto que [...] estamos en presencia de un recurso de amparo *«mixto»*, ya que las violaciones de derechos fundamentales presuntamente cometidas se imputan en un caso a una resolución administrativa y en otro a una decisión judicial. En definitiva, se trata de un recurso de amparo reconducible, al mismo tiempo, al art. 43 de la LOTC, en cuanto a la presunta violación del derecho a la igualdad por parte de la resolución de la [Administración] y al art. 44 de la misma Ley, en cuanto a la presunta violación del derecho a la tutela judicial efectiva por parte de la Sentencia del Tribunal Supremo" (FJ 1).

A este primer Auto le siguieron enseguida otros más. El ATC 121/1985, de 20 de febrero, por ejemplo, nota igualmente que

> "aunque la demanda en el «suplico» sólo se dirige, recabando su nulidad, contra el acto presunto de [la Administración], a pesar de esta apariencia formal o externa, impugna en todo su contenido también la sentencia del Tribunal Supremo, que confirmó la legalidad de dicha actuación negativa, y por motivos que encajados en la vulneración del mismo derecho fundamental son diferentes -al menos, en parte- de los referibles al acto administrativo, por lo que se trata de un recurso de

---

4 Aunque esa es la calificación que se ha normalizado en los usos del Tribunal, algunas sentencias adjetivan también este tipo de recurso de amparo "híbrido" (11/1993, de 18 de enero; 120/1994, de 25 de abril) "mestizo" (SSTC 148/1997, de 29 de septiembre; y 237/1997, de 22 de diciembre, y ATC 238/1997, de 25 de junio) o "complejo" (SSTC 73/1987, de 23 de mayo; 194/1989, de 16 de noviembre; 97/1994, de 21 de marzo; 1/2001, de 15 de enero; 26/2002, de 11 de febrero; y 9/2003, de 20 de enero.

> amparo *«mixto»*, que ha de situarse en los arts. 43 y 44 respectivamente de la LOTC, debiendo examinarse separadamente esta doble impugnación según su contenido particular" (FJ 2).

Pocos meses después el ATC 291/1985, de 8 de mayo, precisará por su parte, en un asunto de demanda formulada únicamente por la vía del art. 44 LOTC contra la sentencia que, poniendo fin a la vía judicial y con revocación de la dictada en instancia, confirmó el acto administrativo entonces impugnado, que ese planteamiento procesal del recurrente "requiere, sin embargo, serias correcciones". De modo congruente, el Tribunal observa en primer lugar que

> "La sentencia combatida no otra cosa hizo que revocar la pronunciada por la Audiencia Nacional por entender que los actos dictados por el Ministerio de Trabajo, ordenando la suspensión y el cese total de las actividades de la Entidad hoy demandante, era «conformes a Derecho». En consecuencia, y con la salvedad de la presunta vulneración del art. 24.1 de la C. E., las violaciones denunciadas en los arts. 22.1 y 4 y 28.1 de la C. E., de haberse producido, lo habrían sido originariamente por las resoluciones administrativas y derivadamente por la sentencia impugnada" (FJ1).

Para luego inmediatamente, apurando esta precisión, subrayar

> "la inviabilidad del planteamiento procesal adoptado por la Entidad recurrente, pues el recurso de amparo promovido pertenece a la categoría de los recursos mixtos, así denominados por concurrir en ellos la circunstancia de que la lesión de derechos constitucionales ha de imputarse originariamente a actos provenientes de la Administración del Estado, de un lado (art. 43 de la LOTC), y de los órganos integrados en el Poder Judicial, de otro (art. 44 de la LOTC)" (FJ 2).

Esta denominación de amparo «mixto» pasará enseguida al texto de las sentencias. Según mis cuentas, la STC 68/1985, de 27 de mayo (TOL79.484), es la primera que la utiliza cuando advierte que

> "nos hallamos ante un recurso de los llamados «mixtos», porque en él se impugnan resoluciones administrativas lato sensu encuadrables, como expresamente se dice en la demanda, entre los actos incluidos en el art. 43.1 de la LOTC, y otras de naturaleza inequívocamente judiciales, insertas en el art. 44.1 de la LOTC" (FJ 2).

Según se ha adelantado, a partir de entonces, con su reconocimiento formal, los amparos mixtos se convirtieron enseguida en una modalidad de recurso de amparo muy frecuente en la práctica del Tribunal, con todos los problemas teóricos y complicaciones prácticas que enseguida se verán y que se agravarán aún más con las modificaciones introducidas en la LOTC por la Ley orgánica 6/2007, y que ya conocemos.

Curiosamente, sin embargo, este creciente peso de los amparos mixtos en la actividad del Tribunal, que muy pronto llegará a ser dominante respecto de los amparos genuinamente administrativos del art. 43 LOTC, según más adelante se insistirá, no tuvo en ese primer momento ni ha tenido hasta ahora ningún reflejo ni en las estadísticas del propio Tribunal, cuyas Memorias anuales no incorporan ningún dato al respecto[5], ni en la doctrina científica que por su parte tampoco le ha de-

---

5 En la página web del Tribunal (https://www.tribunalconstitucional.es) los amparos mixtos figuran mencionados en el documento elaborado por el propio Tribunal en 2018 y que, con carácter simplemente informativo, ofrece una respuesta sencilla a "26 cuestiones básicas sobre el recurso de amparo constitucional". En concreto, en respuesta a la 2ª cuestión sobre "cuáles son los actos recurribles en amparo", el citado documento aclara que el recurso de amparo "también se puede interponer de forma "mixta" frente a actos o disposiciones de las Administraciones Públicas y de los Tribunales de Justicia, cuando éstos últimos hayan incurrido en una nueva lesión de un derecho o libertad al conocer de los recursos interpuestos contra los actos, decisiones o disposiciones de aquéllas". Curiosamente, este documento, cuando responde a la cuestión 8ª sobre "cuál es el plazo para interponer el recurso", no informa sobre el plazo de interposición aplicable a los amparos mixtos, que no aparecen ya mencionados.

dicado demasiado atención[6]. Antes, no obstante, de ver esos

---

Más recientemente, como consecuencia del acuerdo del Pleno Gubernativo del Tribunal de 15 de marzo de 2023 (BOE núm. 70, de 23 de marzo de 2023), la Secretaría General del propio Tribunal ha elaborado una *Guía para la presentación de las demandas de amparo* accesible en su página web (https://www.tribunalconstitucional.es/es/sede-electronica/Documents/Guía para la presentación de las demandas de amparo.pdf) donde indica, en el apartado dedicado al "plazo y presentación de la demanda" (p. 15) que "cuando se trate de un amparo mixto, esto es, cuando se atribuyan vulneraciones autónomas tanto a una resolución administrativa como a una resolución judicial, el plazo es de 30 días, a partir de la notificación de la resolución firme recaída en el proceso judicial".

6 En lo que he podido comprobar, al margen del estudio de REQUEJO PAGÉS, J.L (2002), repetidamente citado en el texto y que constituye el más completo y sugerente al respecto, los comentarios sobre los amparos mixtos son efectivamente muy pocos y, en cualquier caso, breves. Sirva para probarlo los dos siguientes ejemplos y que están tomados de dos de las monografías más completas y minuciosas publicadas hasta la fecha sobre el recurso de amparo. Salvo error por mi parte, no aparecen, por ejemplo, en el magnífico estudio jurisprudencial de FERNÁNDEZ FARRERES, G. (1994). Por su parte, PÉREZ TREMPS, P. (2004: 86) apenas le dedica un párrafo en su igualmente completo para notar únicamente que en esos supuestos "la demanda parte de una doble lesión, no de la doble impugnación por una única lesión de derechos". Parecida despreocupación por los amparos mixtos luce en otros estudios más recientes y posteriores a la reforma de la LOTC de 2007. Cfr., entre otros, CABAÑAS GARCÍA, J. C. (2010), "El recurso de amparo que queremos. (Reflexiones a propósito de la Ley orgánica 6/2007, de 24 de mayo, de reforma parcial de la Ley Orgánica del Tribunal Constitucional)", *Revista Española de Derecho Constitucional,* núm. 88, pp. 39 y siguientes, en especial, p. 51; ULLOA RUBIO, I. (2020), "Artículo 43", en *Comentarios a la Ley Orgánica 2/1979, de 3 de octubre, del Tribunal Constitucional* (Dir. J. J. González Rivas; Coord. A. Gutiérrez Gil), Fundación Wolters Kluwer/BOE/Tribunal, Constitucional, Madrid, pp. 508-509, por nota; GARCÍA COUSO, S. (2024), "Tribunal Constitucional y recurso de amparo. Más de cuatro décadas de protección de derechos y libertades fundamentales", *Teoría y Realidad Constitucional,* núm. 53, pp. 533 y ss., que no le dedica ni una línea. Tampoco, y aunque constituye formalmente su objeto específico,

problemas y sus consecuencias con algo más de razón, algunas observaciones son oportunas.

2. EL CARÁCTER MIXTO DEL RECURSO, EL COMPORTAMIENTO GENEROSO DEL TRIBUNAL Y SUS DEBILIDADES

Para empezar, conviene precisar que las más de las veces la calificación del correspondiente recurso como mixto no deriva del oportuno y expreso planteamiento procesal de la demanda al respecto, sino que es fruto de la depuración de su objeto por el propio Tribunal.

Como ya sabemos por las explicaciones anteriores, buena parte de las demandas de amparo carecen en efecto de la imprescindible precisión, de modo que, como también nos consta, abundan las que, tanto en su encabezamiento y *petitum*, como en sus razonamientos, mezclan las vulneraciones dirigidas contra la Administración con las atribuidas a los órganos judiciales. En estas confusas condiciones no puede extrañar y se comprende mejor que sea finalmente el propio Tribunal el que, rectificando el planteamiento formal de la demanda, al modo de lo que sucede con los amparos administrativos del art. 43 LOTC que antes hemos repasado, determine de oficio el carácter mixto del correspondiente recurso.

Esta precisión, que inaugura comúnmente los razonamientos del Tribunal, figura en abundantes resoluciones, según es fácil de comprobar con solo repasar la doctrina constitucional

---

puede encontrarse muchas explicaciones en LÓPEZ NAVÍO, A (2023), "El recurso de amparo frente a sentencias contencioso-administrativas: especial mención a los recursos de amparo mixtos", *Derecho Administrativo 2023* (Dirs. Ortega Burgos, E., y Pastor Ruiz, F.), Tirant lo Blanch, Valencia, pp. 165 y ss.

de esa primera época, anterior a la reforma de la LOTC de 2007[7].

La STC 100/1986, de 14 de julio (TOL79.646), es un primer ejemplo, cuando pese a que la demanda de amparo se dirige únicamente contra la sentencia que puso fin a la vía judicial, declara que,

> "sin embargo, aunque ésta es la pretensión que formula en el suplico, del contenido de la demanda y de las alegaciones se desprende [...] que el objeto del presente recurso es mixto" (FJ 1).

La STC 119/1987, de 9 de julio (TOL79.859), es también otro buen ejemplo de ese esfuerzo inicial del Tribunal por depurar el verdadero objeto del recurso, cuando, pese a la imprecisión de la demanda al respecto, el Tribunal declara no obstante que

> "se trata, por tanto, de una demanda de carácter mixto, ya que impugna, aunque no siempre de forma expresa y directa, determinados preceptos de una disposición reglamentaria, el acto administrativo que los aplicó al caso concreto, y las resoluciones judiciales que revisaron la actuación administrativa" (FJ 1).

---

7 Además de las resoluciones que aparecen citadas en el texto y entre otras, pueden consultarse también las SSTC 100/1986, de 14 de julio; 73/1987, de 23 de mayo; 119/1987, de 9 de julio; 110/1991, de 20 de mayo; 353/1993, de 29 de noviembre; 10/1994, 200/1997, de 24 de noviembre; 54/1999, de 12 de abril; 29/2000, de 31 de enero; 1/2001, de 15 de enero; 219/2001, de 31 de octubre; 117/2002, de 20 de mayo; 147/2003, de 14 de julio; 199/2004, de 15 de noviembre; 220/2005, de 12 de septiembre; y 87/2008, de 21 de julio. La misma precisión figura igualmente en los AATC 536/1985, de 24 de julio; 353/1993; de 29 de noviembre; 89/2004, de 22 de marzo; y 331/2008, de 27 de octubre.

También la STC 110/1991, de 20 de mayo (TOL80.524), corrige el planteamiento procesal de la demanda para afirmar que

> "aunque la demanda se dice dirigida contra la Sentencia de la Sala Quinta del Tribunal Supremo, en puridad nos encontramos con un recurso de carácter mixto del art. 43 LOTC [sic]" (FJ 1),

Este esfuerzo del Tribunal por salvar las imprecisiones de la demanda y descifrar su verdadero objeto para, llegado el caso, atribuir carácter mixto al recurso, despunta igualmente entre otras muchas sentencias en la STC 169/1996, de 29 de octubre (TOL78.641), en la que el Tribunal afirma que

> "aunque en la demanda se impugnan únicamente las resoluciones adoptadas por el Juzgado de Vigilancia Penitenciaria y la Audiencia Provincial de Sevilla en los sucesivos recursos intentados sin éxito por el recurrente para obtener la anulación de la sanción impuesta, a los que se achacan diversas vulneraciones del derecho a la tutela judicial efectiva (art. 24.1 C.E.), lo cierto es que integrando dicha demanda con el escrito inicial del interno resulta claramente que estamos en presencia de un amparo mixto, dirigido también contra la sanción misma por vulneración de sus derechos de defensa en el procedimiento disciplinario (art. 24.2 C.E.), como había denunciado en la vía judicial" (FJ 1).

O también en la STC 146/1999, de 27 de julio (TOL81.196), que, después de notar "los imprecisos términos en que se encuentra formulada la presente demanda de amparo", declara no obstante que

> "de su mera lectura se desprende [...que] nos encontramos, en consecuencia, ante un recurso de amparo [...]de carácter "mixto", esto es, articulado conjuntamente a través de los arts. 43 y 44 LOTC" (FJ 1),

Si mis cuentas son correctas, la STC 36/2000, de 14 de febrero (TOL81.279), inaugura una explicación que utilizará luego el Tribunal en otras sentencias posteriores (SSTC 1/2001, de 15 de enero, FJ 2; y 47/2001, de 15 de febrero, FJ 3) para justificar el carácter mixto de la demanda, a pesar también de que se hubiera formulado únicamente por la vía del art. 44 LOTC contra las correspondientes sentencias dictadas en la vía judicial precedente. En esa ocasión, el Tribunal advertirá que,

> "basta, sin embargo, la mera lectura de la fundamentación jurídica y del suplico de las demandas para constatar que en realidad nos encontramos en este caso ante recursos de carácter mixto" (FJ 2).

La STC 147/2003, de 14 de julio (TOL295.203), disculpa igualmente el encuadramiento procesal de la demanda en el art. 44 LOTC y declara que

> "esta defectuosa articulación del recurso no ha de impedir, sin embargo, el examen de las infracciones constitucionales en que supuestamente habría incurrido la Administración, toda vez que basta la mera lectura de la fundamentación jurídica y del suplico de la demanda para comprobar que el recurso comprende, además de la petición de nulidad de la Sentencia formalmente impugnada, la de las citadas resoluciones administrativas. Por consiguiente, en realidad el recurrente ha interpuesto un amparo del tipo que en alguna ocasión hemos calificado de «mixto»" (FJ 1).

Para justificar esta calificación, el Tribunal subraya en ocasiones el carácter autónomo de las vulneraciones formuladas *ex* art. 44 LOTC. La STC 91/2004, de 19 de mayo (TOL409.909), es ahora un buen ejemplo de este otro comportamiento del Tribunal cuando afirma que

> "estamos ante un recurso de los denominados mixtos o complejos (art. 43 y 44 LOTC), no tanto porque el demandante señale además de los actos de la Administración a los del órgano judicial como lesivos de derechos fundamentales, cuanto que algunas de las infracciones con relevancia constitucional que se atribuyen al Juzgado de Vigilancia Penitenciaria son autónomas, es decir, van más allá de la mera falta de reparación de

> las que originariamente se achacan a la Administración penitenciaria" (FJ 2).

En otras, el Tribunal completa el *petitum* de la demanda para incorporar una pretensión del art. 43 LOTC y, de ese modo, calificar el amparo de mixto. Es el caso, por ejemplo, de la STC 199/2004, de 15 de noviembre (TOL516.649), cuando en otro supuesto de demanda formulada *ex* art. 44 LOTC contra la sentencia dictada en la vía judicial previa, advierte que

> "si bien el demandante de amparo invoca el art. 14 CE en relación con la Sentencia, lo cuestionado serían tanto las resoluciones administrativas como la posterior Sentencia dictada. En efecto, aunque el recurrente imputa la vulneración del principio de igualdad en la aplicación de la ley a la Sentencia dictada por la Sala de lo Contencioso-Administrativo de la Audiencia Nacional y también a ella imputa el trato desigual injustificado, lo cierto es que en realidad nos encontramos ante un amparo mixto, ya que el desigual trato al que se le ha sometido y que se denuncia se habría producido en el inicial ámbito del expediente administrativo sustanciado para resolver la solicitud de la pensión de viudedad, como se deduce de los argumentos impugnatorios y del propio suplico de la demanda, donde se solicita la anulación de la Sentencia recurrida, así como el reconocimiento del derecho a percibir la pensión que reclama, lo que sólo sería factible mediante la anulación de las resoluciones administrativas de las que trae su causa la resolución judicial impugnada" (FJ 2).

En este repaso cronológico por la doctrina constitucional de esa primera época, que no pretende ser completo, conviene recordar asimismo la STC 181/2008, de 22 de diciembre (TOL1.416.113), que comienza aclarando por su parte que

> "la vulneración del derecho no ha de atribuirse sólo, como concluye la demanda, a la sentencia que desestima el recurso contra las resoluciones administrativas sancionadoras —de sanción y de confirmación en alzada de la sanción—, sino también y originariamente a estas dos decisiones, de modo que el recurso de amparo interpuesto en un recurso mixto, co-

> rrespondiente tanto a la previsión del art. 44 como a la del art. 43 LOTC" (FJ 3).

La STC 135/2010, de 2 de diciembre (TOL2.007.424), es una de las últimas sentencias que resuelve un recurso de amparo aplicando el régimen de la LOTC anterior a su modificación en 2007 y que mejor testimonia la generosa disposición clarificadora del Tribunal cuando advierte que,

> "en primer lugar hemos de precisar que estamos ante un recurso de amparo mixto (art. 43 y 44 LOTC). A pesar del objeto del recurso de amparo individualizado por el recurrente tanto en el encabezado de la demanda como en el petitum, en el cuerpo de la misma se aduce que la resolución administrativa sancionadora vulneró el principio de legalidad en materia de derecho administrativo sancionador (art. 25.1 CE), añadiéndose además que la sentencia impugnada habría lesionado idéntico derecho fundamental al no reparar la lesión originaria. Del mismo modo se imputa, tanto a la actuación administrativa, como a la resolución judicial la vulneración del derecho a la tutela judicial efectiva (art. 24.1 CE) por el tratamiento dado a las pruebas en ambos órdenes, administrativo y judicial. Así pues, es evidente que los actos lesivos de derechos fundamentales que el recurrente en amparo plantea para su análisis en esta sede son atribuibles tanto a la Administración pública como a los órganos judiciales. Lo expuesto determina que, a pesar de la identificación del objeto litigioso realizada en principio por la recurrente, debamos entender que estamos ante un recurso de amparo mixto [...] (FJ 2).

De otra parte, en segundo lugar, interesa igualmente aclarar que, como sugieren algunas de las declaraciones constitucionales que acaban de recordarse, la calificación del recurso como mixto resulta en ocasiones bastante discutible técnicamente y confirma de paso la generosidad con la que el Tribunal ha disculpado siempre las imprecisiones y los defectos en el modo de proponer la demanda de amparo, al punto de llegar en ocasiones a reconstruirla por completo.

Efectivamente, en no pocas ocasiones el carácter autónomo de las vulneraciones imputadas al órgano judicial por la vía del art. 44 LOTC no es evidente, ni muchos menos. De hecho, en un buen número de esos mismos supuestos, las lesiones que se imputan a la actuación de los órganos judiciales coinciden sustancialmente con las que se reprochan a la Administración, de modo que consisten simplemente en no haberlas reparado al confirmar la validez de la actuación administrativa.

La STC 120/1994, de 25 de abril (TOL82.527), es un primer ejemplo de este comportamiento generoso del Tribunal que no duda en calificar el recurso de mixto a pesar de que el recurrente únicamente impugnó de manera directa la sentencia que confirmó la sanción impuesta por la Administración y de que las lesiones constitucionales que reprocha al órgano judicial coinciden punto por punto con las que defendió en el previo proceso judicial contra la resolución sancionadora. Nada de todo esto para contar, sin embargo, en el ánimo del Tribunal que declara que

> "La pretensión, en definitiva, postula la nulidad de los actos de los poderes públicos judicial y ejecutivo, que de consuno se impugnan y, por tanto, de la sanción impuesta" (FJ 1).

Años después, la STC 200/1997, de 24 de noviembre (TOL119.195), cuyo razonamiento utiliza también el ATC 54/1999, de 8 de marzo, es un buen ejemplo del citado comportamiento generoso del Tribunal cuando declara que:

> "Estamos, pues, en lo principal, ante un amparo de los contemplados en el art. 43 LOTC. Su objeto está constituido por un acto administrativo y no de modo autónomo por las ulteriores resoluciones judiciales, que sólo forman parte del mismo como vía de amparo ordinario previa al amparo constitucional y de agotamiento necesario para acceder al mismo. Sin embargo, en la medida en que, siquiera accesoriamente, se imputa a las resoluciones judiciales de modo relativamente independiente la infracción de los arts. 24.1 y 9.3 C.E., cabe catalogar como mixto el recurso de amparo en el sentido de que se impugnan directamente tanto resoluciones administrativas como judicia-

> les y de que se encauzan procesalmente tanto por la vía del art. 43 LOTC como por la del 44 de la misma Ley Orgánica" (FJ 1).

El mismo criterio flexible usará la STC 42/2000, de 14 de febrero (TOL81.281), para calificar de mixto un recurso dirigido contra la resolución sancionadora de la Delegación del Gobierno en Andalucía impuesta al recurrente por interrumpir el tráfico rodado en el curso de una manifestación, confirmada en alzada y, más tarde, por sentencia de la Sala de lo Contencioso-Administrativo del Tribunal Superior de Justicia de Andalucía.

En su demanda, el recurrente denunció que la citada resolución sancionadora vulneró el derecho de manifestación del art. 21 CE. A esta vulneración el recurrente añadió, además, la infracción del derecho a la utilización de las pruebas pertinentes para la defensa del art. 24.2 CE porque la Administración rechazó admitir las que había solicitado en el procedimiento sancionador. Y también, según resume literalmente ahora la propia sentencia

> "esta misma infracción constitucional, y en virtud de idénticos motivos, se atribuye también a la Sentencia que confirmó las citadas Resoluciones, ya que tampoco la Sala de lo Contencioso accedió a su petición de recibimiento del proceso a prueba".

Con estos antecedentes, que prueban la instrumentalidad de la queja formulada *ex* art. 44 LOTC, porque la sentencia judicial se limitó a confirmar el criterio de la Administración, el Tribunal declara a continuación, sin embargo, y sin más explicaciones que

> "nos encontramos, pues, ante un recurso mixto, en el que la lesión de derechos fundamentales se imputa tanto a la Administración -a quien, como acaba de indicarse, se le atribuye la lesión del art. 21 y 24.2 CE- como al órgano judicial que ha dictado la Sentencia ahora recurrida -a quien, como también

> acaba de señalarse, se le imputa otra infracción del art. 24.2 CE-" (FJ 1).

La STC 132/2001, de 8 de junio (TOL100.402), es otro buen ejemplo de este mismo comportamiento desprendido del Tribunal. En esa ocasión, a pesar de que el recurrente únicamente impugnó la sentencia del Juzgado de lo Contencioso-Administrativo que confirmó la sanción de suspensión de la licencia de auto taxi por tres meses impuesta por el Ayuntamiento de Madrid, el Tribunal declaró no obstante que

> "se está, en realidad, ante un recurso de amparo mixto (arts. 43 y 44 LOTC). En efecto, si bien el demandante de amparo invoca los arts. 14, 24.1 y 25.1 CE en relación con la sentencia, sin embargo, según se deduce de los argumentos impugnatorios y del propio suplico de la demanda, debe concluirse que lo cuestionado es tanto la resolución administrativa sancionadora como la posterior sentencia, ya citada" (FJ 1).

En este ambiente tan favorable a otorgar carácter mixto al correspondiente recurso sin muchos miramientos, no puede extrañar que incluso en ocasiones el Tribunal se olvide de su propia doctrina y atribuya esa calificación en casos en los que la sentencia judicial se limitó simplemente a confirmar la legalidad de acto administrativo impugnado, pero sin añadir ni una coma. Este es el caso, por ejemplo, de la STC 205/2003, de 1 de diciembre (TOL334.696), en la que el Tribunal, a propósito de un recurso en el que la sentencia dictada en la vía judicial precedente se limitó a confirmar la sanción impuesta al recurrente, y en el que todas las vulneraciones constitucionales denunciadas se dirigían únicamente contra la Administración, concluye, sin embargo y después de resumirlas, que

> "estamos, por tanto, ante un amparo mixto (arts. 43 y 44 LOTC), pues, según se deduce de los argumentos impugnatorios y del propio suplico de la demanda, el demandante cuestiona la resolución administrativa sancionadora, no reparada por la posterior Sentencia" (FJ 1).

Las declaraciones de la STC 199/2004, de 15 de noviembre (TOL516.649), confirman que el Tribunal maneja efectivamente la calificación de recurso mixto con una notable generosidad y, lo que es más llamativo, en claro contraste con el criterio, que está probado en otras muchas resoluciones, que comúnmente ha visto en este tipo de supuestos un amparo exclusivamente administrativo del art. 43 LOTC. En esa ocasión, el Tribunal dirá sin embargo que,

> "aunque el recurrente imputa la vulneración del principio de igualdad en la aplicación de la ley a la Sentencia dictada por la Sala de lo Contencioso-Administrativo de la Audiencia Nacional y también a ella imputa el trato desigual injustificado, lo cierto es que en realidad nos encontramos ante un amparo mixto, ya que el desigual trato al que se le ha sometido y que se denuncia se habría producido en el inicial ámbito del expediente administrativo sustanciado para resolver la solicitud de la pensión de viudedad, como se deduce de los argumentos impugnatorios y del propio suplico de la demanda, donde se solicita la anulación de la Sentencia recurrida, así como el reconocimiento del derecho a percibir la pensión que reclama, lo que sólo sería factible mediante la anulación de las resoluciones administrativas de las que trae su causa la resolución judicial impugnada" (FJ 2).

No es el caso aburrir ahora al lector con más declaraciones de la larga lista de pronunciamientos del Tribunal que ven un amparo mixto donde en rigor solo hay un amparo administrativo del art. 43 LOTC.

De todas formas, un ejemplo de la tendencia más radical a calificar el recurso de mixto, aun cuando no exista en rigor en la demanda de amparo ninguna imputación autónoma formulada contra la sentencia contenciosa *ex* art. 44 LOTC dictada en la vía judicial precedente, puede verse en la STC 216/2005, de 12 de septiembre (TOL709.070), cuando sin ninguna explicación el Tribunal declara que

> "imputa el demandante a los actos administrativos y sentencia señalados la vulneración de su derecho a la libertad sindical

> (art. 28.1 CE), al no haber apreciado que el cese en el puesto de trabajo que venía desempeñando tuvo como causa directa e inmediata su condición de representante sindical, siendo clara la existencia de indicios suficientes, de acuerdo con la doctrina de este Tribunal, del carácter antisindical de dicho cese. [....] Así pues, se trata de un recurso de amparo de carácter mixto" (FJ 1).

O también la STC 252/2006, de 25 de julio (TOL971.437), cuando confirma que el simple hecho de que los órganos judiciales no repararan las vulneraciones imputadas a la Administración es motivo suficiente para calificar sin más el correspondiente amparo de mixto. En esa ocasión, la sentencia subraya el carácter mixto del recurso simplemente porque el recurrente añade a las vulneraciones causadas por la Administración otras

> "ocasionadas por las resoluciones judiciales dictadas en el proceso de impugnación de las [resoluciones administrativas] consistentes en la falta de reparación de las quiebras de derechos fundamentales pretendidamente ocasionadas por éstas" (FJ 3).

La STC 35/2010, de 19 de julio (TOL10.023.414), es una de las últimas dictadas bajo el régimen de la LOTC anterior su modificación por la Ley orgánica 6/2007 y que mejor ilustra la generosidad con la que el Tribunal califica el recurso de mixto. En esa ocasión, la sentencia, dando por bueno sin más explicaciones el planteamiento de la demanda, declara que

> "el objeto del presente recurso de amparo es doble, pues se impugnan expresamente tanto la resolución administrativa, confirmada en alzada, como la Sentencia desestimatoria del recurso contencioso-administrativo interpuesto [...] lo que le confiere la naturaleza de recurso de amparo mixto" (FJ 1).

Aun cuando estas y otras declaraciones semejantes declaraciones bien parecen, en efecto, discutibles, lo cierto es que no provocaron en ese momento ninguna alerta, como lo demuestra que la doctrina, contagiada igualmente por el mismo criterio flexible, las aceptara sin ninguna preocupación. Seguramente porque por entonces, hasta la reforma de la LOTC de 2007, la calificación del correspondiente recurso como mixto no comportaba ninguna consecuencia visible de régimen jurídico, singularmente en materia requisitos procesales. Pues, como también ya sabemos, en esa época, esos requisitos eran los mismos para uno u otro tipo de amparo. A los efectos de la admisión del recurso, su calificación de mixto resultaba, pues, irrelevante. Lo que no significa, sin embargo, que fuera una operación por completo jurídicamente inocua, como luego veremos.

3. LOS AMPAROS MIXTOS Y SUS CONSECUENCIAS PROCESALES

Este panorama tan aparentemente inocente y repleto de concesiones en favor de la calificación mixta del recurso cambia radicalmente, sin embargo, con la ley Orgánica 6/2007 y sus novedades[8], comenzando por la ampliación del plazo de interposición de los amparos judiciales del art. 44.2 LOTC a treinta días que antes hemos visto.

Con arreglo a estas nuevas coordenadas legales y teniendo en cuenta la existencia a partir de entonces de dos plazos de interposición distintos según, como ya nos consta, se trate de amparos administrativos del art. 43 LOTC o judiciales del siguiente art. 44, LOTC, la primera cuestión que planteó la formulación de este tipo de recursos mixtos fue la de determinar cuál es el plazo que rige para su interposición, supuesto que la LOTC no establece ninguna regla específica al respecto.

---

8 ULLOA RUBIO, I. (2020: 509, por nota) señala que "la cuestión del «amparo mixto» se ha *enriquecido* con la reforma de la LOTC".

Esta duda fue oportunamente resuelta por el Tribunal que enseguida dejó claro que, a falta de una previsión expresa en la LOTC para los amparos mixtos,

> "una interpretación sistemática conduce a determinar que en estos casos el plazo de interposición sea de treinta días, mientras que en el caso de los recursos de amparo contra actos administrativos *lato sensu* de los previstos en el art. 43 LOTC el plazo de interposición sigue siendo de veinte días tras la Ley Orgánica 6/2007, de 24 de mayo." (ATC 211/2009, de 8 de julio, FJ 2)[9].

El Tribunal justifica la aplicación en beneficio del recurrente[10] del plazo más amplio previsto en el art. 44.2 LOTC para los amparos judiciales razonando que

> "cualquier otra interpretación obligaría injustificadamente a los demandantes, en casos de amparo mixto, a renunciar al plazo más extenso que otorga el artículo 44.2 LOTC (30 días) en favor del más breve previsto en el artículo 43.2 LOTC (20 días) cuando acumulen pretensiones dirigidas frente a disposiciones, actos jurídicos, omisiones o simple vía de hecho del Gobierno o de sus autoridades o funcionarios, con otras dirigidas frente a las resoluciones judiciales dictadas al instar la protección de sus derechos" (SSTC 21/2018, de 5 de marzo, FJ 2 a); y 175/2019, de 16 de diciembre, FJ 2 a); y 73/2021, de 18 de marzo, FJ 2 c)].

La más reciente STC 50/2024, de 8 de abril (TOL10.273.504), resumirá esta doctrina notando que, efectivamente,

---

9 Esta misma precisión figura en los AATC 172/2009 y 175/2009, ambos de 1 de junio.

10 El ATC 32/2017, 27 de febrero, insistirá en esa misma regla al advertir que "a falta de mención expresa en la Ley Orgánica del Tribunal Constitucional acerca del plazo para promover la demanda en este tipo de amparos mixtos, se aplica en beneficio de la parte recurrente el más amplio de treinta días del artículo 44.2 LOTC" (FJ 1).

> "a falta de previsión expresa en la Ley Orgánica del Tribunal Constitucional del plazo de presentación de la demanda en el caso de los amparos mixtos, se habrá de estar, conforme a doctrina reiterada por este tribunal [...] al más favorable de treinta días previsto en el art. 44.2 LOTC" (FJ 2)

De modo que, a partir de la citada Ley orgánica 6/2007, y de acuerdo con esta regla sobre el plazo de interposición, la calificación del correspondiente recurso como mixto, y que hasta entonces tan generosamente había dispensado el Tribunal, según hemos comprobado, deja de ser una solución procesalmente inocua o inocente para convertirse en una declaración con consecuencias decisivas para la admisión del correspondiente recurso de amparo.

Años después, la STC 21/2018, de 5 de marzo (TOL6.536.342), a la que luego seguiría la STC 175/2019, de 16 de diciembre (TOL8.441.214), acertará a decirlo en forma rotunda:

> "el carácter mixto del recurso de amparo no puede ser obviado porque es decisivo para determinar la incidencia que sobre una y otra pretensión impugnatoria tienen los [...] óbices procesales" (FJ 2).

3.1. El óbice de extemporaneidad simple

Como ya sabemos, porque ha salido varias veces a lo largo de este libro, muchas demandas de amparo se formulan en forma bastante imprecisa, sin identificar muy bien su objeto y en el que las vulneraciones constitucionales se imputan sin distinción al acto administrativo y a las resoluciones judiciales que confirmaron su validez en el proceso judicial previo.

Esta llamativa imprecisión de las demandas ha forzado al Tribunal a prescindir del planteamiento formal de la demanda para encontrar de oficio el verdadero objeto del recurso. Con frecuencia esa operación de depuración desemboca, como hemos comprobado en el capítulo II, en la articulación del recurso por la vía del art. 43 LOTC y, por tanto, con la aplicación del plazo de interposición de veinte días, con las consecuencias que se siguen para la admisión del correspondiente recurso que también antes hemos visto.

Ajustándose a ese mismo planteamiento, es habitual también que el representante de la Administración y/o el Fiscal aprovechen el oportuno trámite de alegaciones para interesar la inadmisión del recurso por extemporáneo con fundamento en su naturaleza genuina y exclusivamente administrativa *ex* art. 43 LOTC. En muchas de esas ocasiones, el Tribunal usará precisamente la calificación del recurso como mixto para rechazar ese óbice de admisibilidad.

Por atender a alguna de las sentencias más modernas, la STC 21/2018, de 5 de marzo, que antes ha salido, es un buen ejemplo de este modo de razonar del Tribunal. En esa ocasión, el Abogado del Estado defendió que el recurso debía ser inadmitido al haberse registrado en el Tribunal más allá del plazo de veinte días previsto en el artículo 43.2 LOTC. El Tribunal, sin embargo, rechazará la extemporaneidad del recurso

> "precisamente, por encontrarnos formal y materialmente en este caso ante un "recurso de amparo mixto" que imputa una lesión autónoma a la resolución judicial dictada en el procedimiento [judicial previo], el plazo para su interposición es el establecido en el artículo 44.2 LOTC para las quejas referidas a la actuación judicial. Cualquier otra interpretación obligaría injustificadamente a los demandantes, en casos de amparo mixto, a renunciar al plazo más extenso que otorga el artículo 44.2 LOTC (30 días) en favor del más breve previsto en el artículo 43.2 LOTC (20 días) cuando acumulen pretensiones dirigidas frente a disposiciones, actos jurídicos, omisiones o simple vía de hecho del Gobierno o de sus autoridades o funcionarios, con otras dirigidas frente a las resoluciones judiciales dictadas al instar la protección de sus derechos" [FJ 2 a)].

La STC 171/2019, de 16 de diciembre (TOL8.441.218), insistirá en este mismo razonamiento, cuando advierte que

> "Tampoco puede considerarse extemporánea la interposición del presente recurso de amparo, pues al tratarse de un recurso "mixto", correspondiente tanto a la previsión del art. 44 como a la del art. 43, ambos LOTC, se hizo dentro del plazo de treinta días establecido por asimilación en el art. 44.2 LOTC. En efecto, aparte de las lesiones sustantivas que se imputan a la resolución administrativa y a las resoluciones judiciales que la confirman, se denuncia una lesión del art. 24.1 CE que se reprocha exclusivamente a la providencia de inadmisión del recurso de casación, lo que dota al presente recurso de dicha consideración" (FJ 2).

Con la misma fecha, la STC 175/2019, y que antes ha salido también, resume muy bien este planteamiento. Esta sentencia, y cuyo interés por otro motivo distinto notaremos asimismo más adelante, resuelve uno de los recursos de una larga serie formulados contra la resolución del Secretario de Estado de Justicia desestimatoria de la reclamación de responsabilidad patrimonial solicitada por el recurrente a causa de su ingreso en prisión provisional acordada en un proceso penal del que luego fue absuelto, así como contra todas las resoluciones judiciales dictadas en el previo proceso contencioso que confirmaron la validez de esa decisión administrativa, con fundamento en la vulneración de los derechos a la igualdad, a la libertad personal y a la presunción de inocencia de los arts. 14, 17 y 24.2 CE

Con estos antecedentes, tanto el Abogado del Estado como por el Ministerio Fiscal defendieron que, pese a la articulación formal de la demanda por la vía del art. 44 LOTC, las lesiones constitucionales denunciadas serían imputables a la resolución administrativa y no, por tanto, a las resoluciones judiciales que la confirmaron, de manera que el recurso debía encuadrase en el ámbito del art. 43 LOTC. Con arreglo a esta calificación, solicitaron su inadmisión, al haberse interpuesto una vez transcurridos los veintes días previstos en el art. 43.2 LOTC.

El Tribunal nota enseguida la fuerza del argumento y, por eso, advierte que su examen "debe llevar a analizar la naturaleza de la demanda de amparo -administrativa, judicial, o en su caso mixta-, lo que comporta necesariamente identificar las distintas pretensiones impugnatorias acumuladas en la misma". Lo que verifica a continuación notando que

> "La demanda de amparo no cuestiona únicamente la resolución administrativa y la sentencia de la Sección Tercera de la Sala de lo Contencioso-Administrativo de la Audiencia Nacional por vulnerar el derecho a la igualdad, libertad y presunción de inocencia (arts. 14, 17 y 24.2 CE) ocasionada por la resolución administrativa, que la sentencia se limita a no reparar, sino que también se dirige, y en esta ocasión de modo autónomo, contra la vulneración del derecho a la tutela judicial efectiva (art. 24.1 CE) ocasionada por la Sección Primera de la Sala de lo Contencioso-Administrativo del Tribunal Supremo al inadmitir el recurso de casación.
>
> Por lo tanto, nos hallamos en este caso, formal y materialmente, ante lo que hemos denominado un "recurso de amparo mixto" encuadrable, por tanto, en la previsión de los artículos 43 y 44 LOTC. Junto a la queja principal -arts. 14, 17 y 24.2 CE- atribuida a la resolución administrativa y no reparada por la Sección Tercera de la Sala de lo Contencioso-Administrativo de la Audiencia Nacional y a la que le sería de aplicación la regulación del art. 43 LOTC, la segunda pretensión de amparo cuestiona adicionalmente y de forma autónoma, la respuesta judicial dada por la Sección Primera de la Sala de lo Contencioso-Administrativo del Tribunal Supremo al inadmitir el recurso de casación imposibilitando la interposición del mismo y a la que le sería de aplicación el art. 44 LOTC".

Aclarada de este modo la naturaleza mixta del amparo, el Tribunal declara que

> "hemos de descartar que la pretensión de amparo que cuestiona la resolución administrativa y la sentencia que no la repara pueda ser considerada extemporánea. El más breve plazo de veinte días, que el artículo 43.2 LOTC prevé para las pretensiones de amparo a que se refiere el apartado primero de dicho precepto, es aplicable cuando las demandas se formulen

> únicamente al amparo del mismo [...], pero no cuando en el recurso de amparo se denuncie, adicionalmente, una nueva y distinta lesión imputable de modo autónomo a los órganos judiciales al intentar obtener la reparación de sus derechos en la obligada vía judicial previa, en este caso, a través del recurso de casación. Precisamente, por encontrarnos formal y materialmente ante un "recurso de amparo mixto" que imputa una lesión autónoma a la providencia del Tribunal Supremo que inadmitió el recurso de casación con el que se pretendía reparar las vulneraciones ocasionadas por la administración y no reparadas por la Audiencia Nacional, el plazo para su interposición es el establecido en el artículo 44.2 LOTC para las quejas referidas a la actuación judicial" [FJ 2 a)].

La STC 98/2021, de 10 de mayo (TOL8.451.615), subrayará también el carácter mixto del recurso para rechazar igualmente la extemporaneidad de la demanda defendida por el Abogado del Estado en otro caso sobre desestimación por la Administración de la reclamación de indemnización por prisión provisional seguida de absolución. En esta ocasión el Tribunal advierte que

> "hemos de convenir con la abogacía del Estado en que si solamente se hubiera invocado la vulneración del derecho a la presunción de inocencia (art. 24.2 CE), a la igualdad (art. 14 CE) y a la libertad (art. 17 CE), pese a los términos de la demanda, el presente recurso amparo debería entenderse dirigido contra la resolución administrativa que deniega la pretensión indemnizatoria formulada por el demandante, ya que las resoluciones judiciales se habrían limitado a no reparar las lesiones aducidas [...]. Si fuera así, necesariamente deberíamos apreciar la extemporaneidad que preconiza la abogacía del Estado y, en consecuencia, inadmitir el recurso de amparo.
>
> No obstante, concurre un factor que auspicia una solución contraria. En la demanda de amparo también se alega la vulneración del derecho a la tutela judicial efectiva (art. 24.1 CE), en su vertiente del derecho a obtener una resolución motivada que, en el presente supuesto, solo podría entenderse dirigida respecto de las resoluciones judiciales combatidas [...este]

> planteamiento determina que en el presente recurso rija el plazo de treinta días establecido en el art. 44.2 LOTC" (FJ 2).

Y, en fin, el mismo razonamiento utiliza la STC 87/2023, de 17 de julio (TOL9.661.691), para descartar que la demanda entonces formulada por el recurrente contra la sanción de su expulsión del territorio nacional, luego confirmada por las sucesivas sentencias contenciosas dictadas en primera instancia y apelación, fuera extemporánea por haberse interpuesto una vez transcurridos los veinte días a que obliga el art. 43.2 LOTC. Literalmente en esa ocasión el Tribunal declaró que

> "no cabe compartir la apreciación del abogado del Estado de que estemos ante un recurso de amparo del art. 43 LOTC. Se trata antes bien de un recurso de amparo mixto. En primer lugar, porque a la doble queja de lesión del derecho a una motivación suficiente de la sanción (art. 24.1 CE) y a la quiebra del principio de proporcionalidad (art. 25.1 CE), que se achacan por la demanda a la resolución administrativa que acordó la expulsión de la recurrente únicamente aplicando la Ley Orgánica sobre derechos y libertades de los extranjeros en España y su Reglamento, añade la demanda otra queja de ambos derechos fundamentales contra la específica motivación que dan la sentencia de primera instancia y la de apelación para confirmar la legalidad de aquella primera resolución" [FJ 2 a)].

O también, para terminar, la STC 50/224, de 8 de abril, cuando rechaza asimismo la tacha de extemporaneidad alegada por el fiscal con fundamento en la naturaleza exclusivamente administrativa del amparo notando justo el carácter mixto del amparo interpuesto y la aplicación en consecuencia del plazo más amplio de los treinta días. Una calificación que literalmente justifica al advertir que,

> "el planteamiento de esta vertiente del derecho a la tutela judicial efectiva (art. 24.1 CE), con independencia de que sea susceptible de ser estimada en un examen de fondo, presenta, a los efectos de verificar el juicio de admisibilidad del recurso de amparo, autonomía suficiente para permitir su encuadramiento en el art. 44 LOTC" (FJ 2).

3.2. El óbice de extemporaneidad por prolongación artificial de la vía judicial

El mismo razonamiento, justificado en el carácter mixto del recurso, es el que utiliza también el Tribunal para rechazar en un buen número de asuntos que la interposición de un incidente de nulidad de actuaciones contra la última resolución judicial traduzca una prolongación artificial de la vía judicial previa capaz de determinar la extemporaneidad de la demanda y que antes hemos repasado en el capítulo II.4.

La STC 145/2015, de 25 de junio (TOL5.192.941), es un primer ejemplo de esta otra forma de razonar del Tribunal cuando afirma que

> "La calificación del presente recurso como un amparo mixto conlleva el rechazo del motivo de inadmisión aducido por el Ministerio Fiscal quien, como se vio, entiende que el demandante prolongó indebidamente el plazo de caducidad del recurso de amparo mediante la interposición de un incidente de nulidad de actuaciones manifiestamente improcedente contra la Sentencia del Juzgado de lo Contencioso-Administrativo [que puso fin a la vía judicial]; lo que debería, a su juicio, conducir a inadmitir el recurso de amparo por extemporaneidad, en virtud de los arts. 43.2 y 50.1 a) LOTC" (FJ 2).

La STC 136/2016, de 18 de julio (TOL5.863.360), es otro buen ejemplo de ese mismo comportamiento. El recurso entonces resuelto tiene su origen en la resolución de la Comisión de Asistencia Jurídica Gratuita de la Comunidad de Madrid que decidió denegar el beneficio de justicia gratuita que el recurrente había solicitado para interponer una querella por falsedad documental. Impugnada esta decisión, el Juzgado de Instrucción competente dictó Auto desestimatorio, confirmando la resolución administrativa razonado sumariamente que, examinadas las actuaciones y las alegaciones formuladas, no existía ningún motivo para corregirla. Contra este Auto el recurrente promovió incidente de nulidad de actuaciones para denunciar su déficit de motivación, que fue rechazado por el Juzgado mediante nuevo Auto, notando que, a la vista de las actuaciones, tampoco ahora concurría ningún motivo para declarar su nulidad. Agotada en tal forma la vía judicial previa, el recurrente formuló demanda de amparo imputando indistintamente a las resoluciones administrativa y judiciales la vulneración del derecho a la tutela judicial efectiva (art. 24.1 CE), en su doble vertiente de acceso a la jurisdicción y falta de motivación.

Con estos antecedentes, el caso bien parece un ejemplo más de los muchos recursos de amparo en los que las resoluciones judiciales dictadas se limitan a confirmar la correspondiente resolución administrativa y, por tanto, que no reparan la lesión constitucional imputada a la Administración, entonces a la resolución desestimatoria de la Comisión de Asistencia Jurídica Gratuita, y que, en consecuencia, no cumplen otra función que la de agotar la vía judicial previa que exige el art. 43 LOTC, pero sin incurrir por ese motivo en ninguna infracción constitucional nueva. Salvo que se defienda, en contra de la propia doctrina constitucional, que el hecho de que el órgano judicial confirme la resolución administrativa con una motivación deficiente constituye una nueva infracción constitucional autónoma.

Aunque en esta ocasión, ni el representante de la Administración ni el Fiscal defendieron la extemporaneidad de la demanda motivada por la interposición de un incidente de nulidad manifiestamente improcedente para intentar remediar una lesión que, si producida, sería imputable a la resolución administrativa, el Tribunal no obstante se cuida de afirmar que

> "La naturaleza mixta del recurso lleva igualmente a concluir que la utilización por parte del actor del incidente de nulidad de actuaciones contra la resolución judicial dictada fue completamente pertinente, pues de ese modo pudo denunciar la lesión específicamente atribuida al [primer] Auto [...], dando al órgano judicial la oportunidad de repararla" (FJ 2).

Más ilustrativa es la STC 86/2023, de 17 de julio (TOL9.661.692), a la que luego seguirá simplemente la STC 130/2023, de 23 de octubre (TOL9.772.857). Esa primera sentencia resume muy bien el planteamiento al respecto del abogado del Estado cuando recuerda que

> "la abogacía del Estado aduce la extemporaneidad del recurso de amparo al entender que el incidente de nulidad de actuaciones interpuesto por el ahora recurrente en amparo contra la providencia de inadmisión del recurso de casación era manifiestamente improcedente. Aduce que no era precisa la formulación del incidente de nulidad de actuaciones conforme a lo previsto en el art. 241.1 LOPJ, en tanto que las vulneraciones se habrían producido desde la resolución de la Delegación del Gobierno de Madrid [que acordó la expulsión del recurrente del territorio nacional], y habrían sido denunciadas en instancias anteriores a recaer la última resolución judicial que puso fin al proceso. Alega, asimismo, que el recurso de amparo reitera las mismas alegaciones que en instancias anteriores sin aducir una vulneración adicional de un derecho fundamental más allá de la genérica alusión al art. 24 CE. Todo ello, a su juicio, debería llevar aparejada la inadmisibilidad del recurso de amparo por extemporáneo, ya que la vía judicial previa se cerraba con la providencia de la Sala Tercera del Tribunal Supremo [...], que inadmitió el recurso de casación [...] planteado por el recurrente, cuya fecha de notificación marcaba por tanto el *dies a quo* del plazo de [interposición]" (FJ 2).

El Tribunal rechaza, sin embargo, este planteamiento notando precisamente que

> "el presente recurso [...] constituye lo que hemos denominado un "recurso de amparo mixto" (arts. 43 y 44 LOTC), [de modo que] debemos apreciar que se agotó correctamente la vía judicial previa al amparo".

O, en fin, es el caso también de la más reciente STC 49/2024, de 8 de abril (TOL10.273.505), cuando recuerda por su parte que

> "El abogado del Estado entiende que el recurso de amparo es extemporáneo. Según su criterio, el incidente de nulidad

> planteado contra la providencia de inadmisión del recurso de casación fue artificioso al haberse interpuesto solo para evitar la extemporaneidad del recurso de amparo [...], pues las vulneraciones de los arts. 24 y 25 CE ya se denunciaron en las instancias anteriores. [Por esta razón] notificada al recurrente la providencia de inadmisión del recurso de casación el 24 de febrero de 2021, la presentación de la demanda el 29 de abril de 2021 fue extemporánea, al haber transcurrido el plazo de caducidad de veinte días hábiles que establece el art. 43.2 LOTC para los recursos como este contra una resolución administrativa confirmada en sede judicial.
>
> [...] No obstante, debe aclararse que estamos ante un recurso de naturaleza mixta (arts. 43 y 44 LOTC), [de modo que] respondiendo a la objeción planteada debe afirmarse que el incidente de nulidad no fue artificioso ni se interpuso para evitar la extemporaneidad del recurso de amparo, sino que se planteó como medio para agotar debidamente la vía judicial previa antes de acudir a la vía de amparo [art. 44.1 a) LOTC]" (FJ 2).

3.3. Sobre los excesos calificadores del Tribunal

Según acabamos de ver, en no pocas ocasiones el Tribunal se sirve efectivamente de la calificación del recurso como amparo mixto para rechazar que el mismo pueda resultar extemporáneo por haberse interpuesto una vez transcurridos el plazo de veinte días previsto en el art. 43.2 LOTC. Y hemos comprobado también que el Tribunal utiliza esa misma calificación para negar igualmente que la interposición de un incidente de nulidad de actuaciones contra la resolución judicial que, confirmando el acto administrativo impugnado, puso fin al correspondiente proceso contencioso sea un recurso manifiestamente improcedente, capaz de determinar la declaración de extemporaneidad del recurso, ahora por causa de la prolongación artificial de la vía judicial previa.

Ni que decir tiene que, teniendo a la vista esta doctrina constitucional, la opción de convertir un amparo administrativo del art. 43 LOTC en un amparo mixto para de ese modo beneficiarse del plazo de interposición más amplio del art. 44.2 LOTC y salvar la posible objeción de extemporaneidad derivada de la eventual utilización indebida del incidente de nulidad de actuaciones resulta una operación realmente muy tentadora. No en vano, para lograrlo, basta que la demanda añada a la lesión constitucional formulada por la vía del art. 43 LOTC contra la Administración otra imputable de modo directo a alguna de las decisiones judiciales dictadas en el previo proceso judicial. Y esta operación es, en efecto, muy sencilla de cumplir con solo denunciar que la correspondiente decisión judicial vulneró el derecho a la tutela judicial efectiva del art. 24.1 CE, en cualquiera de sus múltiples vertientes o dimensiones.

Para decir toda la verdad habría que añadir que con frecuencia más que una deliberada estrategia de los recurrentes, lo que realmente hay detrás de la calificación de muchos recursos como amparos mixtos es la propia voluntad del Tribunal por salvar la admisión de la correspondiente demanda, aunque ello le obligue a apartarse de su propia doctrina sobre el significado de los arts. 43 y 44 LOTC. Aunque esta afirmación puede parecer en este momento algo ligera, hay en la doctrina constitucional testimonios suficientes que confirman hasta qué punto el Tribunal está dispuesto efectivamente a forzar la máquina con tal de evitar la inadmisión de la demanda.

Antes vimos ya varios ejemplos de la flexibilidad con la que el Tribunal ha dispensado desde el primer momento la calificación de mixto a recursos en los que la imputación a los órganos judiciales de una lesión autónoma causada con motivo del control de la actuación de la Administración resultaba cuando menos discutible. Estos excesos calificadores no constituían, sin embargo, como también se advirtió entonces, ningún motivo de especial preocupación porque, a fin de cuentas, los requisitos procesales a observar en el caso de los amparos administrativos del art. 43 LOTC y de los amparos mixtos eran los mismos.

Este escenario, como también nos consta, cambió significativamente con la Ley orgánica 6/2007 y las novedades que introdujo en la LOPJ y en la LOTC. A partir de entonces, la calificación de un recurso como mixto comporta consecuencias muy decisivas en el trámite de admisión, según hemos comprobado. Por esta razón, importa a continuación comprobar si el Tribunal ha mantenido ese mismo generoso comportamiento tras la citada Ley orgánica o, por el contrario, consciente de las consecuencias de esa calificación, declara la naturaleza mixta del recurso con exquisito o, cuando menos, mayor rigor. Se trata, en suma, de ver si esas modificaciones en el régimen procesal del amparo aprietan algo al Tribunal en su operación calificadora.

En el primer momento, el Tribunal pareció tomarse muy en serio esta tarea de depuración del objeto del recurso, reservando la calificación de amparo mixto para los casos que realmente lo merecieran, por contener una verdadera doble y meritoria pretensión impugnatoria.

Aunque resuelven amparos registrados antes de la citada Ley orgánica 6/2007, las siguientes sentencias me parece que ilustran muy bien el criterio riguroso que por esas mismas fechas observaba el Tribunal en sus decisiones calificadoras. La STC 78/2007, de 16 de abril (TOL1.050.329), da fe de ese comportamiento riguroso del Tribunal cuando, después de notar una vez más que, a pesar de que la demanda se dirigía únicamente contra la sentencia contenciosa, "no nos encontramos antes un recurso del art. 44 LOTC, como erróneamente invocan los demandantes, sino ante un recurso del art. 43 LOTC, dirigido materialmente contra una actuación administrativa", añade en forma impecable que.

> "Si bien el escrito de interposición contiene alguna referencia a que la Sentencia impugnada no ha seguido el criterio empleado por el mismo órgano judicial en un caso precedente, el hecho de no haber desarrollado mínimamente este argumento, que tampoco haya sido objeto de debate entre las partes y que

> resulte evidente que se trata de pronunciamientos de diversas Secciones de la Sala de lo Contencioso-administrativo que no tienen por objeto casos sustancialmente iguales también permiten descartar que estemos frente a un recurso de amparo mixto" (FJ 1)

Coincidiendo con la publicación de la Ley orgánica 6/2007, la STC 129/2007, de 4 de junio (TOL1.082.608), dirá también por su parte que,

> "a pesar de que en la demanda de amparo se califique el presente recurso de amparo como de carácter mixto, se trata de un recurso de amparo del art. 43 LOTC, ya que la resolución judicial impugnada sólo lo es en cuanto declara conforme a Derecho las [resoluciones administrativas]" (FJ 1)

Las STC 170/2008, de 15 de diciembre (TOL1.413.587), que también lleva fecha posterior a la citada Ley orgánica 6/2007, pero que resuelve en realidad un amparo presentado con anterioridad, prueba la postura del Tribunal por entonces. En un caso de demanda formulada por la vía del art. 44 LOTC contra la sentencia que confirmó la legalidad de la decisión administrativa que desautorizó la celebración de la manifestación convocada por la parte demandante, el Tribunal desvela el error de ese planteamiento procesal y declara de modo congruente la naturaleza exclusivamente administrativa del amparo ex art. 43 LOTC notando el carácter intrascendente de la lesión imputada a la sentencia. Una idea que la sentencia expresa del modo siguiente:

> "Debe precisarse que las lesiones constitucionales [del art. 21 y 24.1 CE] que denuncia el demandante de amparo, de haberse producido realmente, tendrían su origen directo en [...] la Resolución de la Dirección General de Seguridad Ciudadana [...que] comunicó al demandante de amparo la desautorización de la manifestación convocada, y no, por tanto, en la Sentencia que se limitó confirmar la legalidad de la resolución administrativa, aunque al hacerlo incurriera, a su vez, a juicio del recurrente, en la infracción constitucional del art. 24.1 CE. Ahora bien, esta última vulneración no constituye una queja

> autónoma, aunque se presente así por el demandante de amparo alegando irrazonabilidad y error fáctico, debiendo quedar subsumido su análisis en el del derecho sustantivo" (FJ 2).

De manera que bien se ve que, por entonces, para el Tribunal el simple hecho de imputar a la sentencia contenciosa que puso fin a la vía judicial precedente la lesión del derecho a la tutela judicial efectiva del art. 24.1 CE no sirve para convertir el recurso en mixto. La STC 142/2009, de 15 de junio (TOL1.561.643), confirmará este criterio riguroso del Tribunal cuando, en otro asunto de demanda formulada por la vía del art. 44 LOTC contra la sentencia que confirmó la resolución sancionadora entonces impugnada, declara asimismo que

> "La denunciada vulneración del art. 24.1 CE no constituye una queja autónoma que se impute a la actuación del órgano judicial, sino que aparece indisolublemente vinculada [al derecho sustantivo], debiendo quedar subsumido su análisis en el de éste. Por tanto, no estamos ante un recurso de amparo del art. 44 LOTC, como parece entender la demanda de amparo, ni ante un amparo mixto (arts. 43 y 44 LOTC), sino ante un recurso del art. 43 LOTC" (FJ 1).

El ATC 172/2009, de 1 de junio (TOL1.754.917), que ya conocemos y que se pronuncia sobre un recurso de amparo registrado muy poco después de la entrada en vigor de la citada Ley orgánica 6/2007, es una buena muestra de este primer comportamiento riguroso cuando declara que

> "la aparente dualidad de pretensiones (incluso en casos en los que se imputa a la resolución judicial la infracción del art. 24.1 CE) no basta para poder considerar como mixto el amparo, pues las demandantes pretenden de este Tribunal la nulidad del acto administrativo que impugnaron en la vía contencioso-administrativa y sólo instrumentalmente la de las Sentencias recaídas en la vía judicial (entre otros ATC 325/2004, de 29 de julio, FJ 1). En efecto, como ya precisamos en la temprana STC 6/1981, de 16 de marzo, FJ 2, que ahora es preciso traer a colación, cuando el objeto del amparo es un acto administrativo, las decisiones producidas en esta vía judicial no han de ser

> objeto de impugnación por la sola razón de no haber estimado la pretensión deducida por el recurrente. Estas decisiones desestimatorias no alteran la situación jurídica creada por el acto de la Administración presuntamente lesivo de un derecho fundamental y no son, por tanto, en sí mismas causas de lesión. Otra interpretación llevaría a entender, en definitiva, que no hay más actos u omisiones atacables en vía de amparo constitucional que los actos u omisiones de los órganos judiciales. Esta ha de ser, consiguientemente, la clave del entendimiento del juego diferenciado de los arts. 43 y 44 LOTC" (FJ 1).

El ATC 51/2010, de 6 de mayo, que también ya ha salido antes, repetirá esta misma advertencia para rechazar igualmente el pretendido carácter mixto del amparo entonces formulado y ubicarlo en consecuencia en el ámbito exclusivo del art. 43 LOTC, haciendo gala de un rigor metodológico que hoy lamentablemente hay que dar por perdido, como enseguida podrá comprobarse.

Como se recordará, esta sentencia resuelve la demanda formulada ex art. 44 LOTC contra la sentencia del Tribunal Supremo que confirmó la legalidad de la decisión administrativa que denegó a los recurrentes el reconocimiento de la objeción de conciencia frente a las asignaturas conocidas como educación para la ciudadanía. En esa ocasión, el Tribunal, después de desvelar con toda corrección la naturaleza única y genuinamente administrativa ex art. 43 LOTC del recurso, de manera que "no sólo no se corresponde con el recurso de amparo previsto en el art. 44.1 LOTC, sino que tampoco encaja en la categoría de los denominados recursos de amparo mixtos", subraya que

> "Las imputaciones de lesión de derechos fundamentales a las resoluciones judiciales tienen, en estos casos, un carácter meramente instrumental o formal, siempre que en las demandas no se contengan imputaciones de lesiones autónomas o distintas a las invocadas en los correspondientes recursos contencioso-administrativos. Por lo tanto, las demandas en cuestión no pueden conformarse como recursos de amparo mixtos" (FJ 2).

Pronto, sin embargo, el Tribunal abandonará este comportamiento exquisitamente riguroso y las sentencias que, sin mucho cuento, califican el correspondiente amparo de mixto comienzan a menudear hasta convertirse en habituales en las páginas de la doctrina constitucional. Si se repasa la jurisprudencia constitucional de los últimos más de quince años (2008-2023) podrá verse, en efecto, que el Tribunal no se muestra especialmente riguroso y que acepta sin muchas contemplaciones la lesión autónoma que el recurrente imputa formal y directamente por la vía del art. 44 LOTC a la actividad de los órganos judiciales, aunque en muchas de esas ocasiones haya motivos de sobra para dudar de la seriedad de semejante imputación.

Las SSTC 70/2008; de 23 de junio; 82/2009, de 23 de marzo; 35/2010, de 19 de julio, 135/2010, de 2 de diciembre; 145/2011, de 26 de septiembre; 189/2012, de 29 de octubre; 31/2014, de 24 de febrero; 117/2016, de 20 de junio; 136/2016, de 18 de julio; 201/2016, de 28 de noviembre, y la más reciente 84/2023, de 5 de julio, son simplemente algunos ejemplos de ese tipo de sentencias en las que el Tribunal califica el amparo de mixto sin muchos miramientos ni, menos aún, explicaciones.

Si se repasan todas estas sentencias podrá verse, en efecto, que la calificación del correspondiente recurso como mixto por imputar la demanda de manera directa e inmediata una lesión autónoma a los órganos judiciales que intervinieron en el previo proceso es una solución técnicamente bastante discutible. Principalmente porque en todos esos asuntos la autonomía de la vulneración del art. 24.1 CE, en alguna de sus dimensiones, que se imputa al órgano judicial se contrae poco más que a la denuncia de la deficiente tutela judicial prestada con motivo de enjuiciar la legalidad de la actuación de la Administración en cada caso impugnada y, por tanto, por no haber reparado la vulneración del derecho fundamental sustantivo que habría causado la Administración. De modo que las lesiones que se formulan contra las resoluciones judiciales son puramente instrumentales y no deberían servir para convertir el recurso en mixto.

En este apartado, las hay incluso también que, después de calificar con toda solemnidad el recurso de mixto y enjuiciar la constitucionalidad del acto administrativo, cuando llegan a las vulneraciones autónomas del art. 44 LOTC, las reducen sin embargo a simples impugnaciones mediatas y limitadas a no reparar la lesión causada por la Administración. La STC 31/2014, de 24 de febrero (TOL4.143.262), a la que sigue fielmente la STC 104/2014, de 23 de junio (FJ 9), es un buen ejemplo de este comportamiento del Tribunal que rechaza enjuiciar las impugnaciones del art. 44 LOTC,

> "habida cuenta que, conforme advertíamos al principio [sic], sólo mediata e indirectamente entra en juego el derecho a la tutela judicial efectiva sin indefensión en la medida que no reparó la lesión constitucional cometida por la Administración" (FJ 7)

Como también las hay en las que contrariamente, pero con el mismo resultado criticable, la impugnación formulada por la vía del art. 43 LOTC resulta asimismo claramente incapaz de convertir el amparo en mixto; ahora porque la decisión administrativa cuestionada en el proceso judicial previo no arriesga sencillamente ningún derecho fundamental[11]. La STC

---

11 Además del caso que se subraya en el texto, el mismo planteamiento luce en la SSTC 46/2014, de 7 de abril, Esta sentencia resuelve el amparo interpuesto, por el cauce del art. 44 LOTC, contra la sentencia de la Sala de lo Contencioso-Administrativo del Tribunal Superior de Justicia de la Comunidad Valenciana que desestimó el recurso de apelación interpuesto contra la dictada en instancia por el Juzgado de lo Contencioso-Administrativo núm. 10 de Valencia que desestimó a su vez el recurso contencioso formulado por el recurrente contra la denegación administrativa, confirmada en alzada, de la renovación de su permiso de trabajo y residencia. En su demanda de amparo, el recurrente denunció, en un verdadero *totum revolutum*, que las citadas resoluciones judiciales y admi-

17/2009, de 26 de enero (TOL1.445.078), es seguramente uno de los ejemplos que mejor demuestran este exceso calificador del Tribunal.

---

nistrativas vulneraron su derecho fundamental a la tutela judicial efectiva, sin indefensión (art. 24.1 CE), por no tener en cuenta las alegaciones que desde el primer momento defendió sobre sus circunstancias personales y de arraigo y, en particular, el hecho de que tenga dos hijos menores, uno de ellos de nacionalidad española, a su cargo. Con estos antecedentes, y después de algunas precisiones sobre el objeto del recurso y la posible existencia de óbices procesales, realmente curiosas, pero que ahora no nos interesan tanto, el Tribunal aclara que "la cuestión verdaderamente controvertida en este pleito es si la motivación de las resoluciones administrativas, y de las posteriores Sentencias que las enjuician, vulneran el derecho a la tutela judicial efectiva sin indefensión al omitir toda consideración acerca [...] de la ponderación de las circunstancias personales y familiares del caso y, en particular, las consecuencias sobre el menor a su cargo de nacionalidad española, incurriendo así en desproporción" [FJ 3 c)]. Sirviéndose de esta aclaración, la sentencia afirma inmediatamente a continuación y sin más que "se trata así [...] de un amparo mixto, por lo que, de acuerdo con nuestra doctrina, deberá otorgarse prioridad al examen de los actos administrativos impugnados, origen del proceso judicial posterior, facilitando así una solución más temprana al amparo impetrado". De todas formas, lo realmente sorprendente llega un poco más adelante cuando el Tribunal, después de declarar que la Administración "no ponderó de manera constitucionalmente adecuada los derechos en juego", afirma que "las resoluciones administrativas que no tienen carácter sancionador, como son las impugnadas en este caso, no pueden vulnerar el art. 24 CE [...]; sin embargo, sí lo han hecho en el presente supuesto los órganos judiciales que en su labor de fiscalización de los actos administrativos recurridos se han opuesto a la ponderación de las circunstancias personales del recurrente bajo una interpretación de la norma que no respeta el canon constitucional de motivación del derecho a la tutela judicial efectiva. Así, las Sentencias también impugnadas en esta sede, se han limitado a confirmar las resoluciones administrativas sin ponderar las especiales circunstancias personales del demandante de amparo, cuando la norma legal aplicable consentía una interpretación que hubiera permitido tal ponderación" (FJ 7). Vid., también, en el parecido sentido y en un asunto semejante, la STC 131/2016, de 18 de julio.

El recurso de amparo entonces resuelto tiene su origen en la Resolución, de la Comisión Nacional de Evaluación de la Actividad Investigadora (CNEAI) que denegó al recurrente su solicitud de evaluación positiva de la actividad investigadora respecto de un sexenio de investigación. Esta resolución fue confirmada, primero en alzada, y, más tarde, por sentencia de la Sala de lo Contencioso-Administrativo del TSJ de Madrid. Agotada en tal forma la vía judicial, el recurrente acudió en amparo ante el Tribunal para denunciar que tanto la Administración, primero, como el citado órgano judicial, después, vulneraron su derecho a la tutela judicial efectiva sin indefensión (art. 24.1 CE), en la vertiente de exigencia de motivación.

Con estos antecedentes, que la propia sentencia constitucional se encarga de recordar, el Tribunal añade inmediatamente a continuación y sin más explicaciones que

> "estamos, pues, ante un recurso de amparo mixto dirigido, por una parte, contra las resoluciones administrativas recaídas en el procedimiento de evaluación de la actividad investigadora y, por otra, contra la Sentencia confirmatoria de dichas resoluciones" (FJ 1).

No es fácil, en verdad, encontrar otra declaración constitucional que ilustre mejor la generosa disposición del Tribunal a otorgar la calificación de amparo mixto. Pues no es solo que la sentencia califique el recurso de mixto, sin muchas explicaciones. Es sobre todo que la vulneración imputada a la Administración no tiene dimensión constitucional y, por tanto, no puede sencillamente servir tampoco para calificar el recurso de mixto.

De todas formas, en ocasiones ni siquiera es necesario acudir a las comprobaciones anteriores para advertir que el Tribunal maneja esa calificación con demasiada generosidad y de forma bastante ligera. En muchos supuestos, esta conclusión está probada por las propias declaraciones de la correspondiente sentencia.

Que el Tribunal no parecía efectivamente muy dispuesto a tomarse muy en serio los presupuestos que justifican la calificación de un recuso como amparo mixto ni, en particular, a comprobar si las respectivas impugnaciones de los arts. 43 y 44 LOTC se han formulado con la necesaria seriedad o simplemente, en cambio, de manera instrumental y como fórmula con la que obtener esa calificación y beneficiarse de sus ventajas procesales, lo había dejado ver ya en algunas sentencias.

La STC 21/2010, de 27 de abril (TOL1.835.404), que es una de las últimas dictadas bajo el régimen de la LOTC anterior a su modificación por la Ley orgánica 6/2007, confirma, en efecto, que el Tribunal califica el recurso de mixto sin muchas precisiones y, desde luego, sin pararse a comprobar si las lesiones imputadas a la sentencia *ex* art. 44 LOTC han observado los correspondientes requisitos procesales.

En esa ocasión, el recurrente impugnó en amparo la sanción disciplinaria que le impuso la Administración y la sentencia de la Sala de lo Contencioso del Tribunal Superior de Justicia que en la vía judicial previa confirmó su legalidad. A la resolución administrativa le reprochó la infracción del principio de legalidad en materia sancionadora del art. 25.1 CE, en su doble vertiente formal y material. Y a la sentencia la vulneración del derecho a la tutela judicial efectiva del 24.1 CE, por incongruencia omisiva. Si hacemos caso a los antecedentes de hecho que resume la propia sentencia, para intentar remediar esta última lesión el recurrente no promovió el incidente de nulidad de actuaciones que por entonces exigía el art. 240.3 LOPJ, sino que decidió acudir directamente en amparo.

El Tribunal, sin pararse a ver que el recurrente efectivamente no había interpuesto frente a la citada sentencia el oportuno incidente de nulidad de actuaciones, que era el remedio previsto por entonces en el art. 2403. LOPJ para reparar los vicios de incongruencia, declara que

> "con arreglo al contenido de la demanda formulada no hay duda de que, [...] el presente recurso de amparo es del tipo que, en expresión normalizada, hemos denominado mixto, en la medida que la lesión del art. 24.1 CE que el recurrente reprocha por el cauce del art. 44 LOTC a la Sentencia que confirmó la legalidad de la sanción administrativa es claramente autónoma de las infracciones constitucionales que originariamente imputa a dicha resolución sancionadora por la vía del art. 43 LOTC" (FJ 2).

Algunos años después, la STC 117/2016, de 20 de junio (TOL5.860.313), dictada ya bajo la nueva LOTC, volverá a incurrir en el mismo defecto de apreciación. En esa ocasión, el demandante en amparo impugnó por el cauce del art. 43 LOTC y con fundamento en los arts. 24.2 y 25.1 CE la resolución sancionadora, confirmada en reposición, que le impuso una sanción por incumplimiento del deber de identificar verazmente al conductor del vehículo en el momento de la infracción previsto en la Ley de Tráfico. Y por la vía del art. 44 la sentencia del Juzgado de lo Contencioso-Administrativo que en única instancia desestimó su recurso y, en consecuencia, confirmó la legalidad de esas resoluciones administrativas, y a la que le atribuía la lesión de su derecho a la tutela judicial efectiva del art. 24.1 CE, por motivación irrazonable y errónea, y la vulneración del art. 24.2 CE por la denegación indebida de pruebas propuestas y decisivas en términos de defensa.

Con estos antecedentes y sin reparar nuevamente en que, frente a estas últimas lesiones imputadas a la sentencia, el recurrente en amparo no promovió el preceptivo incidente de nulidad de actuaciones a que obliga el art. 241 LOPJ, la sentencia declara sin más que

> "el presente recurso de amparo se dirige contra las resoluciones administrativas reseñadas y contra la Sentencia que desestimó el recurso contencioso-administrativo interpuesto frente a ellas, a la que se atribuyen lesiones autónomas, configurándose así, tal y como ponen de manifiesto las partes, como "recur-

> so de amparo mixto", correspondiente tanto a la previsión del art. 44 como a la del art. 43 LOTC" (FJ 2).

En este contexto, claramente propicio al reconocimiento de amparos mixtos, no puede extrañar que el Tribunal no tuviera tampoco ningún reparo a la hora de otorgar esa calificación a recursos en los que las lesiones imputadas *ex* art. 44 LOTC a la actuación de los órganos judiciales resultaban inadmisibles, por incumplir alguno de los requisitos procesales del propio art. 44 LOTC. La condición de amparo mixto le resulta, de hecho, tan natural, que el Tribunal ya no se preocupa ni siquiera, como en los casos que acabamos de ver, de silenciar o esconder el correspondiente óbice de admisibilidad, sino que ahora proclama orgullosamente su existencia a los cuatro vientos.

La STC 181/2008, de 22 de diciembre, que antes vimos, es un buen y primer ejemplo de este desconcertante comportamiento del Tribunal, y que de todas formas ya había anticipado la STC 113/2008, de 29 de septiembre (TOL1.380.269). En el caso entonces examinado, el recurrente, que había sido sancionado por la comisión de una falta grave de intrusismo profesional, acudió en amparo para denunciar que el tipo infractor aplicado por la Administración no cumplía por su grado de indeterminación con el mandato de tipicidad (art. 25.1 CE). En su demanda, el recurrente imputó directamente esta lesión constitucional a la sentencia contenciosa que confirmó la legalidad de la resolución sancionadora. Y añadió que la sentencia había incurrido además en un vicio de incongruencia omisiva (art. 24.1 CE) y vulnerado también su derecho a la presunción de inocencia (art. 24.2 CE).

Con estos antecedentes, la citada sentencia comienza en su FJ 3 por aclarar que

> "la vulneración del derecho [a la legalidad sancionadora del art. 25.1 CE] no ha de atribuirse sólo, como concluye la demanda, a la sentencia que desestima el recurso contra las resoluciones administrativas sancionadoras —de sanción y de

> confirmación en alzada de la sanción—, sino también y originariamente a estas dos decisiones, de modo que el recurso de amparo interpuesto en un recurso mixto, correspondiente tanto a la previsión del art. 44 como a la del art. 43 LOTC".

Para, no obstante, anunciar inmediatamente a continuación la "denegación inicial" de las otras dos lesiones que el recurrente reprochaba a la sentencia. En el caso de la incongruencia omisiva denunciada contra la sentencia que puso fin a la vía judicial, porque el recurrente no promovió el oportuno incidente de nulidad de actuaciones,

> "manifiestamente procedente *ex* art. 241.1 de la Ley Orgánica del Poder Judicial (LOPJ) en la versión entonces vigente. Se trata así de una queja que, además de su dudoso planteamiento, pues falta como causa de la pretensión de amparo tanto en el encabezamiento como en el suplico de la demanda, no ha agotado todos los recursos utilizables dentro de la vía judicial y debe por ello resultar inadmitida [art. 44.1 a) LOTC]".

Y en el otro porque,

> "ninguna duda ofrece tampoco la desestimación de la queja relativa a la vulneración del derecho a la presunción de inocencia, ésta sí correctamente formulada pero carente de fundamentación congruente. El recurrente no sólo no expone alegación alguna acerca del modo en el que la Administración determinó los hechos que se le atribuían, sino que incluso acepta los mismos —la realización de determinadas operaciones quirúrgicas— como presupuesto de lo que en realidad constituye la única impugnación de la demanda, que es su catalogación como constitutivos de una infracción administrativa grave por intrusismo profesional".

Estas declaraciones constitucionales desembocan en una conclusión que tiene una apariencia ciertamente inquietante porque confirma la ligereza con la que el Tribunal utiliza en ocasiones la calificación de recurso de mixto. Llamativamente en el citado asunto porque, una vez depurada la naturaleza administrativa de la vulneración del art. 25.1 CE, la única vía para poder calificar el recurso de amparo de mixto pasaba por admitir la imputación a la sentencia judicial de una lesión autónoma y distinta; entonces la imputación de un vicio de incongruencia omisiva y la infracción del principio de presunción de inocencia del art. 24.2 CE. Unas tachas, sin embargo, que el Tribunal rechaza como se ha recordado al advertir, en el primer caso, que esa vulneración del art. 24.1 CE resultaba inadmisible por incumplir la exigencia de agotamiento de la vía judicial previa a que obliga el art. 44.1 a) LOTC y, en el otro, además de notoriamente desviada, por falta de la imprescindible y mínima argumentación.

De tal modo que la sentencia no solo corrige una vez más el rumbo equivocado de la demanda para encauzar la vulneración del principio de legalidad sancionadora del art. 25.1 CE por la vía procesal del art. 43 LOTC. Es, sobre todo, que la sentencia no tiene ningún empacho en calificar el recurso de mixto con fundamento en dos tachas constitucionales que el recurrente había imputado formalmente *ex* art. 44 LOTC a la sentencia, pero que el Tribunal declara inadmisibles *a limine*.

Adelanto, por supuesto, que esta forma de razonar del Tribunal me parece muy discutible y difícil de justificar. Pues si las lesiones denunciadas por el cauce del art. 44 LOTC resultan inadmisibles por razones procesales lo que procede es declararlo así y confirmar, en consecuencia, que la demanda se ha formulado únicamente por el cauce del art. 43 LOTC, con todas sus implicaciones procesales que ya conocemos. Salvo naturalmente que se defienda que la simple denuncia formal en la demanda de lesiones constitucionales por la vía del art. 44 LOTC sirve para convertir el amparo en mixto, aunque estas tachas sean inadmisibles a la vista.

Y esto es precisamente, en efecto, la sorprendente solución que manejan otras muchas sentencias del Tribunal.

La STC 37/2009, de 9 de febrero (TOL1.449.447), que es una de las últimas sentencias que todavía resuelve un amparo aplicando las normas procesales anteriores a la ley orgánica 6/2007, es un buen ejemplo. El caso presenta la curiosidad añadida de que, en esa ocasión, la entidad recurrente impugnó por la vía del art. 43 LOTC (*sic*) la sentencia de la Sala de lo Contencioso-Administrativo del Tribunal Superior de Justicia de Cataluña que confirmó la resolución de la Dirección General de Seguridad Ciudadana de la Generalidad de Cataluña que a su vez había prohibido la celebración de un acto lúdico y reivindicativo que aquélla había convocado. A esa sentencia la entidad recurrente le imputó la vulneración de sus derechos de reunión y manifestación del art. 21 CE y a la tutela judicial efectiva del 24.1 CE, por incurrir en un vicio de incongruencia omisiva.

Con estos antecedentes, el Tribunal comienza notando una vez más la desviación del planteamiento procesal de la demanda. Pues

> "las lesiones constitucionales que se denuncian en la demanda de amparo, de haberse producido realmente, tendrían su origen directo en la Resolución de la Dirección General de Seguridad Ciudadana [...] y no, por tanto, en la resolución judicial impugnada que se limitó confirmar la legalidad de la resolución administrativa".

Sorprendentemente, sin embargo, porque esa es la explicación que usualmente utiliza el Tribunal para encauzar correctamente el recurso por la vía del art. 43 LOTC, la sentencia califica el recurso de mixto, usando la siguiente argumentación:

> "El hecho de que la demandante de amparo escoja, por un lado, la vía del art. 43 LOTC para la impugnación de la Sentencia desestimatoria, y por otro, solicite que se proceda "a la reposición de las actuaciones al momento inmediatamente posterior al de la prohibición del acto impugnado", no impide el conocimiento por este Tribunal de la resolución gubernativa, como igualmente han considerado tanto el Ministerio Fiscal como el Abogado de la Generalidad, dado que de la argumentación de la demanda se desprende con claridad que las vulneraciones de derechos fundamentales que la demandante

> denuncia, se achacan tanto a la resolución judicial como a la administrativa. Nos encontramos, pues, ante un recurso de amparo de los llamados mixtos".

Esta conclusión de la sentencia es ciertamente desconcertante. Más aún cuando a renglón seguido anuncia que comenzará el examen por la tacha de incongruencia *ex* art. 24.1 CE imputada a la sentencia, pero, sin embargo, descarta admitir porque

> "este motivo de amparo incurre en la causa de inadmisión prevista en el art. 50.1 a), en relación con el art. 44.1 a), ambos LOTC, en la redacción anterior a la Ley Orgánica 6/2007, de 24 de mayo (disposición transitoria tercera), esto es, en la falta de agotamiento de todos los recursos utilizables en la vía judicial, pues la demandante de amparo no ha promovido el incidente de nulidad de actuaciones contra la referida Sentencia por ser incongruente (art. 241.1 LOPJ)" (FJ 2).

La STC 44/2011, de 11 de abril (TOL2.096.671), confirma igualmente esa misma desviación. En esa ocasión, la empresa recurrente en amparo denunció que las actas de liquidación de cuotas e infracción que la Inspección de Trabajo y Seguridad Social le había extendido se fundaban en una interpretación y aplicación de la normativa correspondiente que traducía una desigualdad de trato injustificable y, por tanto, contraria al derecho de igualdad (art. 14 CE). Además, denunció también que la decisión de la Sala del Tribunal Superior de Justicia de inadmitir el recurso de apelación que interpuso contra la sentencia desestimatoria de instancia vulneró su derecho a la tutela judicial efectiva, en su dimensión de derecho de acceso a los recursos (art. 24.1 CE).

A la vista de este doble planteamiento de la demanda, la citada sentencia, al igual que la antes vista, declara que

> "es claro que el interpuesto en estos autos es un recurso de amparo de naturaleza mixta (arts. 43. y 44 LOTC) al impugnarse expresamente tanto resoluciones administrativas (actas de liquidación de cuotas a la Seguridad Social y de infracción,

> confirmadas en alzada), como resoluciones judiciales (Sentencia desestimatoria del recurso contencioso-administrativo interpuesto frente a aquellas y Sentencia de inadmisión del recurso de apelación), a todas las cuales se atribuyen vulneraciones específicas de derechos fundamentales" (FJ 3).

Con arreglo a esta declaración de principio, la sentencia examina a continuación las dos vulneraciones denunciadas, comenzando por la atribuida a la actuación de la Administración, que desestima, sin embargo (FJ 4). De modo congruente, examina seguidamente la formulada contra la sentencia de inadmisión del recurso de apelación. Sin embargo, al hacerlo, advierte que

> "en el caso de autos, no se ha cumplido con el principio de subsidiariedad del recurso de amparo, ya que la parte no promovió, frente a la Sentencia firme a la que se imputa la lesión de su derecho a la tutela judicial efectiva (art. 24.1 CE), el incidente de nulidad de actuaciones previsto en el art. 241.1 LOPJ -en la redacción dada por la Ley Orgánica 6/2007, de 24 de mayo, vigente a la fecha de interposición de la demanda de amparo-, medio que resultaba idóneo para que, en su caso, la parte hubiera obtenido la reparación de la infracción constitucional que alega en la vía judicial. Al no haberlo hecho así, no se ha preservado en el presente caso el carácter subsidiario que al recurso de amparo le atribuye la Constitución" (FJ 5)[12].

A los pocos meses, la STC 144/2011, de 26 de septiembre (TOL2.254.235), ofrece otro ejemplo más de este comportamiento poco riguroso del Tribunal. En el caso entonces examinado, que tenía también su origen en una sanción administrativa, la empresa sancionada denunció, por la vía del art. 44 LOTC, que la sentencia del Tribunal Supremo que, poniendo

---

[12] Curiosamente, en esta ocasión el Tribunal lleva esta última declaración al fallo de la sentencia y, en consecuencia, acuerda literalmente inadmitir el motivo relativo a la vulneración del derecho a la tutela judicial efectiva (art. 24.1 CE), y denegar el amparo en cuanto al resto.

fin al proceso, confirmó la legalidad de la sanción discutida vulneró el derecho a la legalidad sancionadora (art. 25.1 CE), el derecho a la tutela judicial efectiva (art. 24.1 CE) y el derecho a la igualdad en aplicación de la ley (art. 14 CE).

Como es habitual en supuestos de este tipo, también en esta ocasión el Tribunal comienza por precisar que,

> "mientras la lesión constitucional que denuncia la demandante de amparo en relación con el principio de legalidad, de haberse producido, tendría su origen directo en las resoluciones administrativas sancionadoras y no en la Sentencia del Tribunal Supremo que se limitó a confirmar la legalidad de las mismas, las quejas relativas a los arts. 14 y 24 CE, sin embargo, se imputan al órgano judicial y, en su caso, por dicho órgano se habrían ocasionado, por lo que no estamos ante un recurso de amparo del art. 44 de la Ley Orgánica del Tribunal Constitucional (LOTC), como parece entender el Abogado del Estado, sino ante un amparo mixto (arts. 43 y 44 LOTC), en el que se imputan lesiones de derechos fundamentales, tanto al órgano judicial como a la Administración sancionadora" (FJ 2).

Y dicho todo esto, que ya no es familiar, la sentencia afirma a continuación que

> "no ofrece dudas que las quejas relativas a los arts. 14 y 24 CE, puesto que, en su caso, estas lesiones habrían sido ocasionadas exclusivamente por la sentencia impugnada en amparo, deben ser, conforme a lo solicitado por el Abogado del Estado y el Ministerio Fiscal, inadmitidas por falta de agotamiento de la vía judicial previa, puesto que al no haberse interpuesto el oportuno incidente de nulidad no se ha respetado el carácter subsidiario del recurso de amparo y no se ha dado la oportunidad al órgano judicial que, en su caso, habría ocasionado la lesión, de repararla. Tal omisión vulnera el carácter subsidiario del recurso de amparo, impidiendo que nos pronunciemos sobre las referidas vulneraciones, al no haberse agotado por la parte recurrente el remedio procesal legalmente previsto para tratar de obtener ante la jurisdicción ordinaria la reparación de las lesiones presuntamente sufridas" (FJ 3).

La STC 21/2018, de 5 de marzo, y que también ha salido en este libro, ofrece otro ejemplo de inadmisión de las lesiones imputadas por la vía del art. 44 LOTC a los órganos judiciales, pero que paradójicamente no impide al Tribunal calificar el recurso como mixto. Entonces, el demandante de amparo que, junto con otras tres personas, fue detenido por agentes de policía por su supuesta participación en la comisión inmediatamente anterior de un delito de lesiones, impugnó la actuación policial de su detención preventiva y, de forma acumulada, con fundamento en el art. 17.4 CE la respuesta judicial recibida con motivo del control de la detención a través del procedimiento de *habeas corpus*. Con estos presupuestos, el Tribunal comienza afirmando que

> "nos hallamos en este caso, formal y materialmente, ante lo que hemos denominado un "recurso de amparo mixto" correspondiente tanto a la previsión del artículo 43 LOTC como a la de su artículo 44" (FJ 2).

Para seguidamente, pero sin ningún empacho, declarar no obstante que

> "coincidimos con el Ministerio Fiscal en apreciar que la pretensión de amparo autónoma que, *ex* artículo 17.4 CE, se dirige contra la actuación judicial en cuanto denegó la incoación del procedimiento de *habeas corpus*, incurre en el óbice procesal denunciado de falta de agotamiento. En relación con ella, el demandante no agotó la vía judicial previa mediante la interposición de la petición de nulidad de actuaciones que, *ex* artículo 241.1 LOPJ, era viable y útil para obtener la reparación de la vulneración de su derecho al procedimiento de *habeas corpus* que ahora imputa a la decisión judicial irrecurrible que inadmitió a trámite su solicitud. Por lo expuesto, dicha pretensión incurre en causa de inadmisión [art. 44.1 a) LOTC], lo que en este momento procesal constituye causa de desestimación" (ibidem).

Que no se trata de un comportamiento asilado del Tribunal lo confirman otras varias sentencias, algunas muy recientes. La 175/2019, de 16 de diciembre, y que ya ha salido varias veces en este libro, es otro ejemplo de sentencia que se ajusta escrupulosamente al citado guion: califica el recurso de mixto, a pesar de que la lesión que se formula *ex* art. 44 LOTC y que justifica esa calificación, resulta inadmisible, sin embargo.

Como se recordará, en el origen del caso resuelto por esa sentencia está la desestimación por la Administración de la reclamación de responsabilidad patrimonial del Estado formulada por el recurrente por haber sufrido prisión provisional y ser posteriormente absuelto en la correspondiente causa penal. Contra esta resolución, el recurrente interpuso recurso contencioso que fue desestimado Sala de lo Contencioso-Administrativo de la Audiencia Nacional. Preparado recurso de casación, la Sección Primera de la Sala de lo Contencioso-Administrativo del Tribunal Supremo acordó inadmitirlo a trámite.

En la demanda de amparo, formulada por el cauce del art. 44 LOTC contra la citada providencia de inadmisión del recurso de casación, el recurrente insistió en su denuncia de vulneración de los derechos a la igualdad, a la libertad personal y de presunción de inocencia (arts. 14. 17 y 24.2 CE), que, sin embargo, imputaba directamente a la sentencia de la Sala de lo Contencioso-Administrativo de la Audiencia Nacional que, según se ha recordado, desestimó el recurso contencioso interpuesto contra la resolución administrativa desestimatoria de su reclamación indemnizatoria. Y también, pero de modo autónomo, imputó a la decisión del Tribunal Supremo de inadmitir su recurso de casación la vulneración del derecho a la tutela judicial efectiva (art. 24.1 CE), en su vertiente de acceso al recurso.

Con estos perfiles, la demanda es, pues, una más, al menos en parte, de las muchas demandas de amparo formuladas equivocadamente por el cauce exclusivo del art. 44 LOTC. Pues, como ya sabemos, las eventuales infracciones de los arts. 14, 17 y 24.2 CE, si realmente producidas, serían en su caso directamente imputables a la resolución administrativa que rechazó la reclamación indemnizatoria del recurrente y no, en cambio, a la sentencia de la Audiencia Nacional que en primera instancia desestimó el recurso contencioso y que, en consecuencia, simplemente se limitó a no repararlas.

El Tribunal nota enseguida esta debilidad y, usando el criterio antiformalista y flexible que preside la interpretación de los requisitos procesales del amparo, comienza por precisar la verdadera naturaleza de la demanda notando que

> "la demanda de amparo no cuestiona únicamente la resolución administrativa y la sentencia de la Sección Tercera de la Sala de lo Contencioso-Administrativo de la Audiencia Nacional por vulnerar el derecho a la igualdad, libertad y presunción de inocencia (arts. 14, 17 y 24.2 CE) ocasionada por la resolución administrativa, que la sentencia se limita a no reparar, sino que también se dirige, y en esta ocasión de modo autónomo, contra la vulneración del derecho a la tutela judicial efectiva (art. 24.1 CE) ocasionada por la Sección Primera de la Sala de lo Contencioso-Administrativo del Tribunal Supremo al inadmitir el recurso de casación"

De modo congruente declara a continuación que

> "por lo tanto, nos hallamos en este caso, formal y materialmente, ante lo que hemos denominado un "recurso de amparo mixto" encuadrable, por tanto, en la previsión de los artículos 43 y 44 LOTC. Junto a la queja principal —arts. 14, 17 y 24.2 CE— atribuida a la resolución administrativa y no reparada por la Sección Tercera de la Sala de lo Contencioso-Administrativo de la Audiencia Nacional y a la que le sería de aplicación la regulación del art. 43 LOTC; la segunda pretensión de amparo cuestiona adicionalmente y de forma autónoma, la respuesta judicial dada por la Sección Primera de la Sala de lo Contencioso-Administrativo del Tribunal Supremo al inadmitir el recurso de casación imposibilitando la interposición del mismo y a la que le sería de aplicación el art. 44 LOTC" (FJ 2).

Y dicho todo esto, que es en principio impecable, y que le sirve al Tribunal para salvar el óbice de extemporaneidad de la demanda defendido por el fiscal, la citada sentencia echa tierra encima de esa declaración al precisar que

> "coincidimos con el teniente fiscal ante el Tribunal Constitucional al apreciar que la pretensión de amparo autónoma que, *ex* artículo 24.1 CE, se dirige contra la providencia que inadmitió el recurso de casación, incurre en el óbice procesal denunciado de falta de agotamiento. En relación con ella, el demandante no agotó la vía judicial previa mediante la interposición de la petición de nulidad de actuaciones que, *ex* artículo 241.1 LOPJ, era viable y útil para obtener la reparación de la vulneración de su derecho de acceso al recurso que ahora imputa a la decisión judicial irrecurrible que inadmitió a trámite su recurso de casación. Por lo expuesto, dicha pretensión incurre en causa de inadmisión [art. 50.1 a) en relación con el art. 44.1 a) LOTC]. Ello a pesar de que la demanda de amparo haya sido admitida a trámite, pues como este Tribunal ha sostenido reiteradamente, la apreciación de una causa de inadmisibilidad "no resulta impedida por el momento procesal en el que nos encontramos, pues es doctrina reiterada de este Tribunal que los defectos insubsanables de que pudiera estar afectado el recurso de amparo no resultan sanados porque la demanda haya sido inicialmente admitida a trámite, lo que determina que la comprobación de los presupuestos procesales para la viabilidad de la acción puede volverse a abordar o reconsiderarse en la sentencia, de oficio o a instancia de parte, dando lugar, en su caso, a un pronunciamiento de inadmisión por falta de tales presupuestos" (FJ 2).

La STC 42/2022, de 21 de marzo (TOL8.909.224), es otra nueva muestra del exceso calificador del Tribunal que ahora consideramos. El caso entonces resuelto tiene su origen en una resolución sancionadora de la Agencia Española de Protección de Datos, confirmada luego en reposición, y que la asociación entonces recurrente en amparo combatió mediante el oportuno recurso contencioso que fue desestimado por sentencia de la Audiencia Nacional. Preparado recurso de casación, la Sección Primera de la Sala de lo Contencioso-Administrativo del Tribunal Supremo lo inadmitió mediante auto.

En su demanda de amparo, formulada exclusivamente por el cauce del art. 44 LOTC *(sic)*, la parte recurrente denunció de manera principal la vulneración de varios derechos fundamentales que material y directamente imputaba a las resoluciones de la AEPD, aunque también, pero indirectamente, en la medida que no las repararon, a la sentencia de la Audiencia Nacional. Al respecto, el Tribunal nota enseguida que ese planteamiento de la demanda,

> "determinaría la ubicación sistemática del recurso en el art. 43 LOTC, de manera que las resoluciones judiciales habrían incurrido en las lesiones invocadas en la medida en que no habrían reparado las vulneraciones atribuidas a las resoluciones administrativas".

No obstante, y comoquiera que en su demanda la asociación recurrente también impugnó la resolución del Tribunal Supremo con fundamento en la vulneración del derecho a la tutela judicial efectiva, en su vertiente de derecho de acceso al recurso, (art. 24.1 CE), la sentencia precisa inmediatamente a continuación que,

> "el recurso debemos considerarlo como un recurso de amparo mixto, toda vez que, además de lo expuesto, la demanda impugna específicamente, la resolución del Tribunal Supremo que inadmitió a trámite el recurso de casación" (FJ 1).

Contradictoriamente, sin embargo, la sentencia advierte un poco más adelante que este otro motivo de la demanda

> "incurre en el requisito de no procedibilidad de falta de agotamiento de la vía judicial previa [art. 44.1 a) LOTC, en relación con el art. 50.1 a) LOTC, *sensu contrario*]. Frente a esa concreta resolución impugnada, el Auto del Tribunal Supremo, no se ha interpuesto el correspondiente incidente de nulidad de actuaciones previsto en el art. 241 LOPJ" [FJ 2 b)].

También la STC 84/2023, de 5 de julio (TOL9.653.313), ofrece otra prueba de este injustificado comportamiento del Tribunal. Esta sentencia tiene su origen en la prohibición dictada por el Delegado de Gobierno en Madrid de celebrar la reunión y manifestación convocada por la entidad recurrente en amparo, posteriormente confirmada en vía judicial por sentencia de la Sala de lo Contencioso-Administrativa del TSJ de Madrid.

En su demanda, la entidad recurrente denunció que esa decisión gubernativa vulneró su derecho de reunión y manifestación del art. 21 CE. A esta vulneración añadió la lesión por parte de la sentencia del Tribunal Superior de Justicia de Madrid del derecho del derecho a la tutela judicial efectiva del art. 24.1 CE, por falta de una respuesta a varios motivos de impugnación defendidos en el recurso contencioso-administrativo (art. 24.1 CE). Con estos antecedentes el Tribunal dirá que

> "la atribución de una lesión autónoma a la sentencia del Tribunal Superior de Justicia de Madrid, junto a la no reparación de la vulneración del derecho de reunión y manifestación originalmente causada por la resolución del delegado del Gobierno en Madrid, determina que nos encontremos ante lo que usualmente denominamos un recurso de amparo mixto" (FJ 1).

Como en los casos anteriores, tampoco en nada obsta a esta declaración de principio el hecho de que el vicio de incongruencia del art. 24.1 CE formulado contra la sentencia por el cauce del art. 44 LOTC resulte inadmisible a la vista, en esa ocasión también por falta de agotamiento de la vía judicial previa. Efectivamente porque

> "la vulneración del art. 24.1 CE, que la demandante imputa en el motivo primero de la demanda a la sentencia del Tribunal Superior de Justicia de Madrid, por no haber dado efectiva respuesta judicial a la infracción alegada en el recurso contencioso de los arts. 55.1 CE y 11 de la Ley Orgánica 4/1981, adolece de la debida falta de agotamiento de la vía judicial previa. Al tratarse de una violación estrictamente imputable a una resolución judicial no susceptible de recurso y, por tanto, firme, la demandante debió dar oportunidad al órgano judicial de pronunciarse al respecto planteando un incidente de nulidad de actuaciones [art. 241 de la Ley Orgánica del Poder Judicial (LOPJ)], que constituye la última vía que permite la repara-

> ción de la vulneración denunciada, para preservar el carácter subsidiario de la tutela de amparo, como indica consolidada doctrina de este tribunal [...] De acuerdo con lo dispuesto en el art. 50.1 a) LOTC en relación con el art. 44.1 a) LOTC, este primer motivo de la demanda no puede ser admitido, sin que ello impida entrar al análisis de la denuncia de infracción del derecho sustantivo" (FJ 2).

La STC 87/2023, de 17 de julio, y que también ha salido varias veces a lo largo de este libro, cierra por ahora esta larga lista de sentencias constitucionales que declaran el carácter mixto del recurso, a pesar de que las vulneraciones denunciadas ex art. 44 LOTC y que habilitan esa declaración, resultan sin embargo inadmisibles. En esta ocasión, el Tribunal confirma la naturaleza mixta del recurso notando que

> "por si no fuera bastante, resulta que la demanda trae otra queja también autónoma de vulneración del derecho a la tutela judicial efectiva (art. 24.1 CE), ahora por la indebida inadmisión del recurso de casación acordada por la providencia de 23 de febrero de 2022 de la Sección Primera, Sala Tercera, del Tribunal Supremo. Que esa queja específica pueda a su vez adolecer de un vicio de procedibilidad, como más adelante se dilucidará, en nada impide a la consideración en su conjunto del presente recurso de amparo como mixto" [FJ 2 a)].

Lo que no le impide que un poco más adelante declare con la misma naturalidad y a propósito de esa misma vulneración *ex* art. 44 LOTC que

> "contra la providencia de inadmisión del recurso de casación y a falta de un recurso disponible por ley, debió interponer la recurrente un incidente de nulidad de actuaciones del art. 241 LOPJ que sí cabía, por ser aquella providencia la resolución que ponía fin al procedimiento y no haberse podido denunciarse antes la lesión, dando así a la Sala del Alto Tribunal la oportunidad de conocer y repararla en su caso, preservando de paso con ello la subsidiariedad de esta jurisdicción constitucional. Al no haberlo hecho así, la queja no puede ser examinada, por ser inadmisible" [FJ 2 c)].

El Tribunal es consciente de que esta última declaración le coloca en una situación algo comprometida. Por eso se cuida de precisar inmediatamente que

> "La apreciación de este óbice, en todo caso, no alcanza a las demás quejas deducidas en la demanda, resultando al efecto de aplicación nuestra doctrina relativa al no "efecto de arrastre" cuando se formalizan dos o más vulneraciones constitucionales en una demanda y una o varias de ellas, pero no todas, están afectadas de algún óbice procesal" [FJ 2 c)].

De manera que para el Tribunal la inadmisión de las vulneraciones encuadrables en el art. 44 LOTC por incumplimiento de los requisitos procesales que habilitan su formulación no impide calificar el correspondiente recurso de mixto ni, por tanto, que, llegado el caso, se beneficie del plazo más amplio de los 30 días aplicable a este tipo de recursos de amparo.

Esta solución no es fácil de entender, en efecto, y confirma que el Tribunal cuando quiere califica el recurso de mixto sin importarle demasiado si para hacerlo debe ignorar que las impugnaciones acumuladas del art. 44 LOTC, y que son precisamente las que justificarían esa calificación, son procesalmente inadmisibles.

Que el Tribunal no ve ningún inconveniente serio en ese defecto de origen está probado en otras varias sentencias constitucionales, según lo prueba la STC 98/2021, de 18 de mayo, cuando, saliendo al paso del óbice de extemporaneidad opuesto por el Abogado del Estado, afirma sirviéndose del carácter mixto del recurso que,

> "pese a que la denuncia por vulneración del derecho a la tutela judicial efectiva está abocada al fracaso, dada la falta de desarrollo argumental en la demanda, su planteamiento determina que en el presente recurso rija el plazo de treinta días establecido en el art. 44.2 LOTC" (FJ 2).

A propósito de la inadmisión de una o de un grupo de quejas por incumplimiento de los requisitos procesales, singularmente el que obliga a agotar la vía judicial previa, y sus efectos sobre la admisión de las otras vulneraciones constitucionales formuladas correctamente, el Tribunal ha elaborado una doctrina que excluye el denominado "efecto arrastre".

Según esta doctrina constitucional, de la que son buena entre otras, las SSTC 101/2018, de 1 de octubre; 166/2019, de 16 de diciembre; 160/2020, de 16 de noviembre; 78/2021, de 19 de abril; y la citada 87/2023, de 17 de julio, cuando en la demanda de amparo se denuncian dos o más vulneraciones constitucionales y una o varias de ellas están afectadas de algún óbice procesal, la inadmisión de éstas no determina la inadmisión de las demás vulneraciones correctamente formuladas. El Tribunal aplica esta solución precisamente, además, con ocasión de los amparos mixtos que aquí nos interesan.

Conforme ilustran muy bien las sentencias que hemos repasado, en todos esos asuntos la vulneración del art. 24.1 CE, en su vertiente entonces de acceso al recurso, que la parte recurrente imputada a la última resolución judicial incurría efectivamente en el defecto de falta de agotamiento de los recursos utilizables en la vía judicial que exige el art. 44.1 a) LOTC. En este escenario, la citada STC 181/2018 (TOL6.877.708) afirma, que

> "En esta tipología de casos la disyuntiva es la siguiente: inadmitir el recurso en las quejas referentes a las pretensiones que no fueron debidamente formalizadas en el proceso agotando la vía judicial en sus remedios y recursos procedentes, o, alternativamente, y de conformidad con aquel efecto reflejo o de arrastre, considerar que todo el recurso queda afectado por ese déficit de agotamiento, pues es patente que, desde un enfoque estrictamente formal, de la utilización de esos cauces procesales podría haberse derivado un distinto resultado en el proceso, también para las quejas que ahora se suscitan y no precisaban, autónomamente consideradas, de nuevas reacciones procesales en la vía judicial previa, al haber sido ya plan-

> teadas en el proceso y resueltas en las resoluciones judiciales dictadas" (FJ 2).

En esta encrucijada el Tribunal se inclina con buen criterio por admitir las impugnaciones correctamente formuladas notando que "la inadmisión general de todos los motivos de amparo por falta del agotamiento debido de la vía judicial constituiría un resultado formalista y desproporcionado a la falta de diligencia del recurrente".

Una conclusión que la citada sentencia explica del siguiente modo:

> "Los resultados a que puede conducir el efecto de arrastre, por lo demás, serían paradójicos. Así, si el recurrente se aquieta con la última vulneración y decide no denunciarla en su demanda de amparo esta podría ser admitida. En cambio, denunciar en la demanda de amparo la lesión sufrida en la última resolución dictada, aunque sea una denuncia puramente incidental y sin el agotamiento debido de la vía judicial, daría como resultado la inadmisión de su demanda de amparo. Uno y otro caso no presentan materialmente, en verdad, diferencia alguna respecto de las denuncias que fueron correctamente articuladas en el proceso con los recursos y remedios procesales correspondientes, pero la decisión del Tribunal, derivada del efecto de arrastre, sería muy distinta. Y no vemos razón solvente, salvo la puramente formalista que no podemos acoger, que justifique tal diferencia de tratamiento. Una conclusión que se entendería menos aun cuando se trata, como en el presente caso, de la no interposición de un incidente de nulidad de actuaciones, en el que no se persigue "agotar la vía judicial", entendida como sistema de recursos generalmente previsto ante los órganos del Poder Judicial, sino de utilizar un remedio extraordinario que sólo se dirige frente a lesiones que no hayan podido denunciarse en el seno de esa vía judicial ordinaria. Si no se utiliza ese remedio extraordinario, la vulneración concreta no puede ser sustanciada en el proceso de amparo, es cierto, pero, en contraste, no advertimos razón alguna por la que esa circunstancia deba extender sus efectos sobre las vulneraciones que han sido oportunamente debatidas en el curso del proceso judicial.

> En suma, la posición según la cual la falta de denuncia de la última vulneración (por lo común procesal) consumada debe arrastrar todas las anteriores se funda en un criterio rigorista que no tiene asiento en el sistema de nuestra Ley Orgánica, ya que (y solo de ese supuesto nos ocupamos) las lesiones previamente acaecidas han sido temporáneamente denunciadas y se ha agotado la vía judicial respecto de ellas.
>
> Por todo ello, la decisión que corresponde en estos casos, como ocurre en el presente recurso respecto de los déficits de motivación y congruencia alegados frente a la resolución que cerró el proceso, es la de apreciar el óbice de falta de interposición de incidente de nulidad de actuaciones del artículo 241 de la Ley Orgánica del Poder Judicial solo para dichas quejas, aquí autónomamente imputadas a la Audiencia Provincial. Una circunstancia que implica de modo derivado, por tanto, una posible decisión de admisión del recurso en lo que atañe a las demás denuncias, ya que nada impide, descartado el efecto arrastre en los términos descritos y como se desprende del artículo 50.1 LOTC, la admisión de la demanda para la sustanciación de las vulneraciones adicionales aducidas, conforme a lo dispuesto en tal precepto y siempre que se cumplan los requisitos de admisibilidad del elenco que esa previsión normativa contiene, al ser posible la admisión del recurso de amparo "en todo o en parte", dice la Ley Orgánica" [FJ 2 iii)].

Esta es seguramente una regla razonable que responde muy bien, además, al criterio flexible en la tutela de los derechos fundamentales que preside la actividad del Tribunal. Ahora bien, admitida la regla, lo siguiente que hay que exigir al Tribunal es que sea congruente y, por tanto, que cuando las impugnaciones acumuladas del art. 44 LOTC son inadmisibles por incumplir alguno de los requisitos procesales, sea el que obliga agotar correctamente la vía judicial previa o el que impide admitir las impugnaciones meramente formularias que carecen del más mínimo desarrollo argumental, apure todas sus consecuencias, incluida la que impide ver en este tipo de casos una verdadera acumulación de pretensiones. Salvo naturalmente que se defienda que la simple formulación de una impugnación, al margen de cualquier exigencia procesal, es suficiente para convertir el recurso en mixto, y que es justo la motivación que luce en la doctrina constitucional que hemos repasado.

Las debilidades de esta forma de razonar ya han sido repetidamente advertidas y, por tanto, no parece que sea preciso insistir ahora más en ellas. Baste con anotar una vez más que, cuando decide calificar un recurso de mixto, el Tribunal no encuentra ningún obstáculo ni en su propia doctrina, ni en la LOTC ni, por supuesto, en la demanda.

Para terminar este apartado, conviene añadir con el fin de subrayar esta desviación y probar de paso el desconcierto en que termina que, junto a estas decisiones calificadoras realmente excesivas, en la jurisprudencia constitucional conviven con normalidad otras muchas decisiones en las que el Tribunal recupera su rigor. Los testimonios sobre recursos que el Tribunal rechaza calificar de amparos mixtos son igualmente abundantes. Y para probarlo sirvan, además de los que antes ya han salido, los siguientes ejemplos.

La STC 26/1994, de 27 de enero (TOL82.435), rechaza que el recurso pueda calificarse de amparo mixto razonando sobre el carácter inadmisible de la impugnación formulada por la vía del art. 44 LOTC. Literalmente advierte al respecto que

> "La única violación que según el recurrente podría ser imputable a los órganos judiciales es la de la presunción de inocencia, que habría sido vulnerada por la circunstancia de haber valorado como prueba sus declaraciones en el procedimiento administrativo, sin haber sido objeto de ratificación en el ulterior proceso contencioso-administrativo. Pero esta supuesta violación, que convertiría al amparo en mixto, no puede ser objeto de nuestro examen, ya que no fue invocada ante el Tribunal Supremo, por lo que, por vez primera, se plantea *per saltum* ante este Tribunal, con manifiesta infracción del principio de subsidiariedad (art. 53.2 CE)" (FJ 2).

La STC 18/2003, de 30 de enero (TOL239.216), es otro ejemplo de rigor conceptual cuando el Tribunal, con motivo de un recurso formulado por la vía del art. 44 LOTC contra la sentencia judicial, nota la desviación de la demanda y advierte que,

> "no solo eso, sino que en la medida en que el esencial reproche del demandante, según se razonará de inmediato, tiene que ver precisamente con esa resolución más que con la Sentencia, se ha de considerar que el recurso de amparo se encuadra propiamente en el supuesto del art. 43 LOTC, y no en el del art. 44 del propio texto, ni siquiera bajo la modalidad de un recurso mixto, aunque se impugne también la Sentencia del Tribunal Superior de Justicia de Madrid" (FJ 1).

Saltando unos años en la jurisprudencia constitucional, la STC 129/2007, de 4 de junio (TOL1.082.608) insistirá en esa misma desviación para precisar que

> "a pesar de que en la demanda de amparo se califique el presente recurso de amparo como de carácter mixto, se trata de un recurso de amparo del art. 43 LOTC, ya que la resolución judicial impugnada sólo lo es en cuanto declara conforme a Derecho las Órdenes de convocatoria, sin que se le atribuya la lesión autónoma de ningún derecho fundamental" (FJ 1).

Al año siguiente, la STC 170/2008, de 15 de diciembre, ofrece otra muestra de este comportamiento riguroso del Tribunal cuando usando un razonamiento que ya nos es familiar declara que

> "las lesiones constitucionales que denuncia el demandante de amparo, de haberse producido realmente, tendrían su origen directo en el Acuerdo de la Junta Electoral Provincial de Barcelona [...] y en la Resolución de la Dirección General de Seguridad Ciudadana [...] que, reproduciendo el primero, comunicó al demandante de amparo la desautorización de la manifestación convocada, y no, por tanto, en la Sentencia que se limitó confirmar la legalidad de la resolución administrativa, aunque al hacerlo incurriera, a su vez, a juicio del recurrente, en la infracción constitucional del art. 24.1 CE. Ahora bien, esta última vulneración no constituye una queja autónoma, aunque se presente así por el demandante de amparo alegando

> irrazonabilidad y error fáctico, debiendo quedar subsumido su análisis en el del derecho sustantivo" (FJ 2).

Esta misma solución que descarta la naturaleza mixta del recurso maneja el Tribunal en otras muchas sentencias posteriores y de la que son buena muestra las SSTC 90/2012, de 7 de mayo; 109/2012, de 21 de mayo; 127/2012, de 18 de junio; y 29/2014, de 24 de febrero (TOL4.143.261). Como también menudean en la jurisprudencia más moderna las sentencias que para hacerlo deciden subsumir los defectos de motivación atribuidos a las sentencias judiciales en el análisis del correspondiente derecho sustantivo que habría vulnerado la Administración, según lo confirman ahora, y entre otras, las SSTC 24/2015, de 16 de febrero (TOL4.777.939); 219/2016 (TOL5.942.628) y 220/2016 (TOL5.942.714), ambas de 19 de diciembre y cuyo interés notaremos más adelante.

En fecha mucho más reciente el Tribunal ha insistido en varias ocasiones en esa necesaria claridad conceptual. En un tono infrecuentemente duro, la STC 61/2023, de 24 de mayo (TOL9.613.087), dirá, por ejemplo:

> "Descartamos de plano que nos hallemos ante el denominado "recurso de amparo mixto"; y ello porque la posterior sentencia del Tribunal Superior de Justicia de Andalucía [...], se limitó a confirmar la resolución administrativa, sin incurrir en ninguna vulneración, propia y autónoma, de derechos fundamentales protegibles en amparo *ex* art. 44 LOTC" (FJ 1).

Las posteriores y más recientes todavía SSTC 88/2023, de 18 de julio (TOL9.661.690); y 164/2023, de 21 de noviembre (TOL9.802.407); así como todas las demás que han seguido simplemente a esta última en una serie de nueve sentencias que se pronuncian sobre la prohibición administrativa de celebrar la correspondiente manifestación programadas en tiempos del Covid-19, confirman también este criterio correctísimo del Tribunal y, a pesar de que en la demanda se impugnan la resolución administrativa y también la judicial que confirmó su legalidad, para imputarle entonces un defecto de motivación en conexión con el derecho de manifestación y reunión del art. 21 CE, declaran que se trata, no obstante, en todos los casos de un amparo de los previstos en el art. 43 LOTC.

4. LA CUESTIÓN DEL ORDEN DE ENJUICIAMIENTO DE LAS IMPUGNACIONES ACUMULADAS.

Antes se ha advertido que no fue hasta la Ley Orgánica 6/2007 y sus novedades cuando la calificación del recurso como mixto dejó de ser una operación procesalmente inocua en el trámite de admisión para convertirse en un argumento que, llegado el caso, servía al Tribunal para salvar las tachas de extemporaneidad que tanto la Administración como el Ministerio Fiscal acostumbraban a formular con fundamento en el carácter exclusivamente administrativo ex art. 43 LOTC del correspondiente amparo. Y notábamos también que, no obstante, y desde el primer momento de la normalización de los amparos mixtos, esta calificación no significaba, sin embargo, que no tuviera ninguna consecuencia.

De hecho, si se repasa la doctrina constitucional de esa primera época, la que va hasta la reforma de la LOTC de 2007, la normalización de los recursos de amparo mixtos en la práctica del Tribunal puso sobre la mesa la cuestión de determinar el orden de enjuiciamiento de las pretensiones formuladas por una y otra vía procesal de los arts. 43 y 44 LOTC. Lo que, bien se comprende, resulta decisivo, pues si se examina en primer lugar las lesiones, comúnmente procesales, imputadas a las resoluciones judiciales, y se estiman, la solución obligará al Tribunal a detener en ese punto su examen, para que, con retroacción de las actuaciones, sean los órganos judiciales quienes se pronuncien nuevamente sobre las lesiones imputadas a la Administración. En cambio, de comenzar por la las vulneraciones formuladas ex art. 43 LOTC, su estimación determinará la anulación de la actuación administrativa, así como la de las posteriores resoluciones judiciales que confirmaron su validez.

El Tribunal, de todas formas, al menos en un primer momento, no pareció, sin embargo, tomarse muy en serio esta operación, que resuelve, efectivamente, sin mucha preocupación y, en cualquier caso, sin pararse a explicar su solución. De manera que si, como más arriba se recordaba en el capítulo III.1, en las primeras SSTC 68/1983, de 26 de junio, y 51/1984, de 25 de abril, que admiten los recursos mixtos, el Tribunal decidió sin ninguna explicación iniciar su enjuiciamiento comenzando por las impugnaciones formuladas contra la Administración, para examinar luego, en un segundo momento, las formuladas ex art. 44 LOTC, en las STC 68/1985, de 27 de mayo, y 100/1986, de 14 de julio, decidió seguir justo la solución contraria y empezar ahora el examen de las pretensiones por la vulneración denunciada ex art. 44 LOTC. Naturalmente, también ahora, sin ofrecer ninguna razón ni de la solución elegida ni del cambio de criterio respecto del mantenido en las citadas sentencias anteriores.

Con razón REQUEJO PAGÉS ha advertido, comentado esa misma doctrina constitucional, que lo que sigue a estas primeras decisiones del Tribunal "será la historia de un curioso proceso pendular entre un criterio y su contrario, de manera que se sucederán períodos de aproximadamente dos o tres años en los que alternativamente imperará una u otra de ambas líneas"[13].

De este modo, a las SSTC 2/1987, de 21 de enero; 190/1987, de 1 de diciembre y 9/1989, de 23 de enero, que optan por co-

---

13 REQUEJO PAGÉS, J. L. (2002: 198). Cfr., también, en idéntico sentido, aunque brevemente, PÉERZ TREMPS, P. (2001), "Artículo 55 LOTC", en *Comentarios a la Ley Orgánica del Tribunal Constitucional* (Coord. J.L. Requejo Pagés), Tribunal Constitucional-Boletín Oficial del Estado, Madrid, p. 865.

menzar por las lesiones del art. 43 LOTC, le siguen las SSSTC 22/1990, de 15 de febrero; 68/1991, de 8 de abril; 110/1991, de 20 de mayo; y 169/1991, de 19 de julio, que comienzan por el examen de la pretensión del art. 44 LOTC.

Al poco tiempo, se advierte un nuevo cambio de criterio con la STC 297/1993, de 18 de octubre, que, enlazando con las primeras decisiones, retoma el criterio de examinar en primer lugar las vulneraciones del art. 43 LOTC. Pero rápidamente este criterio de ordenación es contradicho por las SSTC 353/1993, de 29 de diciembre; 97/1994, de 21 de marzo; 143/1994, de 9 de mayo; y 153/1994, de 23 de mayo. La contradicción, de todos modos, no terminará tampoco de confirmarse y pronto el Tribunal volverá al criterio que otorga preferencia al examen de las impugnaciones del artículo 43 LOTC, según testimonian ahora las SSTC 160/1994, de 23 de mayo, y 167/1995, de 20 de noviembre.

Desde entonces y durante los primeros años del presente siglo XXI la alternancia de criterios de ordenación se mantiene y las dos soluciones conviven sin más guía aparente que la libre decisión del Tribunal, que continúa sin explicar las razones de la correspondiente solución[14].

---

[14] Del lado de la opción por comenzar el examen por las vulneraciones *ex* art. 44 LOTC, pueden verse entre otras las SSTC 97/1996, de 10 de junio; 115/1996, de 25 de junio; 170/1996, de 29 de octubre; 3971997, de 27 de febrero; 148/1997, de 29 de septiembre; 220/1997, de 25 de noviembre; 237/1997, de 22 de diciembre; 16/1998, de 26 de enero; 69/1998, de 30 de marzo; 83/1998, de 20 de abril; 128/1998, de 16 de junio; 153/1998, de 13 de julio; 180/1998, de 17 de septiembre; 29/2000, de 31 de enero; 67/2000, de 13 de marzo; 53/2001, de 26 de febrero; y 132/2001, de 8 de junio.

Paralelamente, el criterio contrario puede verse, también entre otras, en las SSTC 200/1997, de 24 de noviembre; 156/1998, de 13 de julio; 36/2000, de 14 de febrero; 42/2000, de 14 de febrero; 1/2001, de 15 de

Sin perjuicio de algunas decisiones aisladas, cuyo interés notaremos enseguida, lo más, de hecho, que por entonces acierta a decir el Tribunal en algunas sentencias, de las que son buena muestra las SSTC 129/2003, de 30 de junio, FJ 2; 91/2004, de 19 de mayo, FJ 2, es que "el orden lógico de examen de las infracciones sometidas a nuestro conocimiento" aconseja iniciarlo por las impugnaciones del art. 43 LOTC[15]. Precisamente, el mismo "orden lógico" que invocan la SSTC 172/2005, de 20 de junio, FJ 2; y 297/2005, de 21 de noviembre, FJ 3, solo que ahora para defender la solución contraria y, por tanto, para examinar en primer lugar "la denunciada infracción del principio de igualdad, en su vertiente de aplicación judicial de la ley [ex art 44 LOTC]". Pero ciertamente no hay muchas más explicaciones en la doctrina constitucional de esa época.

De hecho, por haber sentencias opuestas, las hay que, aunque separadas por algunos años, utilizan el mismo criterio para defender una solución y la contraria. Por ejemplo, la STC 180/1998, de 17 de septiembre, optará por examinar en primer lugar la vulneración del derecho fundamental a la tutela judicial efectiva imputada al órgano judicial (art. 44 LOTC), razonando que "el otorgamiento del amparo a partir de esta alegación *excusaría el conocimiento* de la alegación de vulneración del derecho a la legalidad penal, dirigida frente a las resoluciones administrativas (art. 43 LOTC)". Años después, en la STC 210/2005, de 18 de julio, el Tribunal, usando un

---

enero; 47/2001, de 15 de febrero; 119/2001, de 24 de mayo; 219/2001, de 31 de octubre; 25/2002, de 11 de febrero; y 26/2002, de 11 de febrero.

15 Esta es la explicación que manejan, por ejemplo, las SSTC 14/1999, de 22 de febrero, FJ 2; 25/2002, de 11 de febrero, FJ 2; 9/2003, de 20 de enero;129/2003, de 30 de junio, FJ 2; y 91/2004, de 19 de mayo, FJ 2. Aunque repetida, se trata, no obstante, de una pobre explicación y que, además, deja en bastante mal lugar al propio Tribunal. Pues literalmente significa que el criterio opuesto seguido por abundantes sentencias responde a un orden ilógico.

fórmula que luego repetirá varias veces (SSTC 98/2006, de 27 de marzo; y 252/2006, de 25 de julio), justificará en cambio iniciar su examen por las lesiones formuladas por la vía art. 43 LOTC "frente a la resolución administrativa, pues la eventual estimación de la demanda de amparo por tales vulneraciones *excluiría, por innecesario,* cualquier pronunciamiento sobre las vulneraciones de derechos fundamentales que el demandante entiende ocasionadas por las resoluciones judiciales dictadas en el proceso de impugnación de la resolución administrativa" (FJ 2).

Las hay incluso que, con mayor honestidad, reconocen abiertamente que tanto da una como otra solución. La STC 118/1999, de 28 de junio, que retoma la explicación que usa el ATC 310/1995, de 20 de noviembre, es un buen ejemplo de esta indiferencia cuando opta por examinar en primer lugar la lesión del art. 43 LOTC declarando que,

> "si se utiliza como guía metodológica el itinerario corrido por la Administración general del Estado y la reacción del interesado, tan convencional como el orden contrario que aconsejaría la lógica formal, habrá que empezar el razonamiento jurídico por el análisis del vicio imputado al cauce previo y necesario para la producción del acto administrativo, en la acepción restringida de resolución final que causa estado o agota la vía gubernativa" (FJ 1).

A lo último del pasado siglo XX, el Tribunal notará, sin embargo, que la elección del criterio de ordenación de las vulneraciones denunciadas en el caso de los amparos mixtos no es una operación jurídicamente neutra, sin ninguna consecuencia jurídico-procesal. La STC 133/1999, de 15 de julio, lo resume muy bien cuando advierte que

> "la discrepancia suscitada en torno al objeto de este proceso reviste indiscutible relevancia, pues del sentido en que haya de resolverse dependerá, supuesta la estimación del recurso, el alcance de nuestra decisión. Concretamente, de aceptarse el planteamiento sostenido por el Ministerio Fiscal, dicho pronun-

> ciamiento estimatorio supondría la anulación de la sentencia impugnada y la consiguiente retroacción de las actuaciones al momento anterior a dictarse ésta, en tanto que, examinada la cuestión desde la perspectiva defendida por los recurrentes, el lógico corolario de esa misma estimación sería la declaración de la nulidad de los actos administrativos objeto del recurso contencioso-administrativo, con la consiguiente extensión de la nulidad a la sentencia resolutoria del recurso" (FJ 1).

Aunque como prueba esta sentencia el Tribunal acierta a notar la trascendencia de las consecuencias procesales que dependen de la determinación del orden de enjuiciamiento en el caso de vulneraciones acumuladas de los arts. 43 y 44 LOTC, y decide entonces comenzar por la lesión imputada a la Administración, la justificación de esta solución continúa, no obstante, sin ser del todo convincente. Principalmente porque, a falta de más explicaciones, parece guiada por la intención de otorgar la máxima tutela al recurrente, evitando la retroacción de actuaciones para el órgano judicial se pronuncie de nuevo. Esta es, desde luego, una finalidad razonable, pero que se entiende algo peor si se observa a la luz del principio de subsidiariedad del recurso amparo, verdadero santo y seña de su configuración institucional en la LOTC.

No en vano, el propio Tribunal por esas mismas fechas utilizará precisamente ese argumento para defender justo la solución contraria y, en consecuencia, para comenzar el examen por las impugnaciones del art. 44 LOTC. Un primer anuncio de esta línea jurisprudencial, puede verse en la STC 148/1997, de 29 de septiembre (TOL80.771), cuando declara que

> "La posición institucional de este Tribunal Constitucional y la propia naturaleza de la vía de amparo, imponen de consuno metodológicamente que se despeje en primer lugar la incógnita formal derivada del sedicente agravio imputado a la sentencia, pues si llegara a buen puerto conllevaría su anulación con un automático efecto devolutivo de las actuaciones al Tribunal Superior de Justicia para que pueda dictar una nueva [...]" (FJ 1).

La STC 153/1998, de 13 de julio (TOL64.230), con cita de otras anteriores, da un paso más en esa misma dirección cuando, con ocasión de un recurso que tenía su origen en una sanción penitenciaria, a la que el recurrente reprochaba diversas vulneraciones constitucionales, luego confirmada por sucesivas resoluciones del Juzgado de Vigilancia Penitenciaria, que el recurrente tachaba por su parte de incongruentes (art. 24.1 CE), declara que el examen

> "debe ser abordado comenzando por las imputaciones que se dirigen a los Autos del Juzgado de Vigilancia Penitenciaria, por la vía del art. 44 LOTC, por cuanto la estimación del recurso por dicha causa haría inútil el examen de las demás [del art. 43 LOTC] desde el momento en que sería el propio Juzgado de Vigilancia Penitenciaria quien en primer lugar estaría llamado a remediar el resto de las alegaciones que sustentan el recurso [...] y preservándose así, en definitiva, el principio de subsidiariedad que informa la totalidad del proceso constitucional de amparo" (FJ 1).

Las SSTC 67/2000, de 13 de marzo (TOL62.175), y 53/2001, de 26 de febrero (TOL119.209), lo dirán ya claramente cuando, a pesar de reconocer en ambos casos que las quejas de los respectivos demandantes "se centran en las irregularidades presuntamente cometidas durante la tramitación del expediente sancionador, de modo que el acto del poder público originalmente causante de las posibles vulneraciones de derechos fundamentales viene a ser el acto administrativo", declaran sin embargo que,

> "en aras de garantizar el carácter subsidiario del recurso de amparo, debemos iniciar el examen de las vulneraciones alegadas por el de las lesiones atribuidas a las resoluciones judiciales y, en caso de estimarse el amparo, detener en ese punto el examen, para que, retrotraídas las actuaciones, los tribunales ordinarios se pronuncien sobre las vulneraciones presuntamente acaecidas en el procedimiento administrativo previo" (FJ 1).

Conforme antes adelantaba, por esas fechas y durante buena parte de la primera década de este siglo, las soluciones de uno y otro lado se van alternando, aunque es visible ya una clara inclinación en favor de comenzar el examen por las vulneraciones del art. 43 LOTC[16]. De todas formas, a esas alturas el desconcierto es tal que el propio Tribunal no puede menos que reconocer su indecisión al respecto. La STC 196/2006, de 3 julio (TOL83.125), lo confiesa abiertamente cuando, entonces a propósito de los frecuentes amparos que tienen su origen en una sanción penitenciaria, recuerda que

> "corresponde a este Tribunal, en función de las circunstancias concurrentes en cada supuesto concreto sometido a su consideración, determinar no sólo el orden del examen de las alegaciones, sino también si resulta necesario o conveniente pronunciarse en la sentencia sobre todas las lesiones de derechos constitucionales denunciadas en el caso de que se haya apreciado la concurrencia de una de ellas. Ello nos ha llevado en ocasiones a limitar nuestro enjuiciamiento a las resoluciones judiciales que confirmaban la sanción penitenciaria [...], en otras ocasiones a ceñirnos a los actos de la Administración penitenciaria, mientras que en otros supuestos hemos considerado conveniente pronunciarnos sobre la constitucionalidad de la totalidad de las resoluciones impugnadas -administrati-

---

16 El número de sentencias que examinan en primer lugar las vulneraciones denunciadas *ex* art. 44 LOTC comienzan a disminuir significativamente. Por mi parte durante el trienio 2005-2007 solo he podido encontrar cuatro: son las SSTC 172/2005, de 20 de junio, FJ 2; 279/2005, de 7 de noviembre, FJ 1; 297/2005, de 21 de noviembre, FJ 2; y 2/2006, de 16 de enero, FJ 3. Por el contrario, las sentencias que en los casos de amparos mixtos deciden comenzar por las lesiones imputadas a la actuación de la Administración por la vía del art. 43 LOTC son bastantes más. En ese período, es el caso al menos de las SSTC 210/2005, de 18 de julio, FJ 2; 220/2005, 12 de septiembre, FJ 2; 98/2006, de 27 de marzo, FJ 2; 196/2006, de 3 de julio, FJ 2; 252/2006, de 25 de julio, FJ 3; 307/2006 y 308/2006, ambas de 23 de octubre, FJ 2; 338/2006 y 346/2006, ambas de 11 de diciembre, FJ 2; 23/2007, de 12 de febrero, FJ 4; y 62/2007, de 27 de marzo, FJ 2.

> vas y judiciales- haciéndolo por el orden que en cada caso resultaba más adecuado" (FJ 2).

No será, sin embargo, hasta 2008 cuando el Tribunal afirme su solución definitiva, decantándose de manera decidida por iniciar su examen por las impugnaciones del art. 43 LOTC, y que a partir de entonces se convierte, en efecto, en el criterio dominante, solo roto ocasionalmente, como luego veremos, por alguna decisión aislada. Si mis cuentas son correctas, aunque parcialmente anunciada en otras sentencias anteriores[17], la explicación más completa llega a la doctrina constitucional con la STC 5/2008, de 5 de enero (TOL1.244.610), que resuelve un nuevo amparo en materia de sanciones penitenciarias.

El Tribunal arranca su razonamiento notando la naturaleza mixta del recurso, "resultado de la acumulación de dos pretensiones impugnatorias en una misma demanda. Por el cauce del art. 43.1 LOTC se impugna la resolución administrativa sancionadora [...] A la vez, por el cauce del art. 44 LOTC se recurren los Autos dictados por el órgano judicial, a los que el demandante considera incursos en incongruencia omisiva generadora de la vulneración del derecho a la tutela judicial efectiva (art. 24.1 CE). De modo congruente, el Tribunal advierte a continuación que

> "Se plantea, por tanto, una vez más, cuál sea el orden que deba seguirse en el enjuiciamiento de las vulneraciones alegadas, y si deben serlo todas ellas".

---

17 Las SSTC 220/2005, de 22 de septiembre, FJ 2; 307/2006, de 23 de octubre, FJ 2; 62/2007, de 27 de marzo, FJ 2; y 233/2007, de 5 de noviembre, FJ 4, hablan ya, por ejemplo, que el examen prioritario de las impugnaciones del art. 44 LOTC solo tendría "un efecto retardatario" para la reparación de la lesión del derecho fundamental sustantivo imputada a la Administración.

Planteada, pues, la cuestión y consciente de la variedad de posiciones que ha mantenido al respecto, el Tribunal afirma que

> "puede sostenerse como criterio general que en los amparos mixtos la pretensión deducida por la vía del art. 43 LOTC es autónoma y su examen resulta, en principio, preeminente. En efecto, la lesión imputada a la actuación administrativa es autónoma respecto del proceso judicial que precede al recurso de amparo; de otro modo la previsión del art. 43 LOTC no pasaría de ser una especificación redundante del art. 44 LOTC, puesto que, ciertamente, toda lesión de un derecho constitucional susceptible de amparo atribuida a una actuación administrativa podría denunciarse por el cauce del art. 44 LOTC en la medida en que no hubiera obtenido reparación en la jurisdicción ordinaria" (FJ 3)

Una solución que explica del modo siguiente:

> "la preeminencia de la pretensión impugnatoria del art. 43 LOTC no se refiere sólo ni primordialmente al orden en el que normalmente deban ser examinadas las quejas formuladas en la demanda de amparo sino, sobre todo, a la incidencia que el pronunciamiento sobre la constitucionalidad de la actuación administrativa pueda tener sobre la queja encauzada por la vía del art. 44 LOTC, hasta el punto de poder hacer innecesario el examen de esta última o de dotar de efectos meramente declarativos al otorgamiento del amparo. Esta preeminencia tiene su fundamento en que la comisión de una lesión constitucional en el transcurso del proceso judicial no impide que el acto administrativo siga siendo el verdadero objeto del proceso de amparo que finalmente deviene en mixto" (*ibidem*).

Y que cierra impecablemente, saliendo al paso del argumento que antes hemos visto sobre la subsidiariedad del amparo y que aconsejaría comenzar por las lesiones formuladas ex art. 44 LOTC para que, caso de estimarse, con retroacción de las actuaciones, se dicte una nueva resolución judicial respetuosa con el derecho fundamental, para aclarar que

> "la subsidiariedad del recurso de amparo [...] no implica que este Tribunal Constitucional sólo pueda pronunciarse sobre

> una cuestión de fondo una vez que lo haya hecho la jurisdicción ordinaria. En la STC 31/1984, de 7 de marzo, tuvimos ocasión de señalar que "el art. 43.1 [LOTC] no establece que deba obtenerse una sentencia de fondo; lo que dispone es que el remedio a la violación del derecho fundamental se busque, previamente, en la vía judicial procedente, y si no se logra —por estimaciones procesales o por consideraciones de fondo— queda al demandante abierta la protección en sede constitucional" (FJ 6, in fine).
>
> Puesto que el juicio de constitucionalidad puede ser dispensado tanto por la jurisdicción ordinaria como por la constitucional, no existe razón para demorar el enjuiciamiento de un acto administrativo ya recurrido en amparo. Lo contrario haría de peor condición a quien además de haber padecido una vulneración de sus derechos originada por la Administración hubiera sufrido otra lesión añadida, causada por el órgano judicial, frente a quien sólo ha sufrido la primera, pues, así como éste obtendría una reparación inmediata en sede de amparo, aquél vería retrotraída la causa a la jurisdicción ordinaria para que allí se repare la lesión sufrida al intentar corregir la lesión administrativa originaria. Lo cual tendría un efecto retardatario para la tutela del derecho sustantivo en juego que hemos rechazado en numerosas ocasiones" (FJ 3).

Estas declaraciones que me parecen correctísimas hicieron enseguida fortuna en la doctrina del Tribunal, que las usará luego en una larguísima lista de sentencias, bien íntegramente, bien en forma parcial o para añadir algún matiz, cuando quiere justificar su decisión de examinar en primer lugar de las impugnaciones del art. 43 LOTC[18]. La regla funciona en forma tan

---

18 Sin ningún ánimo de exhaustividad, al respecto pueden verse, entre otras, las SSTC 87/2008, de 21 de julio; 113/2008, de 29 de septiembre; 156/2009, de 29 de junio; 35/2010, de 19 de julio; 145/2011, de 26 de septiembre; 145/2012, de 2 de julio; 31/2014, de 24 de febrero; 117/2016, de 20 de junio; 74/2018, de 5 de julio; 56/2019, de 6 de mayo; 6/2020, de 27 de enero; 84/2022, de 27 de junio; 100/2022, de 12 de septiembre; 150/2023, de20 de diciembre. En otras ocasiones, el Tribu-

unánime que al poco tiempo el Tribunal dirá convencido que esa es efectivamente la solución que "es norma en estos casos" (ATC 130/2008, de 26 de mayo, FJ 2) o a utilizar "como viene siendo habitual" (STC 135/2010, de 2 de diciembre, FJ 2)[19].

Con más o menos explicaciones, esta es, en efecto, la regla que a partir de entonces se impone en la práctica del Tribunal y que, si no me equivoco, apenas sí tienes excepciones en la doctrina constitucional. Por mi parte, de hecho, sólo he podido encontrar unas pocas, concretamente cuatro, y que tienen además fecha de hace tiempo. Son las SSTC 61/2008, de 26 de mayo; 10/2009, de 12 de enero; y 37/2009, de 9 de febrero, y que justifican la regla inversa y, por tanto, el examen prioritario de las impugnaciones del art. 44 LOTC con fundamento en todos los casos en la necesidad de "preservar el carácter subsidiario del recurso de amparo", con el significado que ya conocemos. A estas tres sentencias, que presentan

---

nal, coincidiendo con la solución, alude para justificarla a la "lógica de la mayor retroacción", para asegurar una "más amplia tutela" o facilitar una "solución más temprana". Cfr., al respecto, las SSTC 216/2009, de 14 de diciembre; 14/2014, de 7 de abril; 6/2020, de 27 de enero; 181/2020, de 14 de diciembre; 2/2021, de 25 de enero; 49/2022, de 4 de abril; 103/2022, de 12 de septiembre; 47/2023, de 10 de mayo; 84/2023, de 5 de julio; 86/2023, de 17 de julio; 130/2023, de 23 de octubre; y 49/2024, de 8 de abril.

19 Conviene anotar que curiosamente esa justo la explicación que había utilizado el Tribunal años antes para justificar el criterio contrario, por entonces todavía con numerosas decisiones en su cuenta con fundamento en el principio de subsidiariedad del amparo. En la STC 269/2006, de 11 de septiembre, el Tribunal afirma literalmente, en efecto, que, tratándose de un amparo mixto, "como viene siendo habitual nuestro examen debe comenzar en un orden lógico por la última de las quejas, debiendo dar respuesta prioritaria a la vulneración del derecho a la tutela judicial (art. 24.1 CE), pues su hipotética estimación conllevaría la retroacción de las actuaciones y la consiguiente imposibilidad de analizar el resto de las quejas dirigidas contra el fondo de las resoluciones impugnadas" (FJ 3).

además apreciables matices entre ellas, hay que sumar también la STC 201/2016, de 28 de noviembre, y en la que el Tribunal, apartándose del criterio mantenido en otras anteriores sobre el mismo asunto y a las que curiosamente se remite, invoca "razones de lógica" para justificar el examen prioritario de las impugnaciones del art. 44 LOTC, con las consecuencias procesales que ya conocemos.

Al margen de estas cuatro sentencias, y cuyo respectivo fundamento no resulta en efecto muy convincente por las razones que acierta a exponer la citada STC 5/2008, según antes hemos visto, y que de hecho no tienen continuidad en la doctrina constitucional posterior, las sentencias que justificadamente deciden comenzar por el examen de las impugnaciones del art. 44 LOTC son rigurosamente excepcionales. De hecho, si mis cuentas no fallan, he contado únicamente una, aunque de indudable interés: es la STC 194/2013, de 2 de diciembre (TOL4.052.777). La ocasión es tan singular que merece que nos paremos un momento en verla algo mejor.

Aunque los antecedentes procesales del caso son ciertamente enredados, a los efectos que ahora nos interesan son los siguientes. El demandante de amparo, que había sido despedido como consecuencia de un expediente forzoso de regulación de empleo, autorizado por la Administración, impugnó ante la jurisdicción contenciosa esta autorización cuestionando su justificación con fundamento en el carácter discriminatorio ex art. 14 CE del plan de prejubilación entonces aprobado. La Sala de lo Contencioso-Administrativo del Tribunal Superior de Justicia de Madrid acordó mediante sentencia inadmitir el recurso por extemporáneo. Contra esta sentencia el recurrente interpuesto recurso de casación denunciando la vulneración de su derecho a la tutela judicial efectiva (art. 24.1 CE), en su vertiente de derecho de acceso a la jurisdicción. Este nuevo recurso fue desestimado por sentencia de la Sala de lo Contencioso-Administrativo del Tribunal Supremo, que confirmó la decisión de inadmisión de instancia.

En su demanda de amparo, el recurrente impugnó, de un lado, por el cauce del art. 43 LOTC, la resolución de la Administración que autorizó el expediente de regulación de empleo, insistiendo en la infracción del principio de igualdad del art. 14 CE. Y, de otra, por la vía ahora del art. 44 LOTC, las sentencias de la Sala de lo Contencioso-Administrativo del Tribunal Superior de Justicia de Madrid, y del Tribunal Supremo por infracción del derecho a la tutela judicial efectiva del art. 24.1 CE, en su vertiente de derecho de acceso a la jurisdicción.

Con estos presupuestos, y luego de confirmar el carácter efectivamente mixto del recurso, la sentencia recuerda el criterio general de ordenación a seguir en este tipo de supuestos y que otorga preferencia al examen de las impugnaciones del art. 43 LOTC, notando que

> "la citada regla de ordenación resulta desde luego oportuna para impedir, entre otras consecuencias no deseables, que se produzca una demora en la protección del derecho sustantivo realmente en juego y no hacer de peor condición a quien, además de haber padecido una lesión constitucional causada por la Administración, hubiera sufrido también una infracción con origen en la actividad de los órganos judiciales, pues, mientras que en este último caso el recurrente obtendría una reparación inmediata en sede de amparo, en el primero conseguiría simplemente la retroacción de las actuaciones a la jurisdicción ordinaria".

Y una vez recordado todo esto, que ya no es familiar, la sentencia advierte, sin embargo, que

> "Esta regla, si válida en línea de principio, naturalmente tiene también sus propias excepciones, según testimonian [entre otras, algunas de las sentencias que precisamente antes he recordado] y en el presente supuesto fuerzan en todo caso las singulares circunstancias ahora concurrentes, y a las que usualmente hemos apelado como guía a observar para determinar el orden de nuestro análisis [...]. Unas circunstancias imposibles de pasar por alto y que ahora determinan que el análisis de la infracción del derecho de acceso a la jurisdicción resulte prioritario. En forma incontrovertible, en efecto, por-

> que, como bien ha notado el Abogado del Estado, si después del correspondiente análisis nuestra conclusión fuera la de que la decisión judicial de inadmisión del recurso contencioso-administrativo del recurrente resulta irreprochable ex art. 24.1 CE, no habría lugar ya a examinar la tacha de desigualdad que el recurrente ha reprochado a la Administración por el cauce del art. 43 LOTC. Pues, como también hemos advertido repetidamente, la vía judicial previa sólo puede entenderse efectivamente agotada y, en consecuencia, abierta la del proceso constitucional de amparo, si los recursos jurisdiccionales que en cada caso resulten procedentes para obtener la reparación de la lesión constitucional pretendidamente sufrida se han interpuesto en tiempo y forma, de manera que si el oportuno recurso se interpone extemporáneamente o sin cumplir los correspondientes requisitos procesales, su fracaso equivale a su no utilización y determina, en consecuencia, la inadmisión de la demanda de amparo por falta de agotamiento de la vía judicial previa en aplicación del art. 50.1 a), en relación con el art. 44.1 a) LOTC [...]. Por estas razones, como hemos advertido, nuestro examen debe comenzar efectivamente por la infracción del art. 24.1 CE que el recurrente ha imputado por la vía del art. 44 LOTC a las resoluciones judiciales recurridas" (FJ 2).

Siguiendo esta regla de ordenación y, una vez comprobado que la decisión judicial de inadmisión del recurso contencioso del demandante de amparo vulneró el derecho del art. 24.1 CE, en su vertiente de derecho de acceso a la jurisdicción, el Tribunal, la anula y ordena la retroacción de las actuaciones judiciales al momento procesal oportuno para que la Sala de lo Contencioso-Administrativo del Tribunal Superior de Justicia de Madrid dicte nueva resolución respetuosa con el citado derecho constitucional, sin examinar la infracción del art. 14 CE formulada ex art. 43 LOTC.

Esta excepción enlaza con la que una década antes había razonado la STC 97/2003, de 2 de junio (TOL273.386), y que merece también que sea recordada ahora[20].

Aunque en este caso también los antecedentes procesales se enredan bastante, en esa ocasión la demandante impugnó en amparo, de un lado, la resolución del Subsecretario de Justicia que dispuso su traslado desde el puesto que hasta entonces desempeñaba a otro distinto. En su demanda alegó que esa medida no obedecía en realidad a las razones organizativas y a las necesidades del servicio que la citada resolución exponía formalmente como justificación, sino que, en su lugar, constituía una sanción administrativa encubierta acordada a modo de represalia por su presunta conducta desleal y antes precisamente de gozar del permiso por su próxima maternidad. Por estas razones, imputaba a la Administración, y entre otros, la vulneración de sus derechos a permanecer en los cargos públicos de acuerdo con lo dispuesto en las leyes reconocido en el art. 23.2 CE; a no ser discriminada por razón de sexo *ex* art. 14 CE, y a la legalidad en materia sancionadora que garantiza el art. 25.1 CE.

Por su parte, a la sentencia que, resolviendo el recurso contencioso interpuesto contra la citada resolución de traslado, lo desestimó, le imputó, entre otras vulneraciones, que ahora no nos importa tanto, la infracción del derecho a utilizar los medios de prueba pertinentes para la defensa del art. 24.2 CE, como consecuencia de la injustificada decisión del órgano judicial de no recibir el pleito a prueba.

---

20 Sobre esta sentencia puede verse el comentario de CARRETERO SÁNCHEZ, S. (2004), "El recurso de amparo mixto y el incidente de nulidad de actuaciones: cara o cruz para el abogado. A propósito de la STC 97/2003, de 2 de junio", *Actualidad administrativa*, núm. 22, pp. 2686-2698

Con estos perfiles, el Tribunal nota también en este caso que está ante un recurso mixto. Y puesto, en consecuencia, a determinar el orden de enjuiciamiento de las distintas impugnaciones advierte que

> "Lo más lógico sería comenzar por el examen de las infracciones constitucionales que la demandante imputa a la Administración, toda vez que, de admitirse tales violaciones, la anulación de la resolución administrativa haría innecesario entrar en el examen de la resolución judicial también impugnada en el presente recurso, que confirmó su legalidad. No obstante, este criterio, si oportuno en línea de principio, puede no serlo a la vista de las particulares circunstancias del caso, y que son, como hemos afirmado en otras ocasiones, las que deben guiar la decisión de este Tribunal a la hora de "determinar no sólo tal orden, sino también si resulta necesario o conveniente pronunciarse en la Sentencia sobre todas las lesiones de derechos constitucionales denunciadas, en el caso de que ya se haya apreciado alguna de ellas" (FJ 2).

Apurando este planteamiento y atendiendo, por tanto, a las circunstancias concurrentes en el asunto, el Tribunal anuncia que comenzará por las impugnaciones formuladas *ex* art. 44 LOTC contra la sentencia. Una solución que entonces justifica del siguiente modo:

> "Y ello especialmente, como ha de verse, a fin de comprobar si la decisión judicial que rechazó recibir el pleito a prueba resulta o no constitucionalmente reprochable. Pues, conforme antes indicábamos, advertido que todas las lesiones de derechos fundamentales que la recurrente alegó en el proceso judicial, y en las que insiste ahora por la vía del art. 43 LOTC, toman pie en la idea de que bajo el controvertido traslado se esconde en realidad una sanción encubierta, y visto también que la Sentencia rechazó este presupuesto al considerar, según se ha dejado anotado en los antecedentes, que en el proceso no existió ninguna circunstancia que corroborara esa versión de los hechos, el examen de la mencionada supuesta lesión constitucional es prioritario. Sencillamente porque si concluyéramos que, efectivamente, el Tribunal a quo vulneró el derecho de la recurrente a utilizar los medios de prueba pertinentes que garantiza el art. 24.2 CE, nuestro examen debiera dete-

> nerse ahí, retrotrayendo las actuaciones al momento procesal de la apertura del pleito a prueba, permitiendo así al órgano judicial que, a la vista de las pruebas admitidas y practicadas, se pronunciara de nuevo sobre esas cuestiones de fondo y que, en este momento, para respetar el ámbito propio del recurso de amparo constitucional, no pueden ser dilucidadas por este Tribunal Constitucional valorando de nuevo las pruebas o alterando los hechos declarados probados en la Sentencia" (FJ 2).

En esa sentencia, el Tribunal estimará ese motivo del amparo y, en consecuencia, con anulación de la sentencia, ordenará la retroacción de las actuaciones judiciales al momento procesal del recibimiento a prueba del recurso contencioso-administrativo, sin entrar a enjuiciar las vulneraciones atribuidas por el cauce del art. 43 LOTC a la Administración.

La STC 279/2005, de 7 de noviembre (TOL756.163), apura este mismo planteamiento. En esta ocasión, el recurso de amparo se dirigió contra determinadas Órdenes de la Consejería de Educación y Ciencia de la Junta de Andalucía dictadas con motivo de un concurso de méritos para la adquisición de la condición de catedráticos, y contra la sentencia de la el Tribunal Superior de Justicia de Andalucía que inadmitió el recurso contencioso-administrativo interpuesto por la recurrente. A las primeras, la demandante les imputó la vulneración con arreglo a los arts. 14 y 23.2 CE de su derecho a acceder a los cargos públicos en condiciones de igualdad. Y a la sentencia, la vulneración de su derecho a la tutela judicial efectiva del art. 24.1 CE, en su vertiente de derecho de acceso a la jurisdicción. Con estos antecedentes, el Tribunal declara que

> "nos encontramos, por tanto, ante un recurso de amparo "mixto", basado tanto en el art. 43, como en el art. 44 de nuestra Ley Orgánica. Teniendo en cuenta los motivos de amparo esgrimidos (presunta vulneración de los arts. 14 y 23.2 CE, en relación a las órdenes citadas y vulneración del art. 24 CE, respecto de la Sentencia) procede el examen prioritario de las alegaciones sobre la vulneración de la tutela judicial efectiva del art. 24.1 CE. En efecto, como se verá más detenidamen-

> te con posterioridad, las cuestiones que se suscitaron ante la jurisdicción contencioso-administrativa por la recurrente se refirieron tanto a temas de estricta legalidad ordinaria, como a la denuncia de lesión del derecho fundamental consagrado en el art. 23.2 CE. Si la petición de amparo se hubiera limitado a esta última, el Tribunal podría entrar directamente a su enjuiciamiento, ya que se encuentra cumplido el requisito del agotamiento de la vía judicial procedente del art. 43.1 LOTC. Sin embargo, habiendo sometido a los órganos judiciales cuestiones ajenas a los derechos fundamentales, lo procedente en un amparo mixto es analizar primero las lesiones del art. 24 CE que, de haberse producido, habrían impedido su correcto enjuiciamiento por parte de la jurisdicción ordinaria" (FJ 1).

Mi opinión es que esta sentencia desenfoca algo el asunto y, al servicio del principio de subsidiariedad del amparo mal entendido, termina por negar la tutela del art. 23.2 CE denunciada con un razonamiento que no me parece convincente. Y que, de hecho, si bien se mira, termina también por hacer de peor condición a los recurrentes que han padecido infracciones legales y constitucionales frente a los que únicamente ha padecido estas últimas.

Admito desde luego el examen prioritario de la lesión del art. 24.1 CE en la vertiente denunciada. Pero no, como dice el Tribunal, para que, caso de prosperar, el órgano judicial se pronuncie sobre los motivos de legalidad ordinaria defendidos por la recurrente en su recurso contencioso-administrativo. Sino simplemente a los efectos de comprobar si la decisión judicial de inadmisión del recurso contencioso fue correcta. Pues de esta comprobación depende el correcto agotamiento de la vía judicial toda vez que, como ya sabemos, la frustración de un recurso judicial por culpa del propio recurrente equivale a su no utilización[21].

---

21 Al respecto, entre otros, pero señaladamente pueden verse las explicaciones que ofrece el ATC 198/2010, de 21 de diciembre, FJ 6. Y más

De modo que, en este tipo de asuntos, el examen de la lesión del art. 44 LOTC funciona no tanto como verdadero motivo de amparo autónomo, sino como requisito de procedibilidad de la impugnación del art. 43 LOTC. Por esta razón, el canon para enjuiciar esa decisión judicial no debiera ser el propio del derecho de acceso a la jurisdicción del art. 24.1 CE, sino el relativo a la doctrina dictada en materia de interposición de recursos procedentes y que aprieta un poco menos[22]. Lo que en el asunto entonces examinado significa que, siendo el acto administrativo el único y verdadero objeto del recurso, y una vez comprobado entonces que la resolución judicial de inadmisión vulneró el art. 24.1 CE, el Tribunal debió entrar en el fondo y pronunciarse sobre la lesión del art. 23.2 CE denunciada por la vía del art. 43 LOTC. Especialmente si, como el propio Tribunal reconoce, no existía ningún obstáculo para que pudiera hacerlo porque contaba con todos los datos necesarios.

El Tribunal, de hecho, lo advertido en alguna ocasión. Las SSTC 31/1984, de 7 de marzo (FJ 7), 363/1993, de 13 de diciembre [FJ 2b)], y 107/2003, de 2 de junio (FJ 2), y cuyo interés notaremos también más adelante, aciertan a decirlo expresamente cuando declaran usando el mismo razonamiento que, en este tipo de asuntos en los que la decisión judicial impugnada es la de inadmisión del recurso intentado en la vía judicial para reparar la lesión imputada a la Administración,

> "con ser cierto que el quebrantamiento de las garantías procesales podrá llevar en sí una violación del derecho que constitucionaliza el art. 24.1 y esto es así cuando no se respeta el contenido de este derecho, la cuestión aquí debe reconducirse a atribuir a las resoluciones judiciales el carácter de agotamiento de la vía judicial procedente, en los términos del art. 43.1 de la LOTC.

---

recientemente, por todas, las SSTC 166/2020, de 16 de noviembre, FJ 2; 39/2022, de 21 de marzo; FJ 2; y 151/2023, de 20 de noviembre, FJ 2.

22 REQUEJO PAGÉS, J. L. (2002:203)

Todo lo cual hace innecesario un pronunciamiento sobre la hipotética lesión del derecho a la tutela judicial efectiva".

5. SOBRE LA COMPATIBILIDAD DE PRETENSIONES. ENTRE EL DOGMA Y LA REALIDAD

El interés de los amparos mixtos va más allá, por lo que acaba de decirse, de lo estrictamente procesal. O, para ser más precisos, como muy bien ha sido notado, es su naturaleza precisamente procesal la que les otorga una dimensión sustantiva, toda vez que ese tipo de complicaciones esconde comúnmente un problema de fondo[23].

El problema en este caso no es sólo, como hemos comprobado, que la doctrina constitucional atribuya con demasiada generosidad y escaso rigor técnico la condición de mixtos a recursos que en otro tiempo no habría dudado en calificar exclusivamente de amparos administrativos del art. 43 LOTC. Ni es tampoco que el Tribunal haya demostrado una llamativa falta de resolución en la determinación del orden de examen de las impugnaciones, solo corregida a partir de 2008, como también hemos visto. El principal problema y más agudo que plantean los denominados recursos mixtos es la naturalidad con la que se acepta su propia existencia.

Al principio de este capítulo III vimos cómo el Tribunal en la primera ocasión que asumió ese tipo de amparos lo hizo con bastante naturalidad y sin muchas explicaciones. Como se recordará, la STC 68/1983, de 26 de julio, admitió, en efecto, el doble planteamiento procesal de la demanda declarando sumariamente que se trata de un supuesto de acumulación de acciones "autorizada por el art. 153 de la Ley de Enjuiciamiento

---

23 *Ibidem*, pp. 191-192

Civil, siempre que -como ocurre en el presente caso- las acciones que se pretenden acumular por el actor no sean incompatibles entre sí". La sentencia no explica, sin embargo, por qué las acciones eran entonces efectivamente compatibles.

Sí lo explicó, en cambio, la siguiente STC 31/1984, de 7 de marzo, que también repasamos entonces. Y lo hizo, además, según vimos, con una claridad de conceptos ciertamente encomiable para distinguir entre acumulación simple u ordinaria y acumulación eventual o subsidiaria, y que hoy, en efecto, lamentablemente "ha de darse por perdida"[24].

A salvo de estos dos únicos y lejanos antecedentes, el Tribunal ya nunca más ha vuelto a cuestionarse de forma directa si las pretensiones formuladas en forma acumulada por las vías de los arts. 43 y 44 LOTC son efectivamente compatibles entre sí, convirtiendo de este modo en dogma una compatibilidad que desde el primer momento ha quedado, sin embargo, desafortunadamente sin explicación. Lo que a la postre ha determinado que, como todo dogma, la existencia de los amparos mixtos sencillamente no se discute.

Lo único que se cuestiona, pero todo lo más y en los expeditivos términos que hemos repasado, es si la impugnación del art. 44 LOTC refiere en realidad una vulneración constitucional autónoma, distinta de la atribuida a la Administración ex art. 43 LOTC y directamente imputable a la actuación de un órgano judicial. Pero, cuando esto sucede, la conclusión es ya siempre la misma: el recurso interpuesto es entonces un amparo mixto, con todas sus consecuencias de régimen jurídico que también hemos visto. Y lo único, por tanto, que hay que hacer es ordenar el examen de las pretensiones, comenzando por las impugnaciones del art. 43 LOTC.

---

24 REQUEJO PAGÉS, J. L (2002: 205).

En estas condiciones, bastante rebajadas en explicaciones, es lógico preguntarse si el reconocimiento de los denominados amparos mixtos es una solución jurídicamente correcta o es, en cambio, una modalidad de amparo que solo la indiferencia del propio Tribunal, con el impagable auxilio técnico del principio antiformalista y el criterio de flexibilidad en la tutela de los derechos fundamentales[25], junto con el abandono de la doctrina científica por este asunto, han terminado por dar vida en forma por completo artificial.

Aunque adelanto que mi opinión se acerca bastante a esta segunda hipótesis, parece oportuno pararse antes un momento en el régimen jurídico de la acumulación de acciones y su significado, según ha sido interpretado por la jurisprudencia ordinaria y la doctrina científica.

Al respecto, la LOTC no establece ninguna regla específica, de manera que hay que buscarlas en la Ley de Enjuiciamiento Civil (LEC), a la que aquélla se remite expresamente en materia de actos procesales (art. 80). Concretamente, en el Capítulo I del Título III de la LEC y que lleva por rúbrica precisamente «De la acumulación de acciones». El art. 71 que inaugura el citada Capítulo, bajo la rúbrica de «Efecto principal de la acumulación. Acumulación objetiva de acciones. Acumulación eventual», establece que

> "1. La acumulación de acciones admitida producirá el efecto de discutirse todas en un mismo procedimiento y resolverse en una sola sentencia.

---

[25] Este criterio flexible ha sido reconocido en incontables sentencias y es una constante de la doctrina constitucional. En cualquier caso, entre otras, pueden verse las SSTC 167/1987, de 28 de octubre, FJ 1; 184/1992, de 16 de noviembre, FJ 2; 80/1994, de 14 de marzo, FJ 2; 99/2000, de 10 de abril, FJ 6; 111/2000, de 5 de mayo, FJ 6; 19/2001, de 29 de enero, FJ 3; 154/2001, de 2 de julio, FJ 2; 229/2001, de 26 de noviembre, FJ 3; 186/2002, de 14 de octubre, FJ 2). STC 269/2006, de 11 de septiembre, FJ 8; y STC 35/2016, de 13 de febrero, FJ 2.

> 2. El actor podrá acumular en la demanda cuantas acciones le competan contra el demandado, aunque provengan de diferentes títulos, siempre que aquéllas no sean incompatibles entre sí.
>
> 3. Será incompatible el ejercicio simultáneo de dos o más acciones en un mismo juicio y no podrán, por tanto, acumularse cuando se excluyan mutuamente o sean contrarias entre sí, de suerte que la elección de una impida o haga ineficaz el ejercicio de la otra u otras.
>
> 4. Sin embargo, de lo establecido en el apartado anterior, el actor podrá acumular eventualmente acciones entre sí incompatibles, con expresión de la acción principal y de aquella otra u otras que ejercita para el solo evento de que la principal no se estime fundada"

Y el siguiente art. 72, ahora bajo la rúbrica de «Acumulación subjetiva de acciones» establece por su parte que.

> "Podrán acumularse, ejercitándose simultáneamente, las acciones que uno tenga contra varios sujetos o varios contra uno, siempre que entre esas acciones exista un nexo por razón del título o causa de pedir.
>
> Se entenderá que el título o causa de pedir es idéntico o conexo cuando las acciones se funden en los mismos hechos".

Sobre el significado de estas reglas, la doctrina, principalmente procesalista, se ha ocupado con detalle y existen también numerosos pronunciamientos judiciales[26]. Sin necesidad

---

26 Cfr., por todos, DIEZ-PICAZO GIMÉNEZ, I. (1996 b), "La acumulación de acciones en el proceso civil", *El objeto del proceso civil* (Dir. F. Martín Castán), Cuadernos de Derecho Judicial, núm. 23, pp. 49 y ss.; GASCÓN INCHAUSTI, F. (2000), *La acumulación de acciones y de procesos en el proceso civil,* La Ley, Madrid, p.; BELLIDO PENADÉS, R. (2017 b) "La acumulación objetivo-subjetiva de acciones como técnica de agilización de la justicia civil en tiempos de crisis", en *Los recursos en el proceso civil.*

de apurar hasta el final su significado, y prescindiendo de la distinción entre acumulación objetiva o subjetiva de acciones, importa notar, en cualquier caso, que esa misma doctrina y jurisprudencia son unánimes en reconocer que la acumulación *simple*[27] solo es posible cuando las acciones que se pretenden acumular no sean incompatibles entre sí. Lo que sucederá siempre, conforme se encarga de precisar el propio art. 71.3 LEC, "cuando se excluyan mutuamente o sean contrarias entre sí, de suerte que la elección de una impida o haga ineficaz el ejercicio de la otra u otras". De manera que cuando esto sucede, "la acumulación indebida de la acumulación desemboca

Continuidad y reforma, Ed. Dykinson, Madrid, p. 181; GUZMÁN FLUJA V. C. y ZAFRA ESPINOSA DE LOS MONTEROS, R. (2008), "Comentarios prácticos a la Ley de Enjuiciamiento Civil. La acumulación de acciones. Arts. 71 a 73 LEC, *Indret*, núm. 3/2008, p. 10; GARBERÍ LLOBREGAT, J. (2009), *La Acumulación de acciones en el Proceso Civil*, Bosch, Barcelona, pp. 32 y ss.; RIFÁ SOLER, J. M.ª (2011) et al. *Derecho procesal civil (volumen II)*, 2ª ed., Gobierno de Navarra, p. 94; TORIBIOS FUENTES, F. (2012), *Comentarios a la Ley de Enjuiciamiento Civil*, Lex Nova, Valladolid, p. 193; ROBLES GARZÓN, J. A. (2013) *Conceptos Básicos de Derecho Procesal Civil*, 5ª ed., Tecnos, Madrid; ORTELLS RAMOS, M. (2017) *Derecho Procesal Civil*, 16ª ed., Thomson Reuters Aranzadi, Cizur menor (Navarra), p. 220; GIMENO SENDRA, V. (2018), "De las acumulaciones de acciones (arts. 71 a 73)", en *Proceso civil práctico. Comentarios a la Ley 1/2000, de 7 de enero, de Enjuiciamiento Civil*, Thomson Reuters Aranzadi, Cizur Menor (Navarra), Vol.1, Tomo 1, pp. 819 y ss.

Del lado de la jurisprudencia pueden verse, entre otras, las sentencias de la Sala Primera del Tribunal Supremo de 28 de junio y 2 de julio de 1994; de 7 de febrero de 1997; núm. 380/1999, de 10 de mayo; de 9 de marzo de 2006; y núm. 72072013, de 26 de noviembre. También existe pronunciamientos en la jurisprudencia menor que subrayan el carácter incompatible de las acciones indebidamente acumuladas por el actor. Entre otras, SAP de Madrid, de 20 de abril de 2004; SAP de Ciudad Real, de 30 de mayo de 2006; SAP de Santa Cruz de Tenerife núm. 7/2015, de 16 de enero; y SAP de Vizcaya núm. 744/2023, de 23 de noviembre

27 Cfr., DIEZ-PICAZO GIMÉNEZ, I. (1996 b: 59); y GASCÓN INCHAUSTI, F. (2000: 12).

en un defecto legal en el modo de proponer la demanda" y, al cabo, su inadmisión si no media la oportuna subsanación[28].

Teniendo en cuenta esta última regla, y si volvemos ahora a la doctrina constitucional podrá verse enseguida que la citada prohibición es precisamente la que despunta en la mayor parte de los recursos que el Tribunal califica de amparos mixtos. La jurisprudencia constitucional de los últimos algo más de quince años (2008-2023) es, en efecto, bastante ilustrativa al respecto.

De las docenas, que suman cerca de un centenar, de sentencias dictadas en ese periodo y que resuelven recursos que califica de amparo mixto, en todos ellos el Tribunal comienza su examen por las impugnaciones formuladas por la vía del art. 43 LOTC. Y lo que ahora más importa, en todos esos casos, salvo en unos pocos[29] y con la única excepción del grupo de sentencias que más adelante veremos, el Tribunal estima la correspondiente lesión constitucional imputada a la Administración y, con arreglo al art. 55 LOTC, declara la nulidad de la actuación administrativa impugnada y también la de las resoluciones judiciales que la confirmaron, sin examinar, por

---

28 DIEZ-PICAZO GIMÉNEZ, I. (1996 b: 65).

29 Si mis cuentas son correctas, en el citado periodo 2008-2023, además de las que luego se subrayarán en el texto, únicamente en poco más de media docena de sentencias, el Tribunal, después de rechazar la vulneración constitucional imputada a la Administración, analiza a continuación la impugnación del art. 24.1 CE formulada por el cauce del art. 44 LOTC, para desestimarla igualmente. Se trata, en concreto, aunque con matices entre ellas, de las SSTC 87/2008, de 21 de julio; 82/2009, de 23 de marzo; 34/2011, de 28 de marzo; 44/2011, de 11 de abril; 150/2011, de 29 de septiembre; 128/2013, de 3 de junio; y STC 198/2016, de 28 de noviembre. En todos los casos, esas impugnaciones del art. 44 LOTC invocan la vulneración del art. 24 CE, en alguna de sus vertientes o dimensiones, en ocasiones en unión a la invocación de la vulneración del derecho a la igualdad en la aplicación judicial de la ley del art. 14 CE.

resultar innecesario, las vulneraciones imputadas a los órganos judiciales por el cauce del art. 44 LOTC, y referidas en todos los casos a la vulneración del derecho a la tutela judicial efectiva del art. 24.1 CE, en alguna de sus distintas vertientes, o a alguna de las garantías del art. 24.2 CE, o también, aunque menos, en la vulneración del derecho de igualdad en la aplicación judicial de la ley del art. 14 CE[30].

Para afirmar esta solución, que figura al final de la respectiva sentencia, el Tribunal se sirve siempre de la misma regla que admite, no obstante, distintas formulaciones, pero que comparten la advertencia de que el otorgamiento del amparo por el motivo del art. 43 LOTC convierte en innecesario el examen de las impugnaciones imputadas por el cauce del art. 44 LOTC a la actuación de los órganos judiciales.

Al respecto y si atendemos a las primeras sentencias de la serie que ahora consideramos, la STC 104/2014, de 22 de junio, declara, por ejemplo, que la estimación del motivo formulado *ex* art. 43 LOTC determina el otorgamiento del amparo, "sin necesidad de entrar a conocer los motivos articulados por el cauce del art. 44 LOTC" (FJ 9). Por su parte, las SSTC 130/2014, de 21 de julio; 147/2014, de 22 de septiembre; y 160/2014, de 6 de octubre, que estiman el respectivo amparo formulado contra la vía de hecho administrativa consistente en la exclusión de la entidad demandante de las campañas de publicidad institucional de varios Ayuntamientos de la provincia de Castellón, insisten en esta misma regla notando que el otorgamiento del amparo por la lesión del art. 43 LOTC determina igualmente la nulidad de las respectivas resoluciones judiciales que en cada caso confirmaron esa actuación admi-

---

30 GUITIÉRREZ GIL, A (2020), "Artículo 55", en *Comentarios a la Ley Orgánica 2/1979, de 3 de octubre, del Tribunal Constitucional,* (Dir. J. J. González Rivas; Coord. A. Gutiérrez Gil), Fundación Wolters Kluwer/BOE/Tribunal, Constitucional, Madrid, p. 629.

nistrativa, "sin necesidad de entrar a conocer sobre el resto de los derechos invocados".

La misma o parecida advertencia figura también en el resto de sentencias posteriores que resuelven amparos mixtos. Por atender ahora únicamente a alguna de las más recientes de esa misma serie, las SSTC 6/2020, de 27 de enero, 2/2022, de 24 de enero; y 78/2023, de 3 de julio; declaran, con pequeños matices, que el otorgamiento del amparo por el motivo denunciado con arreglo al art. 43 LOTC contra el correspondiente acto administrativo determina la nulidad de las resoluciones judiciales que lo confirmaron "sin que proceda entrar a examinar las vulneraciones del art. 24 CE que se imputan a las resoluciones judiciales impugnadas".

Entre medias hay otras muchas sentencias que usan una fórmula equivalente. Las SSTC 74/2018, de 5 de julio, y 56/2019, de 6 de mayo, advierten por ejemplo que "al apreciarse la vulneración del derecho fundamental [imputada a la Administración], no procede examinar la lesión denunciada del derecho a la tutela judicial efectiva (art. 24.1 CE)".

Si paramos un momento en estas declaraciones constitucionales podrá verse enseguida que esta decisión del Tribunal de prescindir de cualquier pronunciamiento sobre las vulneraciones imputadas a las resoluciones judiciales desemboca en una conclusión que tiene una apariencia, en efecto, algo inquietante y que deja en bastante mal lugar a la acumulación de impugnaciones que con tanta naturalidad ha admitido el Tribunal, como ya nos consta. Pues, si la estimación de la impugnación formulada *ex* art. 43 LOTC contra el acto administrativo convierte efectivamente en inútil la formulada contra las resoluciones judiciales por el cauce procesal del art. 44 LOTC, es justo preguntarse entonces si ambas impugnaciones son compatibles entre sí y, por tanto, acumulables en un mismo recurso de amparo, al menos con carácter principal, puesto que, como hemos comprobado y advierte por su parte el art. 71.3 LEC, la elección en nuestro caso de la impugnación del art. 43 LOTC convierte en "ineficaz" la formulada contra las resoluciones judiciales por la vía del art. 44 LOTC, descubriendo de ese modo su carácter procesalmente incompatible.

Adelanto que mi opinión es, con los matices que luego también saldrán, la de que efectivamente se trata de dos pretensiones incompatibles, siempre que se formulen con carácter principal[31], y que, por tanto, el recurrente no puede acumular libremente en su demanda de amparo. Y pienso también que, si la prohibición de acumulación de pretensiones ha permanecido oculta hasta ahora, incluso para el propio Tribunal, es sencillamente como consecuencia del orden de examen de las impugnaciones que ha acabado por imponerse en la práctica del Tribunal y que, según ya nos consta, otorga prioridad al examen de las vulneraciones del art. 43 LOTC. Pues comoquiera, según también ya sabemos, que en esos casos la anulación del acto administrativo arrastra, de conformidad con el art. 55 LOTC, la anulación asimismo de las resoluciones judiciales que lo confirmaron[32], la elección de comenzar por las im-

---

31 En alguna ocasión, conforme demuestra por ejemplo la STC 118/2012, de 4 de junio, el recurrente formula su pretensión acumulada del art. 44 LOTC con carácter subsidiario, según autoriza el art. 71.4 LEC y la jurisprudencia civil (por todas, STS núm. 389/2003, de 10 de abril). De todas formas, como subraya la doctrina procesalista, esa indicación debe formularse de modo expreso en la demanda. Por todos, DIEZ-PICAZO GIMÉNEZ, I. (1996 *b*); y GARBERÍ LLOBREGAT, J. (2009: 39).

32 Esta conclusión ha sido subrayada por el Tribunal desde sus primeras decisiones. Por ejemplo, el ATC 10/1983, de 12 de enero, precisa que "cuando se impugna un acto de los incluidos en el art. 43 de la LOTC no hay que impugnar también los posteriores actos de órganos judiciales que lo hayan confirmado, pues aunque es preceptivo provocar tales resoluciones para agotar la vía judicial procedente (como prevé el mismo art. 43 de la LOTC) cada acto judicial confirmatorio no puede ser objeto de impugnación en la vía de amparo constitucional, aunque obviamente la eventual nulidad del acto administrativo originario declarado por

pugnaciones del art. 43 LOTC ha servido para esconder, hasta silenciarla por completo, la cuestión de la repercusión de ese primer pronunciamiento del Tribunal sobre las vulneraciones formuladas por la vía del art. 44 LOTC. Y que naturalmente, en otro caso, de seguir el orden de examen inverso, resultaría mucho más difícil de esquivar, especialmente en los aquellos amparos mixtos en los que la pretensión que se acumula a la impugnación del art. 43 LOTC tiene por objeto una vulner-

---

Sentencia de este Tribunal al otorgar el amparo acarrearía sin más la de los actos judiciales confirmatorios".
El citado art. 55 LOTC establece en su apartado 1 que "la sentencia que otorgue el amparo contendrá alguno o algunos de los pronunciamientos siguientes: a) Declaración de nulidad de la decisión, acto o resolución que hayan impedido el pleno ejercicio de los derechos o libertades protegidos, con determinación, en su caso, de la extensión de sus efectos. b) Reconocimiento del derecho o libertad pública, de conformidad con su contenido constitucionalmente declarado. c) Restablecimiento del recurrente en la integridad de su derecho o libertad con la adopción de las medidas apropiadas, en su caso, para su conservación". Esta última previsión es la que comúnmente utiliza el Tribunal para declarar la nulidad de todas las resoluciones judiciales posteriores. Según declara, entre otras, la STC 291/1993, de 18 de octubre, "la estimación del presente recurso en lo que tiene de queja frente a la actuación administrativa, luego confirmada por las resoluciones judiciales, cuya nulidad procede declarar ahora con el fin de restablecer el derecho fundamental vulnerado". La misma declaración formula la STC 98/2003, de 2 de junio, cuando advierte que "la nulidad por este motivo [entonces por discriminatoria] de la resolución administrativa que dispuso el cese de la recurrente implica forzosamente la declaración de nulidad de la Sentencia de la Sala de lo Contencioso-Administrativo del Tribunal Superior de Justicia de Madrid que la confirmó, con la finalidad de restablecer el derecho fundamental vulnerado". En el mismo sentido, pero más modernamente, se pronuncian las SSTC 31/2014, de 24 de febrero, 104/2014, de 23 de junio, FJ 9; y 199/2014, de 15 de diciembre, FJ 6. Al respecto, vid., entre otros, Cfr., G. FERNÁNDEZ FARRERES, *El recurso de amparo según la jurisprudencia constitucional,* Marcial Pons, 1994, pp. 315 y ss.

ación del art. 24.1 CE, en alguna de sus vertientes, o alguna de las garantías del art. 24.2 CE.

Conforme ya nos consta, cuando el Tribunal decide comenzar por las impugnaciones del art. 44 LOTC, que son en efecto, como advierte la STC 171/2019, de 16 de diciembre, de carácter "normalmente procesal", el otorgamiento del amparo por alguno de esos motivos determina la retroacción de las correspondientes actuaciones judiciales a fin de que el órgano judicial dicte nueva resolución respetuosa con la dimensión del derecho del art. 24 CE en cada caso vulnerada. Y, como es elemental, esta retroacción excluye *a radice,* en virtud de principio de subsidiariedad del amparo, la posibilidad misma de que el propio Tribunal examine la impugnación sustantiva formulada contra el acto administrativo por el cauce del art. 43 LOTC, toda vez que esta impugnación es precisamente la que ha de ventilarse en el nuevo pronunciamiento judicial a dictar. Por decirlo en los términos legales del art. 71.3 la LEC, la impugnación del art. 44 LOTC (*rectius* su estimación) excluye la impugnación del art. 43 LOTC.

En este contexto funciona precisamente la declaración constitucional que ya conocemos acerca de que "en los recursos mixtos si se diera preferencia al enjuiciamiento de las lesiones del artículo 24 CE, su apreciación por este Tribunal —anulando la resolución judicial con retroacción de actuaciones al momento correspondiente— sólo tendría un «*efecto retardatario*» respecto a la efectiva tutela de los derechos sustantivos" (SSTC 29/2013, de 11 de febrero, FJ 2; 74/2018, de 5 de julio, FJ 3; y 56/2019, de 6 de mayo, FJ 2)

De manera que, al final, la supuesta compatibilidad de las pretensiones impugnatorias formuladas por la doble vía de los arts. 43 y 44 LOTC no es real o material, sino que es, por el contrario, puramente instrumental o artificial y simple secuela de la opción del Tribunal por comenzar el examen en los supuestos de amparos mixtos por las impugnaciones del art. 43 LOTC. En suma, es el orden de los razonamientos del propio Tribunal el que ha terminado por convertir en natural el fenómeno de la acumulación de pretensiones en una misma demanda de amparo y, al cabo también, la normalización en la jurisprudencia constitucional de los denominados recursos mixtos.

Este resultado me parece, sin embargo, muy discutible, según antes he adelantado. Principalmente porque según yo lo veo, cuando se impugna un acto administrativo por la vía del art. 43 LOTC, la acumulación a esta pretensión anulatoria de otra fundada ahora en la vulneración por las resoluciones judiciales de alguna de las dimensiones del art. 24.1 CE o de alguna de las garantías procesales del art. 24.2 CE resulta completamente ineficaz, por usar los términos del art. 71.3 LEC que ya conocemos. Esta conclusión no cambia, además, porque el Tribunal decida comenzar por las impugnaciones del art. 43 LOTC. Ni siquiera tampoco en función de cuál sea el resultado del juicio del Tribunal sobre la constitucionalidad del acto administrativo.

Al respecto, ya hemos visto que, cuando el Tribunal aprecia la vulneración del derecho fundamental denunciado por el cauce del art. 43 LOTC, el otorgamiento del amparo por ese motivo determina la anulación también de las resoluciones judiciales, sin necesidad de examinar ya las lesiones formuladas contra ellas *ex* art. 44 LOTC. Como resulta igualmente superfluo y, por tanto, ineficaz, sin perjuicio de lo que enseguida se precisará, el examen de estas últimas vulneraciones cuando el Tribunal considera, en cambio, que la Administración no ha incurrido en la vulneración constitucional denunciada en la demanda. Pues en esta hipótesis ningún (o muy escaso) efecto práctico tendría tampoco, salvo el de retrasar la solución definitiva del caso, que el Tribunal, apreciando ahora la vulneración del art. 24 CE, ordenara la retroacción de actuaciones para que el órgano judicial se pronunciara nuevamente sobre la constitucionalidad del acto administrativo que el Tribunal precisamente ya ha confirmado.

Esta regla tiene, no obstante, una excepción, y que antes había quedado pendiente. Es la que acierta a identificar el Tribunal cuando la devolución del asunto al órgano judicial se justifica en la existencia de cuestiones de simple legalidad ordinaria. Las SSTC 5/2008, de 21 de enero (TOL1.244.610); 40/2008, de 10 de marzo (TOL756.163); 77/2008, de 7 de julio (TOL1.341.466); y 156/2009, de 29 de junio (TOL1.568.034), son una buena muestra de esta solución. Estas cuatro sentencias resuelven otros tantos recursos mixtos en los que el Tribunal, comenzando por las impugnaciones del art. 43 LOTC, rechaza que la Administración haya incurrido en las vulneraciones denunciadas para seguidamente, a continuación, examinar las tachas de incongruencia formuladas con fundamento en el art. 24 CE contra las resoluciones judiciales por la vía del art. 44 LOTC, y que sí estima, en cambio.

En estas coordenadas, el Tribunal nota enseguida la necesidad de precisar el alcance del amparo que acaba de otorgar y, usando en todos los casos el mismo razonamiento, subraya la exigencia de atender a "la peculiaridad que concurre en los amparos mixtos" para a continuación, aunque en forma algo más matizada en el caso de la STC 40/2008, declarar que

> "cuando en la vía judicial se hubiera producido una lesión constitucional autónoma deberán delimitarse en la Sentencia constitucional los efectos que de ello se deriven para el acto administrativo y para las resoluciones judiciales. En particular, cuando la lesión alegada tenga carácter procesal —por referirse a alguna de las vertientes o dimensiones del art. 24.1 CE— este Tribunal podrá excluir el enjuiciamiento de la queja formulada por el cauce del art. 44 LOTC o dotar a su pronunciamiento de un alcance meramente declarativo siempre que resulte improcedente la retroacción de las actuaciones como consecuencia de que la Sentencia constitucional haya descartado la inconstitucionalidad del acto administrativo".

A partir de este planteamiento común, las cuatro sentencias se separan en su concreta decisión en función de si las cuestiones planteadas en el proceso judicial previo, y que quedaron imprejuzgadas por culpa del vicio de incongruencia omisiva del órgano judicial, eran de simple legalidad o, en cambio, comprometían algún derecho fundamental y, en este último caso, si coincidían o no con las imputadas a su vez al acto administrativo y ya descartadas por el Tribunal.

De este modo, en la primera sentencia de esta serie, la citada STC 5/2008, el Tribunal dirá que

> "aunque descartada la inconstitucionalidad del acto administrativo, subsisten todavía las cuestiones referidas a la vulneración de la legalidad ordinaria, aspecto sobre el que este Tribunal no puede pronunciarse por ser ajeno a su competencia, lo que hace inevitable la retroacción de lo actuado en la vía ordinaria. [...] al versar sobre la interpretación y aplicación de la legalidad ordinaria. Por consiguiente, el amparo consistirá en el reconocimiento al recurrente de su derecho a la tutela judicial efectiva, la anulación de los Autos impugnados y ordenar la retroacción de las actuaciones al momento procesal anterior al de dictarse el primero de ellos, a fin de que se dicte nueva resolución respetuosa con el derecho fundamental reconocido que resuelva exclusivamente las cuestiones de legalidad ordinaria planteadas en el recurso de alzada" (FJ 6).

Esta misma solución, formulada *expressis verbis* de forma idéntica, maneja también la siguiente STC 40/2008 cuando, después de confirmar que la cuestión que quedó imprejuzgada en el proceso judicial previo era de simple legalidad ordinaria, advierte que se trata

> "[de un] aspecto sobre el que este Tribunal no puede pronunciarse por ser ajeno a su competencia, lo que hace inevitable la retroacción de lo actuado en la vía ordinaria" (FJ 6).

Por el contrario, las siguientes SSTC 77/2008 (FJ 6) y 156/2009 (FJ 8), notando que las cuestiones que habían quedado imprejuzgadas coincidían con las que previamente el propio Tribunal ya había examinado y descartado con ocasión de enjuiciar la constitucionalidad del acto administrativo impugnado, concluyen usando la misma declaración que

> "una vez que ya hemos dispensado nuestro juicio de constitucionalidad en relación con las cuestiones que nos han sido planteadas respecto de la actuación administrativa, por más que el órgano judicial hubiera incurrido en incongruencia omisiva respecto de las mismas, resultaría improcedente, por innecesario, que acordásemos la retroacción de las actuaciones, puesto que el órgano judicial no podría resolver ya este punto de un modo distinto a como lo hemos hecho en la presente resolución, como consecuencia del valor de cosa juzgada de nuestras Sentencias (art. 164.1 CE)".

Una solmene declaración que las dos sentencias llevan luego a su respectivo fallo para acordar, en los términos más precisos de la STC 156/2009, reconocer el derecho a la tutela judicial efectiva (art. 24.1 CE) del recurrente con efectos meramente formales y, en consecuencia,

> "Declarar la nulidad, sin retroacción de actuaciones, de las [resoluciones judiciales], manteniendo la validez de los [actos administrativos] recaídos en los expedientes disciplinarios [considerados]".

En esta misma línea jurisprudencial se inscribe también la STC 113/2008, de 29 de septiembre (TOL1.380.269), En este caso el Tribunal, después de descartar asimismo que la Administración hubiera incurrido en las vulneraciones que le imputaba el recurrente, examina a continuación las imputadas a la sentencia judicial, pues

> "la desestimación de la parte de la demanda de amparo que se refería a la actividad de la Administración no las priva de sentido, puesto que pueden incidir finalmente en cuestiones de legalidad ordinaria susceptibles de revisión por el órgano judicial en caso de otorgamiento del amparo y de una hipotética retroacción de actuaciones" (FJ 6).

De todas formas, importa precisar que cuando algo de esto último sucede y el acto administrativo no merece ningún reproche y no hay tampoco cuestiones de legalidad pendientes, el Tribunal no siempre opta por examinar la lesión del art. 44 LOTC y, en el caso de apreciarla, dotar a su pronunciamiento estimatorio de efectos puramente declarativos, como es el caso de las citadas SSTC 77/2008 y 156/2009. En otras ocasiones, que coinciden además en el tiempo con las que acabamos de ver, el Tribunal decide desechar simplemente su examen apelando al efecto útil del otorgamiento del amparo por ese motivo del art. 24.1 CE. Esta apelación al efecto útil de sus pronunciamientos figura en varias resoluciones del Tribunal, y viene además de lejos.

Según mis cuentas, con los destacados antecedentes entre otras de las SSTC 175/1990, de 12 de noviembre (FJ 2); 88/1992, de 8 de junio (FJ 4); 172/1993, de 27 de mayo (FJ 3); y 30/2001, de 12 de febrero (FJ 4), es, si no me equivoco, la STC 66/2007, de 27 de marzo, la sentencia del Tribunal que por primera vez utiliza el criterio del *«efecto útil»* del amparo para descartar el examen el vicio de incongruencia imputado a la sentencia judicial en un caso de amparo mixto.

En esta sentencia, el Tribunal, después de confirmar la constitucionalidad del acto administrativo impugnado en amparo por la vía del art. 43 LOTC, y a propósito del vicio de incongruencia omisiva imputado a la sentencia judicial *ex* art. 44 LOTC, precisa que "resulta innecesario pronunciarse sobre la lesión del derecho a la tutela judicial efectiva (art. 24.1 CE) que, por la vía del art. 44 LOTC, se imputa a las resoluciones judiciales, pues

> "aunque es cierto, como sostienen tanto el recurrente como el Ministerio Fiscal, que la fundamentación contenida en los Autos del Juzgado Central de Vigilancia Penitenciaria impugnados en amparo no puede considerarse que satisfaga las exigencias constitucionales de motivación, pues estos Autos no contienen ningún razonamiento dirigido a dar respuesta a las alegaciones del recurrente sobre las pretendidas lesiones, en el procedimiento sancionador, de derechos garantizados por el

> art. 24.2 CE, no es menos cierto que, habiendo rechazado este Tribunal, por las razones anteriormente expuestas, la existencia de vulneración por la Administración penitenciaria de esos derechos fundamentales que invoca el recurrente, carecería de cualquier efecto útil un eventual otorgamiento del amparo por vulneración del art. 24.1 CE, pues ello tan sólo entrañaría una anulación de los Autos impugnados de efectos puramente formales" (FJ 7).

Este mismo razonamiento, que no ve ninguna utilidad en otorgar el amparo por el motivo de incongruencia cometido por la resolución judicial impugnada porque, como muy bien advirtiera ya la STC 88/1992, de 8 de junio (TOL80.700), "tan sólo entrañaría una anulación de efectos puramente formales, cuyo resultado quedaría reducido a que el órgano judicial convierta en expresa su anterior desestimación tácita, para, a continuación, reproducir el mismo pronunciamiento de fondo", es el que usa también y formulado en forma idéntica la STC 71/2008, de 23 de junio, FJ 6 (TOL1.341.460). Y es también, sin abandonar los amparos mixtos, el que utilizan por su parte los AATC 334/2008, y 335/2008, ambos de 27 de octubre, aunque en estos casos lo sea no para excluir su examen, como en los ejemplos anteriores, sino para "desestimar este motivo de amparo" *ex* art. 44 LOTC, "a pesar de la denegación de tutela constatada [al no dar respuesta a las pretensiones del recurrente"[33]].

---

33 En este apartado, la STC 59/2011, de 3 de mayo, merece mención aparte. A pesar de que esta sentencia resuelve un amparo del todo semejante a los comentados en el texto y de que también entonces el Tribunal nota que el otorgamiento del amparo por el motivo del art. 43 LOTC convierte en innecesario el examen de la vulneración del art. 24.1 imputada a las resoluciones judiciales por haber dado una respuesta estereotipada a los recursos del demandante de amparo, se aparta luego de esa solución. Literalmente porque "habida cuenta de que uno de los argumentos utilizados en la demanda de amparo para justificar la especial trascendencia constitucional de este recurso de amparo ha sido, precisamente [...], que

Aunque sin encarar directamente el asunto, me parece que todas estas últimas decisiones del Tribunal que hemos repasado aciertan a encuadrar la cuestión de la acumulación de las pretensiones impugnatorias en unas coordenadas razonables y, en todo caso, bastante más estrechas que las que usualmente maneja el Tribunal.

En particular, de esta doctrina constitucional me interesa subrayar ahora la idea de que cuando las impugnaciones del art. 44 LOTC son de carácter exclusivamente procesal, por referirse a alguna de las dimensiones del art. 24.1 CE o de las garantías procesales del art. 24.2 CE, la solución del Tribunal puede consistir bien en su exclusión o bien en permitir su examen para, llegado el caso, dotar al pronunciamiento estimatorio de un alcance meramente declarativo, pero sin ningún efecto práctico, salvo que, como también hemos comprobado, la retroacción de las actuaciones judiciales sirva para que el órgano judicial se pronuncie sobre cuestiones de simple legalidad ordinaria[34].

---

la doctrina del Tribunal Constitucional sobre el derecho fundamental que se alega en el recurso esté siendo incumplida de modo general y reiterado por la jurisdicción ordinaria y que, además, en este caso el órgano judicial incurre en una negativa manifiesta del deber de acatamiento de la doctrina del Tribunal Constitucional, resulta necesario hacer un pronunciamiento sobre el particular" (FJ 6); lo que así hace el Tribunal a continuación para estimar también este motivo del amparo. Una circunstancia que sirve al Tribunal para hacer "una apelación directa al órgano judicial para que haga un acatamiento estricto de la doctrina de este Tribunal sobre el particular" (FJ 8).

34 En esta excepción opino que hay que incluir también los supuestos de vulneración judicial del derecho a utilizar los medios de prueba pertinentes del art. 24.2 CE y en los que la retroacción sirve para que el órgano judicial valore nuevamente la prueba con respeto al citado derecho fundamental.

Aunque, como hemos visto, en el grupo de sentencias que acabamos de repasar, el Tribunal no mantiene una opinión firme al respecto, personalmente me inclino por la que consiste en la exclusión pura y simple en este tipo de casos de las vulneraciones formuladas por la vía del art. 44 LOTC con fundamento en la lesión de alguna de las dimensiones del derecho a la tutela judicial efectiva del art. 24.1 CE, siempre naturalmente que, como hemos visto, esa vulneración no permita al órgano judicial pronunciarse de nuevo sobre las cuestiones de simple legalidad ordinaria imputadas al acto administrativo que precisamente quedaron sin resolver en el proceso previo.

Por decirlo de otro modo, con la apuntada salvedad, mi opinión es la de que las vulneraciones procesales del art. 44 LOTC no pueden acumularse a las formuladas por el cauce del art. 43 LOTC, ni siquiera con la legítima pretensión de obtener un pronunciamiento meramente declarativo de la vulneración del art. 24.1 CE. Aunque reconozco el peso de esta última pretensión, me parece que las complicaciones procesales que provoca la admisión indiscriminada de los amparos mixtos con fundamento en la simple acumulación de pretensiones son muchos más que las ventajas que se siguen de esa simple declaración formal, sin ninguna consecuencia jurídica visible[35].

---

35 PÉREZ TREMPS, P. (2001: 866) nota, por ejemplo, en defensa de las sentencias meramente declarativas de la vulneración constitucional, que este tipo de sentencias sirven para hacer valer pretensiones indemnizatorias ente los tribunales ordinarios, "resultando de gran relevancia entonces la existencia de un fallo reconociendo el derecho del recurrente como vulnerado". Aunque admito esta utilidad, me parece de todos modos que la misma es más aparente que real, dados los estrechos cauces de la responsabilidad patrimonial por error judicial que diseña el art. 292 LOPJ. Al respecto, vid., por todos, COBREROS MENDAZONA, E. (1998), *La responsabilidad del Estado derivada del funcionamiento anormal de la Administración de justicia*, Civitas, Madrid.

Esta propuesta, que enlaza con la preocupación que inspira también alguna de las últimas propuestas de reforma del recurso de amparo, igualmente críticas con la elevada tasa de recursos que invocan la vulneración del art. 24.1 CE y con la interpretación ciertamente generosa y expansiva que del mismo ha hecho el Tribunal[36], se justifica en la necesidad de impedir la abusiva instrumentalización de este motivo de amparo como forma con la que convertir fácilmente el recurso en mixto y de ese modo beneficiarse de las ventajas y evitar los inconvenientes procesales que antes hemos repasado.

No en vano, en la propia jurisprudencia constitucional es posible encontrar pronunciamientos en los que el Tribunal decide prescindir de la vulneración autónoma del derecho a la tutela judicial efectiva, sin indefensión del art. 24.1 CE, en alguna de sus distintas dimensiones, por considerarla meramente instrumental y, en consecuencia, en las que rechaza sin demasiadas contemplaciones el carácter mixto del recurso. Además de las que han salido antes y sin necesidad de remontarnos demasiado, la STC 111/2003, de 16 de junio (TOL285.441), es un primer ejemplo de ese criterio mucho más escrupuloso del Tribunal que subraya el carácter meramente instrumental

---

36 Repetidamente manifestada, entre otros, por DÍEZ-PICAZO, L. (1999: 57), GABALDÓN, J. (1999: 57-58), GARCÍA ROCA, J., (1999: 60) y, en especial, RODRÍGUEZ BEREIJO, A. (1999: 65-72) en su respectiva respuesta a "la avalancha de recursos de amparo" formulada en el *Cuestionario sobre la reforma de la Ley Orgánica del Tribunal Constitucional,* publicado en la revista *Teoría y Realidad Constitucional,* núm. 4; y FERNÁNDEZ FARRERES, G. (2005). Conforme a propósito del acceso al Tribunal Constitucional Federal alemán notaran WAHL, R., y WIELAND, J. (1997), "si la tutela jurídica se concibe, en el caso del recurso de amparo, de la misma forma que en la jurisdicción ordinaria, es imposible que el Tribunal Constitucional constituya o se convierta en otra cosa que no sea una tercera instancia", en "La jurisdicción constitucional como bien escaso. El acceso al *Bundesverfassungsgerich*", *Revista Española de Derecho Constitucional,* núm. 51, pp. 27-28.

de las impugnaciones del art. 44 LOTC notando precisamente que en esa ocasión

> "estamos ante un proceso de amparo constitucional en el que la lesión del derecho fundamental sustantivo se atribuye a la Administración municipal con apoyo en el art. 43 LOTC, y a ella se añade, en posición instrumental, la lesión del derecho a la tutela judicial efectiva ex art. 24.1 CE, desde la perspectiva del art. 44 LOTC, en cuanto se imputa a la referida Sentencia no solamente la falta de reparación del derecho fundamental de libertad sindical sino también la total inadecuación de la respuesta judicial al planteamiento fáctico y jurídico de los recurrentes, en tanto que afiliados al mencionado sindicato [...]" (FJ 1).

De modo congruente, la sentencia declara un poco más adelante que, con esos antecedentes,

> "la cuestión debe reconducirse a reconocer que la Sentencia impugnada en amparo agota la vía judicial precedente, en los términos establecidos en el art. 43.1 LOTC, no siendo necesario que este Tribunal efectúe un pronunciamiento expreso sobre la pretendida lesión del derecho a la tutela judicial efectiva" (FJ 4).

La STC 220/2005, de 12 de septiembre (TOL709.529), a la que al poco tiempo le sigue la STC 297/2005, de 12 de septiembre (TOL756.769), son otro buen ejemplo. En la primera de las sentencias citadas, el Tribunal declarará que

> "la eventual existencia de las lesiones del art. 24 CE denunciadas e imputadas a la Sentencia dictada en la vía judicial previa, y su apreciación por este Tribunal, sólo tendría un efecto retardatario para la efectiva tutela del derecho a la integridad física. Por tanto, y dado que las lesiones procesales denunciadas en este caso, aunque existieran, no impedirían el juicio de este Tribunal respecto de la lesión principal que, como se ha señalado, sería inicialmente imputable a la autoridad administrativa, procede entrar de lleno en dicho juicio, sin necesidad de pronunciarse sobre éstas" (FJ 2).

La STC 307/2006, de 23 de octubre (TOL1.003.690), insiste en esta última declaración y, en consecuencia, rechaza también pronunciarse sobre las lesiones procesales denunciadas por el cauce del art. 44 LOTC

> "al no haberse sometido a los órganos judiciales otras cuestiones ajenas a la referida específicamente al derecho fundamental [imputado a la Administración]" (FJ 2).

Usando otro razonamiento, la STC 170/2008, de 15 de diciembre (TOL1.413.587), subraya también el carácter simplemente instrumental de la impugnación del art. 24.1 CE, en esa ocasión para rechazar la calificación del recurso de mixto propuesta por el recurrente notando que

> "las lesiones constitucionales que denuncia el demandante de amparo, de haberse producido realmente, tendrían su origen directo en [la decisión de la Administración] que [...] comunicó al demandante de amparo la desautorización de la manifestación convocada, y no, por tanto, en la Sentencia que se limitó confirmar la legalidad de la resolución administrativa, aunque al hacerlo incurriera, a su vez, a juicio del recurrente, en la infracción constitucional del art. 24.1 CE. Ahora bien, esta última vulneración no constituye una queja autónoma, aunque se presente así por el demandante de amparo alegando irrazonabilidad y error fáctico, debiendo quedar subsumido su análisis en el del derecho sustantivo" (FJ 2).

Aunque la lista de sentencias puede prolongarse todavía más, sirvan finalmente las SSTC 219/2016 y 220/2016, ambas de 19 de diciembre, y que antes hemos repasado por otro motivo, para dar cuenta de que el Tribunal efectivamente no siempre se atiene al planteamiento formal de la demanda que acumula la impugnación del art. 43 LOTC con otras autónomas del art. 44 LOTC. En ocasiones, decide subsumir éstas en aquélla y rechazar el carácter mixto del recurso razonando que

> "imputándose, en definitiva, al órgano judicial una posible violación [...] del derecho a la tutela judicial efectiva (art. 24.1 CE), ha de señalarse que el examen de esta última queja debe

> quedar subsumido en el análisis, más amplio, de la pretendida vulneración del derecho sustantivo en juego (art. 25.1 CE) [...], razón por la cual, en la aplicación judicial del tipo sancionador, el examen de la lesión del derecho fundamental a la legalidad sancionadora lleva siempre implícito el escrutinio de la razonabilidad de la motivación empleada por el órgano judicial, convirtiéndose, por ello, el art. 25.1 CE en parámetro único de constitucionalidad. De todo lo anterior se infiere, en definitiva, que el presente proceso constitucional ha de ser resuelto examinando, en exclusiva, la queja sobre la que, en realidad, orbita todo el recurso de amparo, que es la posible vulneración del derecho a la legalidad sancionadora" (FJ 3).

Si se apura oportunamente este planteamiento me parece que pueden alcanzarse resultados satisfactorios, medidos en la necesidad de devolver al amparo la racionalidad procesal que lamentablemente hoy parece perdida. Entre otras causas, por culpa del propio Tribunal que, como se ha comprobado en este libro, continúa haciendo gala de una flexibilidad en la interpretación de los requisitos procesales del amparo que, si justificada y hasta conveniente en su momento, hoy bien parece desmedida. Desde esta perspectiva, no creo que, después de cerca de cuarenta y cinco años de práctica constitucional, sea exagerado exigir que las demandas de amparo se interpongan correctamente y, por tanto, observando escrupulosamente los correspondientes requisitos procesales. Como tampoco me parece mucho pedir reclamar del Tribunal una actitud más rigurosa y menos condescendiente con los defectos en el modo de proponer las demandas. Especialmente si lo es a costa de ignorar o retorcer el significado de los requisitos procesales que ordenan el amparo y acabar otorgando la calificación de mixto a recursos que desde luego no lo merecen, para desconcierto de todos.

Por si las pruebas anteriores no fueran suficientes, en esta misma línea favorable a prescindir de las vulneraciones procesales del art. 24.1 CE imputadas con fines puramente instrumentales se inscribe también con toda naturalidad la reiterada doctrina constitucional dictada con motivo de los recursos de amparo interpuestos después de intentar en la vía judicial la tutela del correspondiente derecho fundamental a través del procedimiento especial previsto en la Ley 62/1978, de 26 de diciembre, de protección jurisdiccional de los derechos fundamentales de la persona. Las SSTC 363/1993, de 13 de diciembre; 107/2003, de 2 de junio; 143/2003, de 14 de julio; 118/2012, de 4 de junio; 191/2020, de 17 de diciembre; y 100/2022, de 12 de septiembre, son manifestación de este criterio del Tribunal.

Sobre esta cuestión, la STC 31/1984, de 7 de marzo (TOL79.321), ya dejó claro que, en el caso de los amparos mixtos, la comisión de una lesión constitucional en la vía judicial precedente no obliga forzosamente a la devolución del asunto al correspondiente órgano judicial, puesto que la subsidiariedad del amparo constitucional no implica que el Tribunal sólo pueda pronunciarse sobre las vulneraciones del art. 43 LOTC una vez que lo haya hecho la jurisdicción ordinaria. En forma concluyente porque

> "el art. 43.1 LOTC no establece que deba obtenerse una sentencia de fondo; lo que dispone es que el remedio a la violación del derecho fundamental se busque, previamente, en la vía judicial procedente, y si no se logra -por estimaciones procesales o por consideraciones de fondo- queda abierta al demandante la protección en sede constitucional" (FJ 6, *in fine*).

Una idea que el Tribunal utilizará luego en varias ocasiones para advertir que

> "en los recursos de amparo mixtos la comisión de una lesión constitucional en el transcurso del proceso judicial no impide que el acto administrativo siga siendo el verdadero objeto del proceso de amparo y que, por tanto, cuando la lesión imputada al órgano judicial tenga carácter procesal -por referirse a alguna de las vertientes o dimensiones del art. 24.1 CE- este Tribunal podrá excluir el enjuiciamiento de las quejas formuladas por el cauce del art. 44 LOTC (o dotar a su pronunciamiento de un alcance meramente declarativo) siempre que, como

> consecuencia de haberse descartado la inconstitucionalidad del acto administrativo, no resulte ya necesaria la retroacción de las actuaciones" (SSTC 87/2008, de 21 de julio, FJ 1; y 47/2011, de 12 de abril, FJ 7).

Por esta razón, siempre que, junto a la pretensión relativa al derecho fundamental sustantivo del art. 43 LOTC se invoca el art. 24 CE y se solicita por el cauce procesal del art. 44 LOTC la nulidad de la resolución judicial de inadmisión del recurso interpuesto por la vía de la Ley 62/1978, el Tribunal dirá en expresión normalizada que

> "pierde sentido la invocación del art. 24.1 CE y se abre el camino para considerar la pretensión de fondo" [SSTC 363/1993, de 13 de diciembre, FJ 2 b); 107/2003, de 2 de junio, FJ 2; y 191/2020, de 17 de diciembre, FJ 3).

Una declaración que en ocasiones el Tribunal remacha para advertir que este planteamiento que se fija exclusivamente en las vulneraciones del art. 43 LOTC es el efectivamente el procedente, tanto más si

> "cuenta el Tribunal con todos los datos necesarios para resolver materialmente la cuestión sustantiva. En consecuencia, planteada la cuestión principal [del art. 43 LOTC], puede y debe resolverse sin más dilación" [SSTC 118/2012, de 4 de junio, FJ 3; y 42/2021, de 3 de marzo, FJ 1 iv)] [...] entendiendo que la vía judicial ya ha cumplido su finalidad" (STC 143/2003, de 14 de julio, FJ 2; y 100/2022, de 12 de septiembre, FJ 7)".

Si se observan con cuidado todas estas declaraciones, más las anteriores que hemos repasado en este apartado, me parece que hay efectivamente razones para defender que la acumulación de pretensiones del art. 43 y 44 LOTC en un mismo recurso de amparo es una posibilidad rigurosamente excepcional, que debe ser observada con severidad y que, en cualquier caso, no depende de la simple voluntad del recurrente al formalizar su demanda de amparo. Ni siquiera bajo la posible interpretación de que esas pretensiones acumuladas se formulan con carácter alternativo, sin especificar preferencia ni ordenarlas en principal y eventual o subsidiaria, para que sea el Tribunal el que las ordene de oficio y examine en primer lugar la formulada por el cauce del art. 43 LOTC para excluir luego por innecesaria la impugnación del art. 44 LOTC. Pues, como también enseña la doctrina procesalista, ese tipo de acumulación alternativa no es admisible en nuestro ordenamiento por falta de "determinación del objeto del proceso" a que obliga el art. 399 LEC y, de modo específico, el art. 49.1 LOTC[37].

De manera que, por decirlo ahora en forma más rotunda, en este tipo de procesos de amparo, que tienen su origen en la inconstitucionalidad de un acto administrativo, la pretensión impugnatoria acumulada del art. 44 LOTC sólo es posible si se formula para reprochar al órgano judicial: *i)* una infracción procesal del art. 24 CE que obligue al Tribunal retrotraer las actuaciones; lo que, como hemos visto, únicamente sucederá cuando la solución del proceso judicial previo dependiera del enjuiciamiento de cuestiones de simple legalidad ordinaria, sobre las que el Tribunal carece de competencia; o *ii)* una lesión constitucional sustantiva directa e inmediatamente imputable a la sentencia judicial.

Esta última hipótesis, aunque efectivamente posible, no es de todas formas frecuente y tiene, en todo caso, muy concretado su ámbito en la jurisprudencia constitucional. Personalmente solo he podido encontrar algunos ejemplos por referencia a la vulneración del derecho a la libertad personal del art. 17 como consecuencia de la inadmisión liminar por el órgano judicial del procedimiento de *habeas corpus* previsto en el apartado 4 del citado art. 17 CE.

---

37 GASCÓN INCHAUSTI, F. (2000: 20). En el mismo sentido, DÍEZ-PICAZO GIMÉNEZ, I. (1996 b: 61).

Tal es el caso, en efecto, y por atender a alguna de las más modernas, por ejemplo, de las SSTC 181/2020, de 14 de diciembre; 73/2021, de 18 de marzo; 49/2022, de 4 de abril; y 103/2022, de 12 de septiembre. Todas estas sentencias forman efectivamente un grupo en las que el Tribunal examina la doble impugnación por las vías de los arts. 43 y 44 LOTC y que, en consecuencia, se aparta de la regla general que antes hemos visto según la cual el otorgamiento del amparo por los motivos del art. 43 LOTC excluye el examen de las vulneraciones imputadas a las resoluciones judiciales.

Todas esas sentencias comparten el mismo objeto y resuelven, por tanto, el mismo tipo de recurso mixto. Se trata siempre de recursos de amparo en los que el respectivo recurrente impugna, de un lado, por la vía del art. 43 LOTC y con fundamento en alguno o varios de los tres primeros apartados del art. 17 CE, la actuación policial desarrollada con motivo su detención preventiva; y de otro, por la vía ahora del art. 44 LOTC, la inadmisión judicial a trámite de su solicitud de tramitación del procedimiento de «*habeas corpus*» previsto en el art. 17.4 CE.

De manera que, a diferencia de todos los demás amparos mixtos resueltos que hemos visto hasta ahora y en los que todas las impugnaciones del art. 44 LOTC denuncian la lesión del art. 24 CE, en alguna de sus vertientes procesales y tiene, por tanto, por objeto limitado la integridad de la tutela prestada con ocasión del control judicial del acto administrativo cuya nulidad precisamente también se pretende en amparo, en este grupo de casos a las vulneraciones formuladas por la vía del art. 43 LOTC se suma ahora la lesión por la vía del art. 44 LOTC de otro derecho fundamental, entonces la vulneración del art. 17.4 CE.

Con estos perfiles, porque se trata efectivamente de vulneraciones en ambos casos de derechos sustantivos se comprende que, al examen de las impugnaciones del art. 43 LOTC le siga siempre, con independencia de su saldo, el análisis de la vulneración del art. 17.4 CE directamente imputada por la vía del art. 44 LOTC a la correspondiente resolución judicial que rechazó *a limine* tramitar el oportuno procedimiento de *«habeas corpus»*.

De tal modo que si, por ejemplo, en los casos de las SSTC 181/2020, de 14 de diciembre, y 49/2022, de 4 de abril, el Tribunal desestima todas las impugnaciones imputadas a la actuación policial *ex* art. 43 LOTC, para estimar luego la vulneración por el órgano judicial del art. 17.4 CE, en la STC 103/2022, de 12 de septiembre, el Tribunal, después de declarar la lesión del derecho a la asistencia letrada del detenido que garantiza el art. 17.3 CE, examina también a continuación la lesión del art. 17.4 CE imputada a la resolución judicial que rechazó a limine tramitar la petición de *«habeas corpus»* interesada por el recurrente en amparo, y que también estima.

Se trata, en suma, de la otra excepción que confirma la regla que defiendo y que postula que el Tribunal debe observar los denominados amparos mixtos con bastante mayor rigor que hasta ahora. La práctica constitucional será la primera en agradecerlo.

CAPÍTULO CUARTO.

CONCLUSIONES FINALES

Después de este largo repaso por la jurisprudencia del Tribunal Constitucional y de las observaciones hechas al hilo de sus declaraciones que se han dejado anotadas es posible formular ahora una docena de conclusiones finales. Son las que expongo a continuación.

i) La primera y más elemental es que por el momento no cabe esperar que el número de recursos de amparo de nuevo ingreso se reduzca. No, al menos, de manera significativa. La llamativa y generosa flexibilidad demostrada por el Tribunal en la interpretación y aplicación de los requisitos procesales que ordenan el acceso al amparo constitucional, junto con su resistencia a hacer uso de las facultades de condena frente a las demandas temerarias que le reconoce el art. 95 LOTC, sumada a la legítima ambición de los recurrentes por apurar todos los remedios jurisdiccionales a su alcance así permiten anticiparlo con relativa seguridad.

En este pronóstico, el derecho a la tutela judicial efectiva del art. 24.1, según ha sido interpretado por el Tribunal, juega también un papel muy principal. Mientras no se limite su invocación como motivo de amparo autónomo frente a las sentencias judiciales dictadas en el previo proceso judicial, los recursos de amparo seguirán con toda probabilidad abundando, pues, como sabe cualquiera que esté mínimamente familiarizado con la práctica del amparo constitucional y ha reconocido el propio Tribunal, discrepar constitucionalmente con una resolución judicial es una tarea bastante sencilla. Para hacerlo, de hecho, basta simplemente con reprocharle un vicio de incongruencia o un defecto de motivación o denunciar su carácter manifiestamente irrazonable, arbitrario o infundado, por servirme ahora de alguna de las vulneraciones más veces alegadas en las demandas de amparo *ex* art. 44 LOTC, según certifican las propias estadísticas anuales del Tribunal.

ii) En segundo lugar, sorprende que, después de más de cuatro décadas de jurisprudencial constitucional y de más de quince años de la última reforma de la LOTC en materia de amparo, buena parte de las demandas de nuevo ingreso continúen formulándose de manera descuidada y con llamativos defectos. A propósito de los amparos administrativos del art. 43 LOTC que especialmente nos han interesado, el principal y más habitual consiste en identificar equivocadamente el acto del poder público al que imputar la lesión constitucional que se denuncia.

Este defecto aparece en un buen número de demandas de amparo de todas las épocas, de modo que con demasiada frecuencia el respectivo recurrente reprocha por la vía del art. 44 LOTC a los jueces y tribunales unas vulneraciones constitucionales que, si producidas, serían imputables a la Administración por la vía del art. 43 LOTC y no, por tanto, a las resoluciones judiciales que, con desestimación del oportuno recurso, comúnmente contencioso, confirmaron el acto administrativo.

Esta equivocación toma pie en la incorrecta interpretación de la exigencia del art. 43.1 LOTC que obliga, antes de acudir en amparo, a agotar la vía judicial procedente. Esta intervención judicial, que necesariamente se intercala entre la actuación de la Administración y el recurso de amparo, explica que el recurrente acabe perdiendo de vista el acto administrativo para fijarse en la posterior resolución judicial que desestimó su recurso y que, por tanto, no reparó la vulneración constitucional que entonces denunció. Lo que a la postre significa que los recurrentes acaban cargando sobre los órganos judiciales una culpa que en rigor no les corresponde, pues, de haberse producido la lesión constitucional denunciada en amparo, la misma sería, en efecto, imputable directamente a la Administración y no al órgano judicial que no la reparó.

A esta confusión, no obstante, ha contribuido también el propio Tribunal y sus métodos. En particular, sorprende que en sus Memorias anuales continúe sin distinguir a los amparos administrativos y haya decidido, en cambio, agrupar los recursos de amparo de nuevo ingreso no según el origen administrativo o judicial de la lesión que se denuncia en cada caso, como cabría esperar, sino en cuál ha sido el concreto orden jurisdiccional que ha intervenido en el previo proceso judicial.

De este modo, pareciera en consecuencia que incluso para el Tribunal el art. 43 LOTC no establece ningún cauce procesal específico de acceso al amparo y que, por tanto, todos los recursos de amparo, excluidos los parlamentarios del art 42 LOTC, pueden meterse en el mismo saco de los amparos judiciales del art. 44 LOTC. Algo así, por tanto, como que no hubiera efectivamente más amparos constitucionales que los que tienen su origen en un acto u omisión judicial.

iii) Sea como fuere, lo cierto es que la equivocación está tan extendida y ha sido siempre tan generosamente disculpada por el Tribunal, que no es fácil encontrar en la jurisprudencia constitucional de todas las épocas demandas de amparo que, combatiendo un acto administrativo inconstitucional, se formulen correctamente, sin embargo, por la vía del art. 43 LOTC, que es la específicamente prevista para hacerlo.

Aunque acaso disculpable en su momento, en la actualidad y desde la Ley orgánica 6/2007, que amplió el plazo de interposición de los amparos judiciales a treinta días y dio nueva redacción al art. 241 LOPJ para atribuir una nueva función al incidente de nulidad de actuaciones, ese error tan habitual en el modo de proponer las demandas y la equivocación, por tanto, en la selección de la vía procesal se paga desde entonces, y llegado el caso, con la inadmisión de la demanda por extemporaneidad. A pesar de arriesgar este desenlace, las demandas de amparo que incurren en el citado defecto procesal siguen siendo abundantes.

Como frecuentes son también, por culpa de ese mismo error conceptual de partida, los supuestos en los que el recurrente decide acudir al incidente de nulidad de actuaciones del art. 241.1 LOPJ, en la redacción dada al mismo por la citada Ley orgánica 6/2007, para intentar remediar la lesión constitucional que equivocadamente imputa a la última resolución judicial dictada en el previo proceso, comúnmente contencioso. Cuando esto sucede, el error se paga igualmente con la inadmisión de la demanda por extemporaneidad, en este caso justificada en la prolongación artificial de la vía judicial por culpa de la interposición de un incidente de nulidad manifiestamente improcedente.

iv) A la incorrecta comprensión de los amparos administrativos contribuyen también otras confusiones, singularmente dos y que asimismo conviene tener presentes para evitar caer en ellas.

De una parte, hay que ser conscientes de que la condición de auténtico amparo administrativo del art. 43 LOTC no «*guadianea*» a lo largo de la vía judicial previa para desaparecer y aparecer nuevamente en función del signo de los distintos y sucesivos fallos judiciales. De manera que esta circunstancia no convierte a la sentencia que, revoca la de instancia y pone fin a la vía judicial previa, confirmando definitivamente la validez del acto administrativo entonces impugnado, en la causa directa e inmediata de la lesión constitucional ventilada en el proceso contencioso. De modo congruente, también en este tipo de asuntos, el correspondiente recurso de amparo debe formularse siempre por el cauce del art. 43 LOTC, so pena en otro caso de equivocar la vía procesal y comprometer su admisión por incumplimiento de los requisitos previstos en el citado precepto.

Como también, en segundo lugar, es importante retener que tampoco un amparo administrativo del art. 43 LOTC se convierte en un amparo judicial del art. 44 LOTC por el simple hecho de que la sentencia judicial incorpore, para justificar la validez del acto administrativo impugnado en amparo, razonamientos de su propia cosecha, distintos o añadidos a los utilizados en su momento por la Administración. Cuando algo de esto sucede, el acto administrativo continúa siendo el único y verdadero objeto del recurso de amparo y la sentencia judicial podrá ser en su caso, pero todo lo más, cuestionada con fundamento en el art. 24.1 CE, aunque con decisivas matizaciones.

v) De todas formas, en el caso de los amparos administrativos del art. 43 LOTC, con ser frecuentes alguno de estos errores en el modo de proponer la demanda y las declaraciones de inadmisión que los apuran, su impacto real en la jurisprudencia constitucional, medido precisamente en decisiones de inadmisión, es sin embargo bastante más rebajado. Principalmente como consecuencia de la calificación del correspondiente recurso como amparo mixto, y que es la denominación con la que el Tribunal distingue a los amparos que acumulan impugnaciones del art. 43 LOTC dirigidas contra la actuación de la Administración con otras formuladas por el cauce del art. 44 LOTC, contra las resoluciones judiciales que enjuiciaron esa actuación en el previo proceso judicial.

Conforme demuestra muy bien la propia doctrina constitucional, esta calificación formal elimina o reduce considerablemente la repercusión final de los defectos en el modo de proponer la demanda. Singularmente, habilita el cumplimiento del plazo de interposición del recurso, que es ahora el más amplio de los treinta días, y elimina también buena parte de las complicaciones asociadas a la utilización, en otro caso indebida, del incidente de nulidad de actuaciones del art. 241 LOPJ.

En este ambiente, desde luego mucho más favorable para los demandantes de amparo, no puede extrañar y se comprende mejor que los amparos mixtos, que aparecen con cuentagotas en los primeros años de funcionamiento del Tribunal, se hayan convertido hoy en el tipo de amparo dominante en los supuestos de demandas con origen en un acto administrativo inconstitucional. Tanto, de hecho, que en esta clase de asuntos los amparos formulados por la vía exclusiva y específica del art. 43 LOTC constituyen rigurosamente una excepción en la jurisprudencia constitucional.

vi) Desde el primer momento, el Tribunal ha admitido este tipo de amparos sin mucha preocupación, casi en forma natural y como simple consecuencia de la acumulación en una misma demanda de amparo de dos pretensiones y que respectivamente cuestionan, aunque por motivos distintos y con fundamento en derechos fundamentales también distintos, el acto administrativo y la resolución judicial que lo confirmó en la vía judicial previa.

La jurisprudencia constitucional prueba, además, que las impugnaciones acumuladas que se formulan por la vía del art. 44 LOTC se refieren en un elevadísimo porcentaje de los asuntos, con muy contadas excepciones, a la denuncia de la vulneración autónoma del derecho a la tutela judicial efectiva del art. 24.1 CE, en alguna de sus dimensiones o vertientes, en unión, aunque en mucha menor medida, de la vulneración de alguna de las garantías procesales que garantiza el art. 24.2 CE, singularmente del derecho a la prueba, o del principio de igualdad en aplicación judicial de la ley del art. 14 CE. Mucho más excepcionales son todavía los supuestos en los que la impugnación del art. 44 LOTC denuncia una lesión autónoma de un derecho fundamental sustantivo.

vii) Las más de las veces, de todas formas, la calificación del amparo como mixto no deriva, sin embargo, de la opción procesal expresamente señalada al respecto en la correspondiente demanda, que continúa formulándose con notable imprecisión y salpicada de confusiones, sino que es fruto de la oportuna depuración de oficio por el Tribunal del verdadero objeto del recurso.

Con frecuencia también, el Tribunal realiza esa operación de depuración y califica el amparo de mixto sin muchas explicaciones y, lo que es peor, sin mucho cuento. De manera que en muchas de esas operaciones es posible ver el esfuerzo del Tribunal por salvar, con el estimable auxilio técnico del principio antiformalista y flexible que guía la tutela constitucional de los derechos fundamentales, las objeciones procesales que, de otro modo, perjudicarían en forma irremediable la admisión del correspondiente recurso.

Los ejemplos de sentencias en los que el Tribunal califica el recurso de amparo mixto mediante la identificación de una vulneración autónoma *ex* art. 44 LOTC, pero que, sin embargo, declara inmediatamente a continuación inadmisible por incumplir el requisito del agotamiento de la vía judicial previa o por falta del más mínimo desarrollo argumental que la respalde, son testimonios de esa tendencia más radical del Tribunal.

Estos excesos calificadores del Tribunal comparten, no obstante, las páginas de la jurisprudencia constitucional con otras muchas decisiones que con bastante mayor rigor y corrección rechazan el carácter mixto del amparo y apuran de modo congruente sus consecuencias procesales. Esta circunstancia contribuye, sin perjuicio de su acierto, a aumentar aún más el desconcierto por ausencia de un criterio único de solución. En cualquier caso, estas otras decisiones constitucionales muestran que otro comportamiento más escrupuloso del Tribunal es posible.

viii) Desde el primer momento también, la normalización de los amparos mixtos en la práctica constitucional puso sobre la mesa del Tribunal la cuestión de determinar el orden del enjuiciamiento de las impugnaciones formuladas por una y otra vía procesal de los arts. 43 y 44 LOTC.

En la determinación de ese orden de examen, y durante bastantes años, hasta bien entrado el presente siglo XXI, el Tribunal dio muestras de una acusada ambigüedad y de una asombrosa falta de resolución, de manera que la opción de iniciar el examen por las vulneraciones del art. 44 LOTC convivió con absoluta normalidad con la solución justo contraria, que daba prioridad a las impugnaciones del art. 43 LOTC. Curiosamente, esta alternancia de soluciones se produjo, además, sin que el Tribunal ofreciera en todo ese tiempo ninguna explicación al respecto, menos aún convincente.

Aunque el Tribunal ya había notado la trascendencia de seguir uno u otro criterio de ordenación, no será, sin embargo, hasta la STC 5/2008 cuando afirme su solución definitiva, decantándose por otorgar prioridad a las impugnaciones del art. 43 LOTC para examinar luego, en un segundo momento y si fuera necesario, las formuladas por la vía procesal del art. 44 LOTC contra las resoluciones judiciales. Esta solución, que desde entonces es la absolutamente dominante y que no tiene apenas excepciones en la jurisprudencia constitucional, se justifica en la idea de que no existe ninguna razón para demorar la tutela de amparo frente a un acto administrativo ya recurrido, sin que las posibles vulneraciones del art. 44 LOTC impidan que la lesión imputada al acto administrativo constituya el verdadero objeto del proceso de amparo.

La única razón que, en su caso, pero todo lo más, habilitaría una solución distinta, y que es la que el propio Tribunal había utilizado en ocasiones anteriores para defender el orden inverso de enjuiciamiento, alude a la necesidad de respetar la subsidiariedad del amparo, que es una de sus principales notas características.

Esta posible motivación no sirve, sin embargo, porque, como también se encargó entonces de aclarar el Tribunal, en el caso de los amparos administrativos del art. 43 LOTC, la subsidiariedad no significa que el Tribunal sólo pueda pronunciarse sobre la constitucionalidad del acto administrativo una vez que lo haya hecho la jurisdicción ordinaria, como sucede en cambio con carácter general con los amparos judiciales del art. 44 LOTC que invocan una lesión del art. 24.1 CE, en alguna de sus dimensiones. Implica únicamente que la reparación del derecho fundamental se busque primero en la vía judicial ordinaria, no que el órgano judicial deba pronunciarse forzosamente sobre la correspondiente lesión constitucional. De modo que «*la vía judicial precedente*» de la que habla el art. 43.1 LOTC funciona simplemente como mecanismo de procedibilidad del amparo administrativo para permitir que el juez ordinario pueda eventualmente reparar la lesión, evitando que tenga que hacerlo el Tribunal, no para asegurar que el órgano judicial se pronuncie necesariamente.

ix) La aplicación sin prácticamente excepciones de la regla de ordenación que otorga prioridad al examen de las vulneraciones del art. 43 LOTC implica forzosamente, para el caso de apreciarse la anulación por ese motivo del acto administrativo, con la finalidad confesada de restablecer el derecho fundamental vulnerado por la Administración, conforme autoriza el art. 55 LOTC, y sin necesidad ya de examinar las impugnaciones del art. 44 LOTC, la nulidad igualmente de todas las resoluciones judiciales que lo confirmaron en el previo proceso contencioso.

El funcionamiento a pleno rendimiento de esta regla de ordenación y, en el caso del otorgamiento del amparo por el motivo del art. 43 LOTC, la anulación de todas resoluciones administrativas y judiciales cuestionadas en la demanda de amparo, es posiblemente la causa que mejor explica el que el Tribunal, con la única salvedad de las ya lejanas STC 68/1983 y 31/1984, nunca se haya parado a ver si la acumulación de pretensiones impugnatorias que concurre en los amparos mixtos es una solución jurídicamente correcta.

Este silencio no es, sin embargo, fácil de comprender. No en vano, basta simplemente con seguir el orden inverso de enjuiciamiento para ver enseguida que las impugnaciones de los arts. 43 y 44 LOTC son, con las excepciones que luego saldrán, efectivamente incompatibles entre sí, sencillamente porque la estimación de la primera convierte en inútil la otra. Pues el otorgamiento del amparo por el motivo del art. 44 LOTC y, en consecuencia, la retroacción de las actuaciones para que el órgano judicial dicta una nueva resolución elimina *a radice*, para respetar el principio de subsidiariedad del amparo, la posibilidad misma de que el Tribunal examine a continuación la impugnación sustantiva formulada contra el acto administrativo por la vía del art. 43 LOTC, toda vez que esta impugnación es precisamente la que ha de ventilarse en el nuevo pronunciamiento judicial a dictar.

De tal manera, la compatibilidad de las pretensiones impugnatorias formuladas por la doble vía de los arts. 43 y 44 LOTC no es, a fin de cuentas, real o material, sino, por el contrario, puramente instrumental o artificial y simple secuela de la opción del Tribunal por comenzar el examen en los supuestos de amparos mixtos por las impugnaciones del art. 43 LOTC. En suma, es el orden de los razonamientos del propio Tribunal el que ha terminado por convertir en natural el fenómeno de la acumulación de pretensiones en una misma demanda de amparo y, al cabo también, la normalización en la jurisprudencia constitucional de los denominados recursos mixtos, que funcionan en la práctica como un auténtico dogma y en los que la compatibilidad de pretensiones que constituye su razón de ser sencillamente no se explica.

Lo único que discute la doctrina constitucional es si la impugnación del art. 44 LOTC es efectivamente autónoma y distinta de la formulada por la vía del art. 43 LOTC. Pero, una vez comprobada la autonomía de aquella impugnación, la solución consiste invariablemente en reconocer la naturaleza mixta del correspondiente amparo y en determinar el orden de enjuiciamiento a seguir, comenzando por las impugnaciones del art. 43 LOTC. Pero nada más, desafortunadamente.

x) Esa compatibilidad no es, sin embargo, ni muchos menos tan manifiesta ni indiscutible como quiere hacer ver el Tribunal.

En defecto de una regla al respecto en la LOTC, y si hacemos caso a lo dispuesto en la LEC en materia de acumulación de acciones a la que aquélla se remite expresamente, y atendemos también a las opiniones de la doctrina procesal y de la jurisprudencia ordinaria que las han comentado y aplicado, dos pretensiones o acciones solo son acumulables si son compatibles y no se excluyen mutuamente entre sí, de manera que el ejercicio de una impida o convierta en inútil el ejercicio de la otra.

Precisamente esta exclusión mutua es justo la que, sin caer mucho en la cuenta, declara de manera constante la jurisprudencia del Tribunal cuando, en el caso de los amparos mixtos y siguiendo la regla de ordenación de las impugnaciones que otorga prioridad a la formulada por la vía del art. 43 LOTC, afirma en expresión normalizada que el otorgamiento del amparo por el motivo del art. 43 LOTC hace innecesario el examen de las impugnaciones imputadas por el cauce del art. 44 LOTC a resoluciones judiciales que, no obstante, se anulan también para asegurar el restablecimiento del recurrente en la integridad del derecho vulnerado por la Administración. En este mismo contexto, se inscribe igualmente la repetida advertencia que formula el Tribunal acerca del denominado efecto útil de las impugnaciones del art. 44 LOTC y que le sirve igualmente para desestimarlas o rechazar su examen cuando previamente ha rechazado las lesiones imputadas al acto administrativo por la vía del art. 43 LOTC.

Cuando esto sucede y la lesión autónoma imputada al órgano judicial tiene, como es normal que suceda, carácter procesal, por referirse a alguna de las vertientes o dimensiones del art. 24.1 CE, el Tribunal tiene dicho que podrá excluir el enjuiciamiento de esas lesiones formuladas por la vía del art. 44 LOTC o dotar a su pronunciamiento de un alcance meramente declarativo siempre que, como consecuencia de haberse descartado previamente la inconstitucionalidad del acto administrativo impugnado, no resulte ya necesaria la retroacción de las actuaciones.

Esta última posibilidad se activa únicamente, como también se encarga de precisar esa misma jurisprudencia constitucional, cuando las cuestiones que quedaron imprejuzgadas en el proceso o respecto de las cuales el órgano judicial ofreció una respuesta inmotivada o irrazonable o, en fin, sobre las que no admitió o practicó la prueba solicitada fueran de simple legalidad ordinaria, y sobre las que el Tribunal no puede pronunciarse en ningún caso.

xi) De todas formas, aunque el Tribunal no ha parado nunca convenientemente en el significado de este tipo de declaraciones y sigue funcionando, en consecuencia, como si la compatibilidad de dos pretensiones principales en una misma demanda de amparo no mereciera ninguna explicación y no suscitara jurídicamente tampoco ningún reparo, algunas de esas mismas declaraciones proporcionan, aun sin pretenderlo, un estimable criterio de solución.

Apurando su significado puede defenderse razonablemente, de hecho, que la acumulación de dos pretensiones impugnatorias principales en una misma demanda formuladas respectivamente por las vías de los arts. 43 y 44 LOTC y con fundamento en motivos distintos es, en efecto, una posibilidad rigurosamente excepcional, que debe ser observada con mucha mayor severidad por el Tribunal y que, en cualquier caso, no depende de la simple voluntad del recurrente al formalizar su demanda de amparo o del expurgo de oficio del contenido de la demanda.

Expresada esta propuesta en términos más rotundos significa que, en los supuestos de recursos de amparo que tienen su origen en la eventual inconstitucionalidad de un acto administrativo a dilucidar por el cauce procesal del art. 43 LOTC, la pretensión impugnatoria acumulada del art. 44 LOTC sólo es técnicamente posible con carácter principal si se formula para reprochar al órgano judicial:

a) una infracción procesal del art. 24 CE o, en su caso, del principio de igualdad del art. 14 CE que obligue al Tribunal retrotraer las actuaciones; lo que únicamente sucederá cuando la solución del proceso judicial previo dependiera del enjuiciamiento de cuestiones de simple legalidad ordinaria, sobre las que el Tribunal carece de competencia; o

b) una lesión constitucional directa e inmediatamente imputable a la resolución judicial de un derecho fundamental sustantivo.

xii) Esta propuesta puede defenderse como absoluta o admitir, en cambio, alguna matización, particularmente mediante la ordenación de las impugnaciones de los arts. 43 y 44 LOTC en pretensiones respectivamente principal y eventual o subsidiaria, según autoriza la LEC, siempre que esa ordenación se haga de forma expresa en la demanda.

Aunque esta matización soluciona el problema de la compatibilidad entre sí de ambas pretensiones impugnatorias, no elimina, sin embargo, la cuestión de fondo que sigue dominada por la aceptación sin límites apreciables y sin ninguna explicación de la posibilidad instrumental de imputar a las resoluciones judiciales que confirmaron la legalidad del acto administrativo una lesión constitucional autónoma, de carácter meramente procesal, y, de modo particular, alguna de las garantizadas en el art. 24 CE y, en consecuencia, por la normalización de los denominados amparos mixtos.

Mientras no se advierta esta desviación y el Tribunal no observe las impugnaciones acumuladas del art. 44 LOTC con fundamento en las garantías procesales del art. 24.1 CE con algo más de rigor que hasta ahora, los amparos mixtos seguirán campando a sus anchas por la doctrina constitucional para burla de la vía procesal del art. 43 LOTC, que es la específica prevista para reparar las vulneraciones constitucionales de la Administración. Pero también, para mayor gloria de la judicialización del amparo que tantas complicaciones provoca y de la indulgencia del Tribunal con el descuido imperdonable en el modo de proponer las demandas.

BIBLIOGRAFÍA CITADA

AA. VV. (2024) "Encuesta sobre el Tribunal Constitucional", *Teoría y Realidad Constitucional,* núm. 53

AA. VV. (2007), *La reforma del Tribunal Constitucional* (Coord. P. Pérez Tremps), Tirant lo Blanch, Valencia.

ARAGÓN REYES, M. (1999), "Cuestionario sobre la reforma de la Ley orgánica del Tribunal Constitucional", *Teoría y Realidad Constitucional,* núm. 4

- (2011), "El incidente de nulidad de actuaciones como remedio previo al recurso de amparo. La función del Ministerio Fiscal», *Teoría y Realidad Constitucional,* núm. 28.

BANACLOCHE, J (2001) "Los Tribunales Económico-Administrativos", Impuestos, núm. 2.

BELADÍEZ ROJO, M. (2015), «La función constitucional del incidente de nulidad de actuaciones del art. 241 LOPJ», en *El juez del Derecho Administrativo. Libro homenaje a Javier Delgado Barrio,* CGPJ-Marcial Pons, Madrid.

BELLIDO PENADÉS, R. (2017), «El incidente de nulidad de actuaciones como medio de tutela de derechos fundamentales», *Revista General de Derecho Constitucional,* núm. 25.

- (2017 b) "La acumulación objetivo-subjetiva de acciones como técnica de agilización de la justicia civil en tiempos de crisis", en *Los recursos en el proceso civil. Continuidad y reforma,* Ed. Dykinson, Madrid.

BILBAO UBILLOS, J. M.ª (2024), "Encuesta sobre el Tribunal Constitucional", *Teoría y Realidad Constitucional,* núm. 53.

CAAMAÑO, F. (2007), "Reflexiones sobre el futuro de la justicia constitucional española", en *El futuro de la justicia constitucional. Actas de las XII Jornadas de la Asociación de letrados del Tribunal Constitucional,* CEPC, Madrid.

CABAÑAS GARCÍA, J. C. (2010): "El recurso de amparo que queremos: reflexiones a propósito de la Ley Orgánica 6/2007, de 24 de mayo, de reforma parcial de la Ley Orgánica del Tribunal Constitucional", *Revista Española de Derecho Constitucional,* núm. 88.

CARRASCO DURÁN, M. (2012), "La tutela de los derechos fundamentales a través del incidente de nulidad de actuaciones", *Revista Española de Derecho Constitucional,* núm. 95.

CARRETERO SÁNCHEZ, S. (2004), "El recurso de amparo mixto y el incidente de nulidad de actuaciones: cara o cruz para el abogado. A propósito de la STC 97/2003, de 2 de junio", *Actualidad administrativa,* núm. 22.

CASA BAAMONDE, M.ª (2005). E., Discurso de la presidenta del Tribunal Constitucional en la sesión conmemorativa del XXV aniversario del Tribunal (12 de julio de 2005), recogido en *El Tribunal Constitucional. Discursos de sus presidentes (1980-2005),* Tribunal Constitucional, Madrid.

CASCAJO CASTRO, J.L., y GIMENO SENDRA, V. (1984), *El recurso de amparo,* Tecnos, Madrid.

CASINO RUBIO, M. (2018), "La especial trascendencia constitucional del recurso, los recursos de amparo administrativos y otros apuntes críticos sobre la última doctrina constitucional", en *La ejecución de las resoluciones del Tribunal Constitucional. XXIII Jornadas de la Asociación de Letrados del Tribunal Constitucional,* CEPC-Tribunal Constitucional, Madrid.

- (2019), "Los errores se pagan: el ejemplo de la inadmisión por extemporáneo del recurso de amparo formulado por un cauce procesal equivocado", *Revista de Administración pública,* núm. 210.

COBREROS MENDAZONA, E. (1998), *La responsabilidad del Estado derivada del funcionamiento anormal de la Administración de justicia,* Civitas, Madrid.

CRUZ VILLALÓN, P. (2000), "Las tareas del Tribunal Constitucional", presentación de la *Memoria 1999* del Tribunal Constitucional, Madrid.

DESDENTADO BONETE, A (2007), "La reforma del recurso de amparo y el Tribunal Supremo", en *El futuro de la justicia constitucional. Actas de las XII Jornadas de la Asociación de Letrados del Tribunal Constitucional,* Tribunal Constitucional-Centro de Estudios Políticos y Constitucionales, Madrid.

DÍEZ-PICAZO GIMÉNEZ, I. (1996), "Reflexiones sobre el contenido y efectos de las sentencias dictadas por el Tribunal Constitucional en recursos de amparo", en *La sentencia de amparo constitucional, Actas de las I Jornadas de la Asociación de Letrados del Tribunal Constitucional,* Centro de Estudios Constitucionales, Madrid.

- (1996 b), "La acumulación de acciones en el proceso civil", *El objeto del proceso civil* (Dir. F. Marín Castán), cuadernos de Derecho Judicial, núm. 23.

- (2018), "¿Tiene sentido el incidente de nulidad de actuaciones?", en *La nueva perspectiva de la tutela procesal de los derechos fundamentales, Actas de las XXII Jornadas de la Asociación de Letrados del Tribunal Constitucional,* Tribunal Constitucional-CEPC, Madrid.

FERNÁNDEZ FARRERES, G. (1994), *El recurso de amparo según la jurisprudencia constitucional,* Marcial Pons, Madrid.

- (2005), *El recurso de amparo constitucional: una propuesta de reforma.* Documento de trabajo 58/2004, Fundación Alternativas, Madrid.
- (2005 b) *El recurso de amparo constitucional: una propuesta de reforma. Debate de expertos,* Fundación Alternativas, Seminarios y Jornadas, núm. 11/2005, Madrid.
- (2007), "La reforma de la Ley Orgánica del Tribunal Constitucional. (Comentario a la Ley orgánica 6/2007, de 24 de mayo)", *Revista Española de Derecho Constitucional,* núm. 81.
- (2007 b) "Reflexiones sobre el futuro de la justicia constitucional española", en *El futuro de la justicia constitucional. Actas de las XII Jornadas de la Asociación de letrados del Tribunal Constitucional,* CEPC, Madrid, 2007

FERNÁNDEZ RODRÍGUEZ, T.R. (2024), "El recurso de amparo constitucional y el recurso de casación contencioso-administrativo: la atracción fatal del *certiorari* americano", *Revista de Administración Pública,* núm. 223.

GARBERÍ LLOBREGAT, J. (2009), *La Acumulación de acciones en el Proceso Civil,* Bosch, Barcelona.

GARCÍA COUSO, S. (2024), "Tribunal Constitucional y recurso de amparo. Más de cuatro décadas de protección de derechos y libertades fundamentales", *Teoría y Realidad Constitucional,* núm. 53.

GASCÓN INCHAUSTI, F. (2000), *La acumulación de acciones y de procesos en el proceso civil,* La Ley, Madrid.

GIMENO SENDRA, V. (2018), "De las acumulaciones de acciones (arts. 71 a 73)", en *Proceso civil práctico. Comentarios a la Ley 1/2000, de 7 de enero, de Enjuiciamiento Civil,* Thomson Reuters Aranzadi, Cizur Menor (Navarra), Vol.1, Tomo 1.

GÓMEZ FERNÁNDEZ I.-MONTESINOS PADILLA, C. (2018), "Una década del incidente de nulidad de actuaciones: aclaración, reforma o supresión'", *Revista Española de Derecho Constitucional,* núm. 113.

GÓMEZ-FERRER MORANT, R. (2017), «Derecho fundamental a la tutela judicial efectiva y recurso de amparo. ¿De derecho subjetivo a situación objetiva?», en *Derecho administrativo e integración europea. Estudios en homenaje al Profesor José Luis Martínez López-Muñiz,* (Coords. Sanz Rubiales, I.; Laguna de Paz. J. C.; De los Mozos y Touya, I. M.ª), Reus, Madrid.

GÓMEZ MONTORO, A. J. (2001), "Comentario al art. 50", en *Comentarios a la Ley Orgánica del Tribunal Constitucional* (coord. J. L. Requejo Pagés), Boletín Oficial del Estado/Tribunal constitucional, Madrid.

GONZÁLEZ SALINAS, P. (2002): "Recurso de amparo prematuro, nulidad de actuaciones improcedente y recurso de amparo extemporáneo ¿dónde está la garantía de una tutela judicial efectiva?", *Revista Española de Derecho Administrativo,* núm. 116.

GUITIÉRREZ GIL, A (2020), "Artículo 55", en *Comentarios a la Ley Orgánica 2/1979, de 3 de octubre, del Tribunal Constitucional,* (Dir. J. J. González Rivas; Coord. A. Gutiérrez Gil), Fundación Wolters Kluwer/BOE/ Tribunal, Constitucional, Madrid.

GUZMÁN FLUJA V. C. y ZAFRA ESPINOSA DE LOS MONTEROS, R. (2008), "Comentarios prácticos a la Ley de Enjuiciamiento Civil. La acumulación de acciones. Arts. 71 a 73 LEC, *Indret,* núm. 3/2008.

HUERTA TOLCIDO, S. (2000), "Comentario al art. 95", en *Comentarios a la Ley Orgánica del Tribunal Constitucional* (Coord. J.L. Requejo Pagés), Tribunal Constitucional-Boletín Oficial del Estado, Madrid.

LÓPEZ GUERRA, L (1999)., "Cuestionario sobre la reforma de la Ley orgánica del Tribunal Constitucional", *Teoría y Realidad Constitucional,* núm. 4,

LÓPEZ NAVÍO, A (2023), "El recurso de amparo frente a sentencias contencioso-administrativas: especial mención a los recursos de amparo mixtos", *Derecho Administrativo 2023* (Dirs. Ortega Burgos, E., y Pastor Ruiz, F.), Tirant lo Blanch, Valencia.

MARTÍN-RETORTILLO, L. (1984), M*ateriales para una Constitución (Los trabajos de un profesor en la Comisión Constitucional del Senado)* Akal, Madrid.

OLIVER ARAUJO, J. (1998), "El recurso de amparo en el último proceso constituyente español", *Revista de las Cortes Generales,* núm. 43.

ORTELLS RAMOS, M. (2017) *Derecho Procesal Civil,* 16ª ed., Thomson Reuters Aranzadi, Cizur Menor (Navarra).

ORTÍZ ÚRCULO, J. C. (2006), en *La reforma de la justicia constitucional* (Espín Templado, E.; Fernández Farreres, G.; Cruz Villalón, P.), Centro de Estudios Jurídicos-Thomson/Aranzadi, Cizur Menor (Navarra),

PADRÓS REIG, C. (2019), "La exigua tasa de admisión del recurso de amparo constitucional", *Revista de Administración Pública,* núm. 209.

PARADA VAZQUEZ, R. (1999), "Cuestionario sobre la reforma de la Ley orgánica del Tribunal Constitucional", *Teoría y Realidad Constitucional,* núm. 4

PÉREZ TREMPS, P. (2001), "Artículo 55 LOTC", en *Comentarios a la Ley Orgánica del Tribunal Constitucional* (Coord. J.L. Requejo Pagés), Tribunal Constitucional-Boletín Oficial del Estado, Madrid

- (2004), *El recurso de amparo,* Tirant lo Blanch, Valencia.

REQUEJO PAGÉS, J. L. (2002), "La lógica de la subsidiariedad y sus perversiones", *Revista española de Derecho Constitucional,* núm. 66.

- (2005), *El recurso de amparo constitucional: una propuesta de reforma. Debate de expertos,* Fundación Alternativas 11/2005. Madrid.

RIFÁ SOLER, J. M.ª (2011) et al. *Derecho procesal civil (volumen II),* 2ª ed., Gobierno de Navarra.

ROBLES GARZÓN, J. A. (2013) *Conceptos Básicos de Derecho Procesal Civil,* 5ª ed., Tecnos, Madrid.

RODRÍGUEZ BEREIJO, A. (1999), Cuestionario sobre la reforma de la Ley orgánica del Tribunal Constitucional", *Teoría y Realidad Constitucional,* núm. 4.

RODRÍGUEZ-ZAPATA PÉREZ, J. (2021), "El incidente de nulidad de actuaciones", *Anuario Iberoamericano de Justicia Constitucional,* núm. 25-1.

RUBIO LLORENTE, F. (1982) "La relación entre Tribunal Constitucional y Poder Judicial en el ejercicio de la jurisdicción constitucional", *Revista Española de Derecho Constitucional,* núm. 4

- (1992), "Seis tesis sobre la jurisdicción constitucional en Europa", *Revista Española de Derecho Constitucional,* núm. 35
- (1995) "El recurso de amparo constitucional", *La jurisdicción constitucional en España. La Ley Orgánica del Tribunal Constitucional, 1979-1994,* (Coord. M. Rodríguez-Piñero), CEPC, Madrid,
- (1998), "El trámite de admisión del recurso de amparo (Comentario a la Ley Orgánica 6/1998), *Revista Española de Derecho Administrativo,* núm. 60
- (2004), "El Tribunal Constitucional", *Revista Española de Derecho Constitucional,* núm. 71

SÁNCHEZ MORÓN, M (1987)., *El recurso de amparo constitucional. Características actuales y crisis,* CEPC, Madrid.

TOMAS Y VALIENTE, F., (1990), "Tribunal Constitucional. Un intérprete demasiado solicitado", publicado originalmente en el diario *El Sol,* de

27 de mayo de 1990, y luego recogido en *Obras Completas,* Tomo VI, Centro de Estudios Políticos y Constitucionales, Madrid, 1997

- (1990 b), "Tribunal Constitucional, Poder Judicial y Derechos Humanos", artículo publicado en *Le Monde diplomatique* (edición especial para habla hispana), y más tarde recogido en *Obras Completas,* Tomo VI.
- (1994), "Juzgar, arbitrar, legislar", *Tribuna* publicada en el diario *El País,* en su edición de 11 de febrero de 1994.
- (1994 b), Prólogo al libro de FERNÁNDEZ FARRERES, G., *El recurso de amparo según la jurisprudencia constitucional,* Marcial Pons, Madrid.

TORIBIOS FUENTES, F. (2012), *Comentarios a la Ley de Enjuiciamiento Civil,* Lex Nova, Valladolid

ULLOA RUBIO, I. (2020), "Artículo 43", en *Comentarios a la Ley Orgánica 2/1979, de 3 de octubre, del Tribunal Constitucional* (Dir. J. J. González Rivas; Coord. A. Gutiérrez Gil), Fundación Wolters Kluwer/BOE/ Tribunal, Constitucional, Madrid.

WAHL, R., y WIELAND, J. (1997), "La jurisdicción constitucional como bien escaso. El acceso al *Bundesverfassungsgerich*", *Revista Española de Derecho Constitucional,* núm. 51.